赶超的阶梯

国企改革和产业升级的国际比较

周建军 著

中信出版集团 | 北京

图书在版编目（CIP）数据

赶超的阶梯：国企改革和产业升级的国际比较 / 周建军著 . -- 北京：中信出版社，2019.12

ISBN 978-7-5217-1194-3

Ⅰ . ①赶… Ⅱ . ①周… Ⅲ . ①中国经济—经济发展—研究 Ⅳ . ① F124

中国版本图书馆 CIP 数据核字（2019）第 232854 号

赶超的阶梯——国企改革和产业升级的国际比较

著　　者：周建军

出版发行：中信出版集团股份有限公司

（北京市朝阳区惠新东街甲 4 号富盛大厦 2 座　邮编　100029）

承 印 者：北京盛通印刷股份有限公司

开　　本：787mm × 1092mm　1/16　　印　　张：21.25　　字　　数：255 千字

版　　次：2019 年 12 月第 1 版　　印　　次：2019 年 12 月第 1 次印刷

广告经营许可证：京朝工商广字第 8087 号

书　　号：ISBN 978-7-5217-1194-3

定　　价：68.00 元

感谢清华大学，感谢师长亲友们

推荐序

成功追赶的制度优势

我们刚刚送走改革开放 40 周年，就迎来了中华人民共和国成立 70 周年的大日子。总结梳理过去 70 年，尤其是改革开放 40 年来中国自身经济发展的经验，比较不同国家在经济追赶过程中的正反经验和教训，进而研究探讨中国的产业发展战略和政策，对于我们走好新时代的中国发展道路、续写经济发展的辉煌，具有重要的意义。周建军博士基于国际比较的系列研究，就是这样的积极尝试和努力。建军关于美国产业政策的研究论文刊登在我主编的《产业政策：总结、反思与展望》一书中，他也和我一起为《牛津中国创新手册》合著过关于中国产业发展战略和政策的论文，与我的很多观点相同或相近。不少研究受到了经济学界、产业界和有关部门的关注和好评。我很乐意向各界朋友推荐他这本新书《赶超的阶梯》。

从理论和实践、国际和国内、历史和经验等多元视角，这本书为我们认识与践行中国发展道路、理解世界经济发展的多样性、选择适宜的改革方案和追赶路径，做了深入的理论研究和政策讨论，为理论研究和政策制定提供了有益的参照。

首先，从践行中国发展道路的角度，这本书研究论证了国有企业和产业政策在中国这样的后发大国维持国防安全、独立自主、追赶发达大国、实现民族复兴中的重要作用，从正反两个方面比较了中国这样坚持自身发展道路的经济体和那些遵循“华盛顿共识”的经济体的发展和转型路径的差异，比较了国有企业占主导地位的经济体和财阀企业占主导地位的经济体对于经济发展的不同影响，提醒我们在经济发展和转型过程中要坚持自己的社会主义市场经济体制、避免“坏的市场经济”，增进了我们对于坚持从实际出发的改革方法论、平衡政府和市场作用、共同发展国有经济和民营经济的重要性的理解。

应该清醒地认识到，中国过去几十年来取得的发展成就，绝非易事。“二战”以来的半个多世纪里，只有中国在内的极少数经济体实现了经济增长的可持续。自 20 世纪 80 年代以来，世界上多数发展中国家都在进行改革开放，但绝大多数发展中国家都陷入了“迷失的 20 年”，尤其是苏联、东欧、拉美等受“华盛顿共识”影响的经济体。在 2008 年金融危机后，对于“华盛顿共识”所主张的一揽子政策方案及不良影响，即使世界银行行长、国际货币基金组织总裁等也提出了不少反思。

比较地看，中国解放思想、实事求是、独立自主地选择自己的发展和转型道路，是多么重要，也是多么幸运。这种解放思想、实事求是、自主选择的方法论，正是中国与其他发展中国家的重要差别，也是过去几十年中国经济转型成功的重要原因。基于在世界银行的工作经历及在不少发展中国家的考察调研，我对此有深刻的体会。历史和事实也一再证明，发展中国家尚无依靠“西天取经”实现现代化成功的先例，用西方国家的理论也解释不了中国改革开放以来所创造的经济奇迹。

其次，从认识和理解世界经济多样性的角度，这本书研究揭示了包括美国在内的发达国家在经济发展过程中鲜为人知的一面，为我们刻画了一幅与众不同的真实场景。流行观点以为，在美国这样的自由市场经济国家，美国政府一定是哈耶克主张的“守夜人”政府。建军的研究显示，美国产业政策不仅不是“被动”的，而且是非常“主动”的；既有所谓通用性的产业政策，也有选择性的产业政策；在过去 60 多年，美国联邦政府累计投入 4 万多亿美元用于研究和开发，是美国产业政策积极作为的有力写照。然而，政府提供的科研资金也仅能根据对国防安全和经济发展的重要性来配置，政府对科研资金的配置也就决定了美国产业发展的方向。因此，比尔·盖茨等企业家把政府和企业的关系形容为“政府引领、企业创新”。这正如斯蒂格利茨等建军熟悉和引用的学者对于产业政策所指出和呼吁的那样。在几年前世界银行的工作论文和我主编的《产业政策的革命》一书中，斯蒂格利茨、孟加和我就以“产业政策的复兴”为题，为产业政策正名。而在当下的中美贸易摩擦中，“中国制造 2025”等产业发展规划被美方无理指责，必欲去之而后快，显示出美国政府充分了解产业政策在一个国家的科技进步、产业发展中的重要性。

软预算约束的研究，一度成为批评社会主义国家的国有企业甚至要求对国有企业私有化的重要理由。建军的研究显示，软预算约束和所有者掠夺问题，广泛地存在于韩国财阀这样的经济体制中，即使韩国实现了经济的快速增长。我的研究也认为，如果企业背负有“战略性或社会性政策负担”，没有自生能力，都会有政策性亏损；不管国有或私有企业，政府都同样需要对企业的政策性亏损负责而给予保护补贴。世界银行、欧洲开发银行以及苏联、东欧国家的经济学家的实证研究也证明，在苏联、东欧等社会主义国家，经历了大规模私有化过后，政府给原国有企业的补贴不仅没有减少，有些补贴反而还有所增加，而国有企业的效率却没有提高，同时政府的税收能力下降，导致了这些国家财政的恶化和宏观经济的不稳定。如上多个角度的研究，佐证了我们坚持产业政策和国有企业对于中国经济发展的重要性，不能盲目接受私有化和政府作用最小化的教条。

当前，中国经济正处在民族复兴的最后冲刺阶段，更需要“有效的市场”和“有为的政府”的共同作用，发挥政府的因势利导，克服市场失灵，完善竞争性市场环境以调动企业家的积极性，发挥企业家的创新精神。同时，作为崛起的大国，在国防和经济安全产业以及新兴产业方面，担负起政府所必须扮演的引领角色，在这个过程中产业政策和国有企业、民营企业一样都需要发挥很大的作用，这是追赶中的大国必要的制度选择。

再次，从具体的改革方略和路径的角度，这本书不仅提醒我们要坚持从中国实际出发、走自己的道路，也在比较研究的基础之上，为我们勾勒出了中国国企改革和产业升级可借鉴的路线图。比如，新加坡“淡马锡模式”，接受宪法和行政的多重监督，坚持国有独资经营，以董事会授权为特色，但“淡马锡模式”在财务投资者导向与中国国有企业的使命等方面也存在差异。员工持股的研究，提醒我们关注耐心资本和长远激励对于企业和员工积极性的影响，避免短期导向和急功近利。永久基金模式和社会分红为解决资源型地区的包容性增长和可持续发展带来了曙光。多年来，我也一直呼吁国有企业要根据政策性负担存在与否，因企而异、分类改革，监督和管理好各类国有资产，造福全体人民，这样才能避免苏东式的国有企业改革悲剧。

就全球产业集中趋势、半导体赶超和知识产权制度而言，建军从中国作为后发国家的角度做了讨论。他的研究强调，全球经济日益呈现出发达国家的跨国公司领衔的产业集中和垄断的趋势，值得后发国家仔细甄别、加以应对；为更好地实现规模经济和技术创新，半导体产业在赶超过程中应避免资源的过度分散甚至低效；知识产权制度的设计应该在保护创新积极性的同时避免制度设计的漏洞，避免专利的寻租导向等；这些研究都很有参考价值。尤其是，就半导体等高技术产业而言，关系到经济安全，我们在多年发展的基础之上，已经具备了相应的比较优势，正逐步进入产业链的相应环节，进而把自己能做好的产业部分做大做强。即使短期内不具备比较优势，政府的产业政策也应该发挥积极的作用，这是美国、日本和韩国都曾经走过的道路、使用过的“阶梯”。

过去几十年来，在实现经济追赶的道路上，中国没有盲目追随别人走过的道路，没有简单模仿别国的制度。走向未来的道路上，我们仍然需要坚持自己的道路自信和制度自信；并在理论上不断总结经验和教训，做到理论创新和文化自信，以跟得上实践的需要，真正达到“认识世界，改造世界”的目标。

这个意义上，我寄望建军和新一代青年学人能以初生婴儿的视角，既要了解现有的理论和别国的经验，但也不戴现有理论和别国经验的有色眼镜，要在实践中不断总结提炼中国自己的经验教训，在比较借鉴的基础之上提出更有针对性的政策建议，在理论和政策研究上做出更大的成绩。我也希望社会各界能够对青年学人的社会科学研究给予更多的关心和鼓励，一起为中国经济改革和发展添砖加瓦，一起为构建在“指导思想、学科体系、学术体系、话语体系等方面充分体现中国特色、中国风格、中国气派”的理论不懈努力，一起为中华民族的伟大复兴贡献力量。

林毅夫
北京大学教授
北京大学新结构经济学研究院院长
北京大学国家发展研究院名誉院长
2019 年 9 月于朗润园

目 录

前　言

发展战略的比较与超越

如何在一个落后的农业国开展工业化、在一个后发的国家进行经济赶超，是孙中山在《建国方略》中苦苦求索的梦想，更是毛泽东伊始的历代中国共产党人始终要面对的现实考卷。从传统的计划经济体制到前无古人的社会主义市场经济，中国人始终在探索适合自己的发展道路。在多数农业为主的后发国家，经济赶超就是一个持续工业化并以此缩小与发达国家发展水平的过程。工业化是每个后发国家赶超发达国家的必经之路。然而，这样的工业化并不是一个市场自发完成的过程，它充满了政府和市场的彼此互动和相互促进，甚至充满了艰辛和曲折，正如包括中国在内的后发国家的工业化所展示的。中华人民共和国成立 70 年来，尤其是改革开放 40 年来，尽管历经艰辛和曲折，中国共产党和政府领导下的十几亿中国人民，将一个贫穷落后的农业国建成了世界第一大工业国，创造了工业化的中国奇迹，走出了经济赶超的中国道路。

十多亿人口的大规模工业化，极大地改变了中国经济社会发展的面貌，史无前例地重塑了世界经济版图，为世界和平与繁荣注入了中国能量。与大规模的工业化发展成就密切相关，中国的国内生产总值、人均国民收入、人均预期寿命、脱贫人口比重等多项重要发展指标持续提升。根据世界银行统计，2018 年，中国的国内生产总值（GDP）达到 13.6 万亿美元（现价美元），人均国民收入达到 9470 美元（现价美元），整体已经进入了中等偏上收入国家行列，站在了一个新的历史起点上。但是，我们应该看到，中国工业化的任务远远没有完成；新时代的中国工业（制造业），正走向高质量发展等新的工业化和经济发展坐标，也面临着“大而不强”之类的问题和挑战。如何因应新时代中国经济发展的新特点、新要求，做好相应的理论准备和研究探索，是时代和形势赋予我们理论和政策研究工作者的当然使命。

发展战略的制度因素

从经济学说史来看，伴随着工业化在东西方国家的开花结果，经济学家对后发国家的经济赶超这一重要命题做了大量的研究。伴随着美国、德国、日本、韩国等国家成功实现经济赶超，一批有重要影响的经济学思想和著作也随之诞生。这其中，最有影响力的经济学家当以美国开国财长汉密尔顿、德国经济学家李斯特、奥地利籍哈佛大学教授熊彼特、俄籍哈佛大学教授格申克龙等为代表。汉密尔顿、李斯特、熊彼特和格申克龙，分别以《制造业报告》、《政治经济学的国民体系》、《经济发展理论》和《经济落后的历史透视》等传世名作，推动了不同历史时期对于经济赶超问题的讨论甚至实施。尤其是，作为“二战”后代表性的发展经济学家，格申克龙一度声称，一个国家的经济越落后，“特殊制度因素”在经济发展中所发挥的作用就越大。这样的观点，为那些试图赶超的后发国家提供了重要的理论指南。

近年来，以斯蒂格利茨、罗德里克、马祖卡托、张夏准和林毅夫为代表的经济学家，对经济赶超尤其是经济赶超中的制度因素（产业政策和国有企业等）也进行了大量讨论，掀起了全球范围内新一轮的讨论热潮。而且，联合国经社部、联合国贸发会议、世界银行、国际货币基金组织、经济合作与发展组织等国际组织也对此予以高度关注，以各种形式参与这些重要的发展政策讨论。联合国贸发会议 2018 年度《世界投资报告》的副标题就是以新型产业政策命名的，并研究披露了占全球 GDP 90% 左右的经济体都在广泛使用产业政策的重要事实。国际货币基金组织 2019 年度的研究报告，对亚洲经济体起飞过程中的产业政策（尽管并不总是成功）给予积极评价，称赞产业政策引导下的产业发展目标可以更容易地实现。联合国经社部 2007 年“国家发展战略”研究报告则强调，公共投资和国有企业对一国经济发展起着非常重要的作用。经济合作组织也认为，国有企业可以作为市场机制和监管的补充机制，用于解决市场失灵、实现社会目标等。

英国工业革命以来，每一个典型的工业化国家都有自己介入经济活动的方式。无论是从历史还是当下来看，国有企业和产业政策也都是相互关联、相互影响的。某种程度上，国有企业就是一种特殊形式的产业政策。作为经济发展战略的重要内容和格申克龙所称的“特殊制度因素”，国有企业和产业政策在中国经济社会发展中都发挥了不可替代的作用。一方面，中国创造性地发展了国有经济、私有经济在内的多种所有制经济，积极调动了企业和个人等市场主体的能动性；另一方面，企业和个人等市场主体的积极性，得到了产业政策的支持和自主创新战略的引导，多个渠道提升自身的技术创新能力，也弥补了市场的缺陷和不足。基于自身实践来自主选择发展道路的方法论，基于有为政府和有效市场相结合的发展经验，也受到了一度倡议“华盛顿共识”的世界银行等国际组织的瞩目。

真实的美国和世界

客观地看，“华盛顿共识”所主张的一揽子政策内容，既不符合中国的发展实践，也不是发达国家自身的真实历史。正如本书的比较研究所揭示的，好多流行的说法和看似正确的观点，并不一定能经得起仔细推敲。无论从历史还是当下来看，有为的政府是发达国家和后发国家实现工业化的重要因素。产业政策和国有企业的多样化存在，是发达国家在历史上实现经济赶超并在当下的全球竞争中获取优势地位的重要阶梯。公共投资（国有企业）在任何旨在赶超的经济战略中都是非常重要的。在当下的中美经贸摩擦中，号称自由市场经济体的美国对他国正常的产业政策指手画脚，却对本国制定的无处不在的产业政策视而不见。正是美国开国财长汉密尔顿的《制造业报告》，引领和推动了包括美国在内的发达工业化国家最近两百多年的产业政策传统。同样需要注意的是，当今世界经济并不是完全自由的市场经济，而是寡头垄断资本、大企业主导的市场经济；而全球寡头垄断资本中占主导地位的还是发达国家的大企业，从半导体到大飞机，概莫能外。

积极有为的产业政策、在全球产业链和价值链中占主导地位的跨国公司和领军企业，才是包括美国在内的发达国家的真实经济学。时至当下，美国有着非常典型的产业政策体系，产业技术政策（政府研发支出全球最多）和产业组织政策（反垄断政策的悠久历史）

为本国企业服务；凭借实力强劲的跨国公司群体，美国仍旧拥有全球高技术制造业增加值的最大份额，在飞机、集成电路、精密仪器、制药等产业具有竞争优势。这个意义上，后发国家不能轻信那些流行的说法和政策建议，有必要深入了解发达国家经济发展的真实历史和现状，审慎选择和制定发展政策；诚如斯蒂格利茨教授所一再呼吁和建议的："按我们做的做，别按我们说的做"（Do as We Do, Not as We Say）。

本书的国际比较

就思想和知识来源而言，本书的研究，有些受益于关心发展问题的经济学先知的理论探索，有些受益于联合国、世界银行等国际组织的政策研究，有些是为了回应中国自身的改革发展实践提出的新要求和新问题。基于国内外的理论发展和政策实践，本书从国际和国内、历史和当下、经验和教训等多个视角开展了比较研究，力争将经济发展的多元性和复杂性加以呈现，以研究借鉴那些对中国经济发展有益的他山之石。一方面，本书试图丰富和拓展既有的理论研究，从多元的理论视角来丰富既有的经济理论和政策研究，以理解那些纷繁复杂的经济现象；另一方面，本书试图结合国内外的发展经验，用实践来丰富和检验现有的经济理论，还原真实世界的经济学。

本书分上、中、下三篇，分别围绕国家发展战略的制度影响、国资国企管理的模式得失、产业升级赶超的路径优劣这三个维度，进行了国际比较视角的研究讨论。作为本书的第一部分，上篇对后发国家经济赶超中的国有企业与产业政策、中国的产业发展战略与政策、韩国财阀的不稳定增长模式等影响国家发展的制度得失进行了比较研究。作为本书的第二部分，中篇对“淡马锡模式”、员工持股制度、“大国资”监管、自然“资源祈福”、阿拉斯加社会分红等国资国企管理的多种模式或问题进行了比较研究。作为本书的第三部分，下篇对美国产业政策、后发国家的知识产权制度、全球半导体产业赶超路径、全球产业集中和并购重组、供给侧改革和需求侧管理等关系产业赶超升级的不同路径进行了比较研究。此外，作为比较研究的拓展，本书择要介绍了联合国、世界银行、剑桥大学、哥伦比亚大学等机构或一些学者对于上述问题的前瞻性观点。

有意义的理论研究和有用的政策研究，是多数理论和政策研究者的努力目标和心愿。客观地承认，做好理论研究工作是不容易的，做好有用的政策研究工作同样不容易。这本书既有理论研究的影子，又有政策研究的印迹。作为学术研究论文，本书所讨论的多数内容，先后在国内外学术刊物公开发表过，有些还在联合国贸发会议、亚洲开发银行和哥伦比亚大学的国际学术会议上报告过；同时，本书所讨论的部分内容也刊登在多种政策简报上，引起了中央领导同志和国家发展改革委、工业和信息化部、国务院国资委等部委的关注和肯定。所讨论的某些问题，已经引起重视或得到部分解决。但是，还有不少问题，仍然需要持续和刻苦地关注、研究和努力。

赶超的阶梯

就本书而言，无论是研究发展战略、国有企业、产业政策，还是关注美国、新加坡、日本、韩国，都是为了丰富和增进对我们自身和世界典型国家发展道路的认知，超越老路和邪路，坚定践行中国道路；同时在比较和借鉴国内国际经济发展的经验和教训的基础上，实事求是地制定符合国情的发展战略，借力国有企业和产业政策这些重要的发展阶梯，因势利导、积极而为、拾级而上，引领和推动中国经济更好更快地发展，最终实现经济赶超的目标，这正是本书主书名《赶超的阶梯》的本意所在。

当前，恰逢改革开放40周年和中华人民共和国成立70周年的重要历史节点，举国上下正在学习贯彻党的十九大精神和习近平新时代中国特色社会主义思想，全体中华儿女正在为实现“两个一百年”的目标而努力奋斗，我寄望这本书的出版能让认识和了解真实世界的国有企业和产业政策有所参照，对中国本土领军企业的培育和战略产业的升级有所推动，对经济发展的中国道路、中国智慧和中国方案有所贡献。

回首过去，中国道路和中国制度的既有优势，产业政策和国有企业这些“阶梯”的重要作用，已经被中华人民共和国成立70周年尤其是改革开放40年的发展成就所证明。面向未来，产业政策和国有企业的角色仍旧不可或缺。在中国共产党的领导下，在全体中华儿女的努力下，借力“赶超的阶梯”，中国经济赶超的目标必将成功实现，中华民族的伟大复兴必将早日到来！

上　篇

国家发展战略的制度比较

上篇导言

中华人民共和国成立 70 年来，尤其是改革开放 40 年来，中国取得了经济社会发展的巨大成就，但工业化和信息化还远远没有完成。深入了解全球典型国家产业发展战略的经验和教训，客观认识中国发展战略和政策的既有优势和挑战，我们才能做到未雨绸缪，走好未来的赶超之路。

这部分的研究，从国家发展战略的角度分析了后发国家经济赶超的制度基础，比较了产业政策和国有企业在国家经济发展中的重要作用，提炼了中国产业发展战略与政策的核心内容，回顾了中国产业政策和国有企业在工业化中的重要作用和发展成就，强调了市场导向和创新驱动的改革方向；同时，比较了不同国家尤其是以韩国财阀为代表的不稳定增长模式及影响，并以财阀改革（小股东运动）为例剖析了韩国财阀这一资本主义模式的困境和前景。

《后发国家的经济赶超：从产业政策到国有企业的比较》是本书的领衔章节。《“国家发展战略”视角的公共投资和国有企业改革》系剑桥大学教授张夏准、联合国时任助理秘书长乔莫与周建军就联合国经社部“国家发展战略”系列国有企业改革报告的讨论，原载于新华社《瞭望》周刊。报告中文版，经授权由周建军译介在中国发表，《红旗文稿》、《中共中央党校学报》等部分刊发。两篇韩国财阀系列文章，刊发在《经济社会体制比较》和《开放时代》上，其中一篇被人大复印报刊资料全文转载，受到了学术界的关注和肯定。

后发国家的经济赶超：从产业政策到国有企业的比较

无论从历史还是当下来看，有为的政府是发达国家和后发国家实现工业化的重要影响因素。受制于世界各国政治经济发展情况的差异性，政府在经济活动中的作用形式也是非常多样化的。有的国家偏好通用的产业政策形式，有的国家偏好选择性的产业政策，有的国家侧重于国有企业这样更直接的形式。产业政策和国有企业的多元化的政策组合，构成了全球各国经济发展战略的多样性。

从他山之石的角度，研究借鉴世界银行、联合国等国际组织关于经济发展战略的前瞻性成果；在全球经济竞争和国际经贸摩擦的大背景下，研究总结中国产业发展战略的经验得失；对我们认清新时期中国产业政策和国有企业在工业化过程中的重要角色，走好自己的道路，有着积极且重要的意义。

自英国工业革命以来，以欧美为代表的发达国家抓住各种转型发展的机会，实现了自身向更高阶的发展水平的跳跃和赶超。然而，我们也应该看到，尽管有一些国家实现了经济赶超，但这样的幸运国家毕竟还是少数。从 20 世纪 50 年代以来，全球也只有韩国和日本等极少数人口众多的大规模经济体实现了向发达国家的成功赶超。

即便像韩国这样在“二战”后成功赶超的经济体，也面临着财阀的困扰和挑战。全面地梳理发达国家和成功赶超的后发国家的经济发展战略，客观地分析产业政策和国有企业在全球经济发展中的能动作用，就成了我们思考和提炼中国产业发展战略和政策（包括应对当前国际经贸摩擦）的必要功课。正如世界银行、联合国经社部等国际组织研究报告所肯定和披露的，也正如中国过去 70 年的发展成就所证明和展示的，积极有为的政府（多样化的产业政策或国有企业）构成了典型国家经济发展战略的重要内容，也是理解真实的世界经济运行的关键所在。[①]

一、有为政府与经济发展的全球比较

发达国家和后发国家普遍存在的市场失灵问题，已经被越来越多的经济学家所接受。而对后发国家所存在的各种影响经济发展的现实而具体的问题，诸如企业家才能缺乏或研发活动缺乏导致的企业“能力失灵”，企业规模太小导致无法有效竞争的“规模失灵”，企业融资机制缺乏或不健全导致的“资本市场失灵”等，也应给予更多的关注和正视。虽然经济学家们对政府与市场关系这一主题总

---

① 本文所指的世界银行增长报告是世界银行增长与发展委员会完成的《增长报告：可持续增长和包容性发展的战略》，增长与发展委员会由诺贝尔经济学奖得主斯宾塞和索罗领衔，成员包括联合国开发计划署署长、中国人民银行行长在内的各国高级官员和著名经济学家等 20 余人。

本文所指的联合国经社部国企改革报告，系联合国经济社会事务部因应 2005 年联合国世界峰会所做的“国家发展战略”六个政策建议之一。报告由剑桥大学张夏准（Ha-Joon Chang）起草，约瑟夫·斯蒂格利茨（Joseph Stiglitz）教授等审阅了报告内容，周建军负责整理和中文译介，详见本书附录。

是有很多争议，但是政府在经济活动中的作用仍旧是各国经济发展成败的重要影响因素。工业化本身，就是一个持续的市场创造和产业政策能力增进的过程，需要长时间的培育和学习。[①]就产业政策而言，作为一种必要的存在，从历史和现实来看，世界上没有不用产业政策而实现成功赶超的发展中国家，也没有不用产业政策而继续领先的发达国家。[②]

按照以格申克龙为代表的发展经济学家的理论，越是经济落后的经济体，政府对于经济发展的作用（“特殊制度因素”）就会越大。为了追赶发达国家，以政府干预为特征的经济发展模式，包括产业政策甚至更直接的国有企业形式，就成了后发国家尤其是中国这样的社会主义国家用来发动和实施工业化的重要选项。尽管由于种种原因，苏联、东欧、拉美的不少国家一度受到“华盛顿共识”的影响，但是，近些年来，伴随着对“华盛顿共识”的激烈批评（以斯蒂格利茨等为代表）甚至世界银行、国际货币基金组织自身对于“华盛顿共识”的公开反思，[③]有为政府的角色越来越受到联合国、世

---

① Yi Wen & George Fortier,“The Visible Hand: The Role of Government in China's Long-awaited Industrial Revolution,” *Review Federal Reserve Bank of St. Louis*, Vol.98(3), 2016, pp.189–226.

② Ha-Joon Chang, *Kicking Away the Ladder: Development Strategy in Historical Perspective*, London: Anthem Press, 2003. Mariana Mazzucato, *The Entrepreneurial State: Debunking Public vs. Private Sector Myths*, London: Anthem Press, 2013.

③ 世界银行时任行长罗伯特·佐利克称“华盛顿共识”正在淡出历史舞台，也不可能有从一个城市到全世界都适用的政治经济学共识。Robert Zoellick, “Democratizing Development Economics,” Georgetown University, September 29, 2010, https://openknowledge.worldbank.org. 国际货币基金组织时任总裁卡恩称，私有化、自由化和去管制化的“华盛顿共识”已经成为历史，并倡导对热钱进行管制，增强社会凝聚性和包容性，夯实经济社会可持续发展的平等基础。Dominique Strauss-Kahn, “Global Challenges, Global Solutions,”an Address at George Washington University, April 4, 2011, https://www.imf.org.

界银行、国际货币基金组织等国际组织研究报告的肯定。诚然，一个积极有为的政府及其制定产业政策、管理国有企业的表现，是与所在国政府的治理能力和水平密切相关的。

（一）世界银行等国际组织的研究

诺贝尔经济学奖得主斯宾塞和索罗领衔的世界银行《增长报告：可持续增长和包容性发展的战略》研究显示，自 20 世纪 50 年代以来的六十多年时间里，全球范围内年均经济增长率达到 7% 以上并持续 25 年以上的 13 个经济体，包括博茨瓦纳、巴西、印度尼西亚、日本、韩国、马来西亚、马耳他、阿曼、新加坡、泰国、中国等。这些成功的经济体的一个共同特征就是在市场配置资源的同时都有一个日益能干、可靠和有责任感的政府，即有领导力和有为的政府。这些经济体的政府，大都以产业政策、公共投资、资本账户管制等多种方式推动经济增长。[①] 这其中，亚洲经济体起飞过程中使用产业政策来推动经济发展的战略，也受到了国际货币基金组织研究报告的积极评价。[②]

值得注意的是，关于经济的可持续增长，尤其是如上 13 个经济体的成功秘诀，世界银行《增长报告》强调，高速增长型经济体的政府，并不是自由市场理论的完全奉行者。这些经济体为促进出口多元化和保持竞争能力尝试了各种政策。这些政策包括：通过产业政策促进对新兴部门的投资，通过采取若干资本管制措

① 世界银行增长与发展委员会，《增长报告：可持续增长和包容性发展的战略》，北京：中国金融出版社，2008 年。

② Reda Cherif & Fuad Hasanov, "The Return of the Policy That Shall Not Be Named: Principles of Industrial Policy," *IMF Working Paper,* International Monetary Fund, 2019.

施和外汇储备对汇率进行管理。[①] 而任何一个经济体如果不能保持很高的公共投资率（包括基础设施、教育、卫生），就不能保持高速经济增长，因为公共投资不仅不会排挤私人投资，反而有利于吸引私人投资。具体而言，公共投资为新产业的产生铺平道路，使私有企业得益于工人健康、劳动力受教育水平高、道路可用性强、电力供应可靠，从而获得更高的投资收益。[②]

从更长的历史区间来看，自英国工业革命至今，每一个典型的工业化国家都有自己介入经济活动的方式。有为的政府同样是欧美发达国家实现工业化的重要原因所在。无论发达国家还是发展中国家，都将产业政策作为自身实现工业化和经济赶超的重要手段。国有企业也不同程度地存在于发达国家和发展中国家。联合国贸发会议的《世界投资报告 2018：投资与新型产业政策》显示，在过去的十多年里，产业政策再次变得流行；在过去 5 年里，有 84 个国家或地区制定了明确的产业发展战略，这些国家或地区的 GDP 占到全球 GDP 的 90% 左右。[③]

（二）以美国为代表的发达国家情况

以美国为例，政府不仅在维护经济发展环境（通用性产业政策）方面发挥着重要作用，也在具体产业或项目的选择和培育方面（选择性产业政策）发挥着重要作用。从 18 世纪建国伊始的初级制造业到 20 世纪的互联网、半导体、高温超导、核能、HDTV（高清晰

---

① 世界银行增长与发展委员会，《增长报告：可持续增长和包容性发展的战略》，北京：中国金融出版社，2008 年，第 6 页。

② 同上，第 4 页 。

③ UNCTAD, *World Investment Report 2018*, United Nations, Geneva, 2018, p.128.

度电视）等高科技产业，美国政府的多种产业政策一直发挥着重要的作用。[①] 在全社会研发活动中，美国政府一直扮演着重要的角色。此外，美国政府通过美国小企业局、美国商务部的 ATP（先进技术项目）等推动美国企业的技术开发和商业化，而不仅仅是支持全社会的研发活动本身。

从历史来看，美国政府在过去 60 多年里，投入了 4 万多亿美元用于研发活动。从当下来看，美国是世界上研发投入最多的国家，美国政府是世界上研发投入最多的政府，美国产业政策也是世界上最典型的产业政策之一。根据美国政府有关部门的统计，2013 年，美国政府在全社会研发支出中占比高达 27.7%，近年来的美国政府年度研发支出均超过千亿美元，远高于中国政府在全社会研发支出中的相应占比（21.1%）（见表 1）。2015 年，美国政府在全社会研发支出中占比高达 25.5%，仍旧高于中国政府在全社会研发支出中的相应占比（21.3%）。与美国在全球产业链中高端的地位相对应，美国拥有全世界高技术制造业最大的市场份额（2016 年，1.6 万亿美元增加值的 31%），在飞机、集成电路、精密仪器、制药等产业占有竞争优势。

诚然，受制于世界各国政治经济发展情况的差异性，政府在经济活动中的作用形式也是非常多样化的。基于产业政策和国有企业的多元化的政策组合，构成了全球各国经济发展战略的多样性。有的国家偏好通用的产业政策形式，有的国家偏好选择性的产业政策

① 这些产业政策包括美国联邦政府给予的土地补贴、用来保护或者促进国内产业的关税减免、通过设立银行给私有企业发放贷款、政府提供的保险（如对私人银行的存款保险）、政府出资建设的产业设施（如数千家产业工厂）、政府对研发活动的支持、政府对产业化早期风险较大的项目的扶持等。详见本书关于美国产业政策的章节。

表 1 中、美、日、德、韩、法、英、印等的研发支出比较

国家	研发支出总量（GERD，按 PPP 计，亿美元）	总占比（%）			
		企业	政府	国内其他	国外
美国（2013 年）	4570	60.9	27.7	6.9	4.5
中国（2013 年）	3365	74.6	21.1	N/A	0.9
美国（2015 年）	4966	62.4	25.5	7.1	5
中国（2015 年）	4088	74.7	21.3	N/A	0.7
日本（2015 年）	1700	78	15.4	6.1	0.5
德国（2015 年）	1148	65.6	27.9	0.4	6.2
韩国（2015 年）	741	74.5	23.7	1	0.8
法国（2015 年）	608	55.7	34.6	2	7.8
印度（2015 年）	503	N/A	N/A	N/A	N/A
英国（2015 年）	463	48.4	28	6	17.6

资料来源：National Science Board

形式，有的国家侧重于国有企业这样更直接的形式。就广义的产业政策而言，国有企业可以视为产业政策的特殊形式，尽管国有企业不一定是通用的产业政策形式。[①] 关于这一点，经济合作与发展组织（OECD）就认为，执行得好的国家所有权政策（即国有企业），可以是灵活的产业政策工具。[②] 加州大学伯克利分校的沃格尔也研

① 国有企业是一种重要的产业政策或选择性产业政策的观点，也见诸美国流行的产业经济学教科书及经济合作与发展组织等研究报告。参见：［美］威廉·谢泼德等，《产业组织经济学》（第五版），张志奇等译，北京：中国人民大学出版社，2009 年，第 466 页；Ken Warwick, “Beyond Industrial Policy: Emerging Issues and New Trends,” *OECD Science, Technology and Industry Policy Papers, No.2, 2013*。

② 经济合作与发展组织编著，《国家发展进程中的国企角色》，贾涛译，北京：中信出版社，2017 年，第 24 页。

究认为，在很长时间里，监管型政府只是美国例外主义（American Exceptionalism）的典型特征之一；在美国通过监管来控制的行业，其他国家往往采用国有化（国有企业）的办法。[①]

这个意义上，我们就不难理解发达国家和后发国家选择国家发展战略的差异性，也不难理解中国这样的后发国家尤其是社会主义国家将国有企业作为发动和实施工业化的重要选项的原因所在。

无论是世界银行等国际组织的政策研究，还是美国这样的发达国家的经济现实，都凸显了有为的政府在经济活动中的重要作用，即使各国的产业体系存在着不同的政策组合差异。

二、国有企业与经济发展的全球比较

（一）联合国经社部报告的研究建议

无独有偶，类似世界银行《增长报告》对于产业政策和公共投资重要性的强调，联合国经社部“国家发展战略”系列《政策建议》关于国有企业改革的研究报告（剑桥大学经济系准教授张夏准起草）也强调，在任何经济发展战略中，公共投资都是非常重要的；作为公共投资的重要形式，国有企业是发展中国家实现经济起飞的重要手段，而不是经济发展的负担。

这个报告总体认为，公共投资和国有企业的重要性既体现在纠正市场失灵、提供基本公共服务、促进经济发展的公平上；又体现在经济发展中对于私人投资的促进和带动上，而不是流行经济理论所说的对私人投资的挤出；还体现在解决资本市场失灵和企业家才

① David Vogel, “The Hare and the Tortoise Revisited,” *British Journal of Political Science*, No.33, October 2003.

能缺乏相关的经济发展问题上。针对国有企业的经营及可能的问题，报告认为，如何管理国有企业是一个重要的问题，但消除对国有企业的偏见也是重要的。在面临委托代理、搭便车和软预算约束等问题时，国有企业和私有企业都是非常类似的，不应带有所有制的偏见。这个报告回顾，从世界范围来看，作为公共投资的重要形式，为数众多的经济体都曾拥有规模较大的国有经济部门，比如新加坡、奥地利、法国、挪威和联邦德国等。新加坡航空、法国雷诺汽车、巴西航空工业公司、韩国浦项钢铁等世界知名企业，最初都是以国有企业的形式起家的。[①]

（二）大型国有跨国公司的全球分布

时至今日，大型国有跨国公司仍然是各国参与全球竞争、推动经济增长、捍卫国家利益的重要力量。根据经济合作与发展组织的研究，2013 年世界最大的 100 家企业中，就有 22 家是由政府作为主要股东的；在全世界 2000 家最大的公司中，282 家是由政府投资的国有企业。[②] 而根据联合国贸发会议《世界投资报告 2011》的不完全统计，全球最大的 653 家国有跨国公司中，有 285 家来自发达国家或地区（占比 43.6%），其中有 223 家来自丹麦、法国、芬兰、德国、瑞典、波兰等欧盟成员国（占比 34.2%），有 41 家来自挪威、瑞士等其他欧洲国家（占比 6.3%）；有 345 家来自发展中国家或地区（占比 52.8%），其中有 50 家来自中国（占比 7.7%）。即使在美国

---

① 详见附录《“国家发展战略”视角的公共投资和国有企业改革报告》。

② 经济合作与发展组织编著，《国家发展进程中的国企角色》，贾涛译，北京：中信出版社，2017 年，第 24 页。Hans Christiansen & Kim Yunhee, “State-Invested Enterprises in the Global Marketplace: Implications for a Level Playing Field,” *OECD Corporate Governance Working Papers*, No. 14, 2014, OECD Publishing, Paris.

表 2 国有跨国公司的全球分布（2010 年）

区域 / 经济体	数量	比重（%）	区域 / 经济体	数量	比重（%）
全球	653	100	拉丁美洲与加勒比海地区	28	4.3
发达国家	285	43.6	巴西	9	1.4
欧盟成员国	223	34.6	其他	19	2.0
丹麦	36	5.5	亚洲	235	36.0
芬兰	21	3.2	西亚	70	10.7
法国	32	4.9	科威特	19	2.9
德国	18	2.8	阿联酋	21	3.2
波兰	17	2.6	其他	30	4.6
瑞典	18	2.8	南亚、东亚和东南亚	165	25.3
其他	81	12.4	中国	50	7.7
其他欧洲国家	41	6.3	印度	20	3.1
挪威	27	4.1	伊朗	10	1.5
瑞士	11	1.7	马来西亚	45	6.9
其他	3	0.5	新加坡	9	1.4
美国	3	0.5	其他	31	4.7
其他发达国家	18	2.8	东南欧及独联体	23	3.5
日本	4	0.6	俄罗斯	14	2.1
其他	14	2.1	其他欧洲发达国家	9	1.4
发展中经济体	345	52.8			
非洲	82	12.6			
南非	54	8.3			
其他	28	4.3			

资料来源：United Nations Conference on Trade and Development

这样的资本主义经济体，也有3家国有跨国公司被统计其中。

如果将欧洲看成一个整体，事实上欧洲是全球最大的国有跨国公司的主要来源地，尽管这是一个非加权的跨国公司数统计。在欧洲，国有跨国公司不仅广泛分布在法国、德国这样的规模较大国家，也分布在丹麦、挪威、芬兰、瑞士这样的规模较小国家。以挪威为例，这个三百多万人口的北欧国家，不仅在如上全球最大的国有跨国公司排名中惹人注目，也拥有世界上规模最大的主权财富基金之一的挪威石油基金（市值规模超过万亿美元）。

而根据其他口径的统计，美国联邦政府层面也有20家左右的国有企业，尽管这些企业的产业布局和运营情况差异较大。这些国有企业，或是由美国联邦政府所有，或是由美国联邦政府出资、采取私有制的方式运营，分别称为美国联邦政府公司（Federal Government Corporation）和美国政府出资企业（Government-Sponsored Enterprises）。这些企业的业务，既涉及金融（银行、保险、担保等），也涉及生产（发电等），还涉及公共服务（铁路乘客运输、邮政等）（详见表3）。在地方层面，美国也有阿拉斯加永久基金公司类似的主权财富基金。

值得关注的是，当下欧美发达经济体的国有企业或国有资本，并不局限于基础设施和公共服务领域，而且存在于飞机及飞机发动机制造（法国赛峰集团、空中客车公司及其关联公司欧洲宇航防务集团）、汽车制造（法国雷诺公司、德国大众公司）、发电（美国田纳西山谷管理局、法国电力公司、意大利国家电力公司）、能源（法国燃气苏伊士集团、奥地利石油天然气集团）、电信（法国电信公司、德国电信公司）之类的工业产业等。

表 3 美国的代表性国有企业[①]

	美国联邦政府公司	美国政府出资企业
美国联邦政府层面的国有企业	美国邮政局、美国进出口银行、美国联邦存款保险公司、美国国家铁路乘客运输公司、美国政府国民抵押贷款协会、美国联邦融资银行、美国融资公司、美国海外私人投资公司、美国退休金收益担保公司、美国重组融资公司、美国田纳西山谷管理局等十几家联邦政府公司	美国联邦国民抵押贷款协会（即房利美）、美国联邦住房贷款抵押公司（即房地美）和美国联邦农业按揭公司等几家企业
美国州政府层面的国有企业	阿拉斯加永久基金公司等	

资料来源：中国驻美大使馆网站、Sovereign Wealth Fund Institute 网站

世界银行和联合国等国际组织的前沿研究、以美欧为代表的发达国家的发展实践启示我们："华盛顿共识"正逐渐成为历史；产业政策和国有企业在经济发展中的积极作用，越来越受到国际组织和经济学家们的重视和肯定。产业政策和国有企业在世界各国经济活动中的多样化存在，正是中国这样的后发国家始终需要去积极面对和深入了解的重要课题。

三、产业政策与国有企业的中国实践

中华人民共和国刚成立时这样一个一穷二白、经济落后的后发国家，在中国共产党的领导下，通过产业政策和国有企业推动国家现代化来追赶发达国家，是历史的必然选择。中华人民共和国成立 70 年来，产业政策和国有企业始终是中国经济体制和发展战略的重

---

① 中国驻美大使馆经商参处，美国的"中央国有企业"情况介绍，http://us.mofcom.gov.cn/article/ztdy/201412/20141200855345.shtml，2015 年 8 月 1 日。此外，主权财富基金研究所（Sovereign Wealth Fund Institute）披露的 26 家美国国有企业的情况，与如上情况大体相同。

要内容，是实事求是、独立自主的中国发展道路的重要支撑，是中国产业升级和高质量发展的重要阶梯。改革开放以来，从实际出发的改革方法论而不是对别国发展模式的照抄照搬、渐进的增量改革而不是“休克疗法”、产业政策的积极有为和有效市场的结合、国有企业和私有企业的相互促进、自主创新和技术引进的结合、政府和企业不断提升的学习能力等，一道构成了中国产业发展战略与政策的核心内容。[①] 换言之，产业政策不仅扮演着市场失灵的“修理者”角色，也扮演着市场发展的“塑造者”角色。国有企业不仅实现了自身的发展，而且带动了其他所有制企业的进步。

（一）中国产业政策的重要作用

无论从历史还是当下来看，产业政策与中国经济可持续发展、产业转型升级都有着非常密切的关系。尤其是，在经济发展起步阶段，产业政策在培育市场和促进发展方面发挥了重要的作用。就产业政策的内容和形式而言，从“五年规划”这样涉及全局的产业战略，到具体产业的研发支持，都可以被视为产业政策的组成部分。中国的产业政策，包括产业结构政策、产业技术政策、产业组织政策和地区产业政策等，重在从推动产业结构升级、促进产业技术进步、带动区域发展、提升产业组织效率等几个方面发挥作用。

自 20 世纪 80 年代以来，作为一种市场经济活动中政府推动经济发展的手段，明确的产业政策形式在中国被广泛地提及和使用。例如，1989 年，国务院发布了《关于当前产业政策要点的决定》，首次以产业政策为名制定全国性的产业政策纲要。1994 年，进入社

---

① 详见林毅夫教授和作者合著的论文《中国产业发展战略和政策》。

会主义市场经济时期以后，国务院发布了《90年代国家产业政策纲要》，明确提出在充分发挥市场在国家宏观调控下对资源配置的基础性作用，并制定了交通、通信、建筑、电子、机械、石化等部门的产业政策。[①]2008年国际金融危机发生后，发达国家纷纷实施“再工业化”战略，中国政府在此背景下制定了《中国制造2025》发展纲要，以解决中国制造业的“大而不强”“自主创新能力弱”等问题。

伴随着经济发展和产业不断升级，中国产业政策的内容和侧重，都发生了不少变化。在改革开放之初，产业结构调整一直是中国经济发展的重要目标和内容之一。进入21世纪，中国的产业结构政策关注农业和工业的同时，也关注第三产业的发展。在关注具体产业的同时，基础设施一直是中国产业结构调整中的重要领域。中国的产业技术政策，一直关注产业技术能力的提升，尤其是资本密集型、外部性较大、私人投资不足的产业和领域。受制于企业规模、重复投资等因素，中国产业的过度竞争一度非常严重，产业组织政策在提升产业组织效率方面也做了不少努力。不同于计划经济时期的指令性计划，现在的产业政策侧重于对市场活动的引导和调节，不再具有强制性。伴随着社会主义市场经济体制的改革完善，中国已经逐渐建立了市场导向、开放包容的产业政策体制。

尽管面临着效率方面的指责、失败的风险，就弥补市场失灵、提升本国企业的技术水平和能力、优化本国的布局和结构而言，产业政策仍旧是不可或缺的，是后发国家推动经济发展和产业升级的必要条件。在长时间的经验积累和学习的基础之上，政府的产业政策能力是

① 国务院，关于印发《90年代国家产业政策纲要》的通知，1994年4月。http://www.people.com.cn/item/flfgk/gwyfg/1994/112105199404.html, 2018-08-05.

可以得到改善的。以中国的规划为例，规划的制定过程，既是一个发展目标咨询论证的科学研究过程（减少盲目性），也是一个发展目标形成共识（减少不确定性）、充分协商（减少执行障碍）的动员过程，更是一个目标逐步分解和跟进落实的过程（提高效率和成功概率）。[①]“五年规划”、行业总体规划、专项规划、区域规划等，一道构成了中国规划体系和产业政策的重要内容和特色，以推动经济社会发展目标的形成和落实。

近年来，着眼于实现从制造业大国向制造业强国的历史性跨越，中国积极实施制造强国发展战略，推动国家制造业创新中心建设工程、智能制造工程、绿色制造工程、工业强基工程和高端装备创新工程建设，在高精尖领域取得了新的重要进展，部分产业技术甚至跻身全球前列。C919 大飞机、高铁制造、特高压智能电网、TFT-LCD 半导体显示、无人机、集成电路刻蚀机等一大批重要创新成果和在市场竞争中领先的产品，都是中国产业政策发挥重要作用的典型案例。世界银行在最近一份关于中国高铁的产业研究报告中，就将中国政府的产业政策（清晰、稳定的中长期发展规划）视为中国高铁得以成功赶超的原因之一。[②] 这些科技创新成果和市场竞争中领先的产品，既有中央层面的产业政策的贡献，也有地方层面的产业政策的贡献（诸如基础设施、人才引进、研发支持等）。即使在北京、上海、深圳这样经济发达的地区，积极的产业政策同样是这些地方推动市场发育尤其是技术创新的重要抓手。

---

① 中国的规划，并不局限于经济领域本身，也涉及社会等其他领域。

② Martha Lawrence, Richard Bullock, and Ziming Liu, *China's High-Speed Rail Development*, International Bank for Reconstruction and Development/ The World Bank, 2019.

（二）中国国有企业的重大成就

中华人民共和国成立70年来，中国国有企业为经济社会发展、科技进步、国防建设、民生改善做出了历史性贡献。无论在成立初期还是改革开放时期，国有企业在推动实现四个现代化建设、贯彻落实国家宏观调控政策、实施国家重大战略、保障能源资源安全、维护社会安全稳定、实现共同富裕等方面都发挥了重要作用。时至当下，国有企业仍然存在于关系国民经济的重要产业和领域，例如汽车、铁路、船舶、航空航天等重要国民经济产业，供水、供电、供气、供暖等公共服务领域，保持着在重要产业和领域的控制力、影响力和带动力。国有银行也是中国社会主义市场经济的特色之一，为中国工业化提供了重要支撑；其中，大量的基础设施投资是在国家开发银行这样的政策性银行信贷支持下完成的。此外，中国宪法对土地和自然资源的公共属性做了明确的规定。土地和自然资源的公共属性，为中国开展大规模的基础设施建设和工业化提供了便捷的条件。

近年来，经历了20世纪末和21世纪初的改革重组，中国国有企业改革发展取得了众多新的进展，在资产总额、上缴税收、利润总额、资本收益等方面成绩显著。截至2017年，中国国有企业（不含金融企业）资产总额达183.5万亿元，国有资本及权益总额达50.3万亿元。2017年，进入《财富》世界500强的中国国有企业达到了82家。根据财政部的年度统计和国家统计局数据计算，从2008年到2017年，国有及国有控股企业（不含金融类企业）上缴的税金始终占到国家税收收入的30%左右。此外，从2003年到2015年，全国国有企业累计缴纳税金超过32万亿元。2012年到2015年，中央企业累计上缴国有资本收益3386亿元。从地方来看，上海、广东、江苏、浙江、山东等经济发达省（市），也都是国有经济大省（市），国有企业资产总额甚至数倍于其他地区，在全国名列前茅。[①]

工业化是几十年来中国经济快速增长的重要源泉，中国国有企业始终是中国工业化的重要推动力量。[②] 在中华人民共和国成立初期，156 项重点工程以及与之配套的 900 余个大中型项目领衔的工业化，建立了航空、航天、汽车、轮船、拖拉机、发电设备、电子器材等产业，为独立完整的工业体系打下了坚实的基础，使中国拥有了“两弹一星”等国防重器，维护了国家安全和独立自主。[③] 在改革开放时期特别是近些年来，国有企业进入了新的历史发展快车道，为工业化和经济增长发挥了重要的引领作用。在载人航天、探月工程、深海探测、高速铁路、特高压输变电、移动通信等领域，中国涌现出了一批能够引领市场、适应全球竞争的国有企业，众多重要科技创新成果，和在市场竞争中领先的产品。

就中国的国有控股工业企业而言，资产总额、主营业务收入、应缴税金、利润总额等各项指标，在 21 世纪以来整体保持了持续上升的发展势头。从 2000 年到 2017 年，资产总额从 8.4 万亿元增加到 43.96 万亿元，主营业务收入从 4.2 万亿元增加到 26.54 万亿元，利润总额从 2408 亿元增加到 1.72 万亿元。从 2000 年到 2014 年，国有

① 根据各省的国有资产统计公告，截至 2017 年底，广东、江苏、浙江的国有企业资产（不含金融）总额，都超过了 8 万亿元，上海接近 8 万亿元，山东超过 7 万亿元。

② 尽管工业在中国经济总量中的比重近年来有所下降，但在广东、江苏、山东、浙江等经济大省，这些省份的工业增加值占各自省份地区生产总值的比重达到近 40%。

③ 王绍光的研究显示，中华人民共和国成立以后，国家的新投资，构成了国有经济增量最大的部分，而不是其他途径。参见：王绍光在清华大学国情研究院就国有企业和工业化的演讲，2019 年 3 月 27 日。

控股工业企业的应缴税金从2278亿元增加到1.36万亿元。[①] 从2008年到2017年，国有控股固定资产投资始终保持占全社会固定资产投资30%以上的份额，对缓解经济下行的压力、调节经济周期的波动、保持经济的平稳运行起到了重要的杠杆作用。[②] 西方经济学会注重财政政策对于宏观经济的反周期调节作用；在中国，国有企业可以和政府的财政部门一起扮演积极的反周期角色。

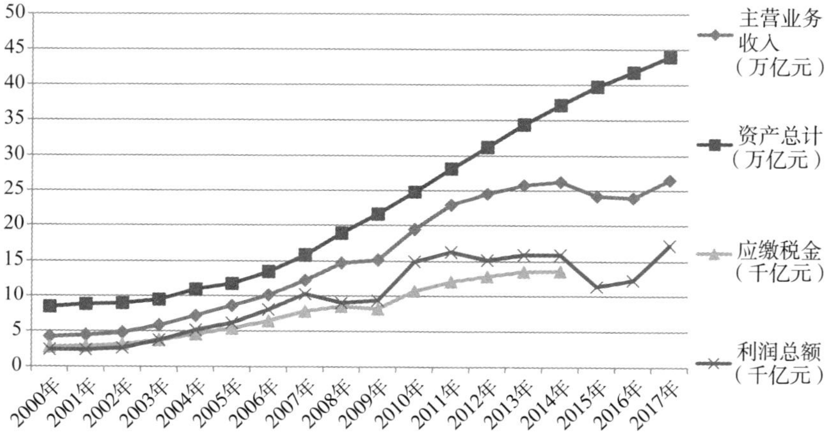

图1　国有控股工业企业的资产、收入、利润和税金（2000—2017年）
来源：国家统计局

需要强调的是，总体上，中国国有企业的存在，并没有挤出竞争性领域的私人投资，而且通过多种形式的合作、合资等形式，起到

① 根据国家统计局数据，2017年，在“煤炭开采和洗选业”、“石油和天然气开采业”、“烟草制品业”、“石油加工、炼焦和核燃料加工业”、“电力、热力生产和供应业”、“燃气生产和供应业”和“水的生产和供应业”中，国有控股工业企业占有50%以上的市场份额。

② 根据胡鞍钢的有关计算，“一五”期间完成的基本建设投资近六百亿元，改革开放前中国国有资本存量超过五千亿元，为中国工业化奠定了良好的基础。参见：胡鞍钢，《中国政治经济史论（1949—1976）》，北京：清华大学出版社，2011年，第564页。

了产业链上下游相互补充和促进的作用，带动了本土企业和非国有经济的共同发展。第一，相比“休克疗法”式的经济改革，中国一直坚持公有制经济和非公有制经济共同发展，国有企业、集体企业、私有企业协同进步。第二，在工业化的早期，国有企业一直是私有企业的人才和技术的重要来源。在当下，以飞机、高铁、汽车、船舶为代表的制造业国有企业发展，给成千上万的上下游企业发展带来了合作和发展机会。在世界舞台上，国有企业尤其是以大型中央企业为代表的国家队的境外投资贸易，与以世界500强为代表的跨国公司的同台竞技，通常会带来各类中国本土企业的合作与发展机会。第三，除了合作，国有企业和私有企业之间多种形式的合资已经成为经济活动的常态化存在。即使是世界500强这种规模的私有企业，也是在与国有企业尤其是大型国有企业的竞争合作中发展进步的。没有自己本土的大型企业，尤其是跨国公司（既包括国有企业也包括私有企业），后发国家与发达国家的竞争将是非常困难的。

四、市场导向和创新驱动的改革方向

这些经济发展成就和技术创新成果启示我们，有力的产业政策和强大的国有企业同为中国社会主义市场经济的优势所在，是推进和完成中国工业化、赶超发达国家的重要支撑；产业政策可以发挥积极的作用，而包括国有企业在内的中国企业是可以创新、善于竞争的；但是这样的创新和竞争需要企业发生相应的机制转变，使企业自身作为市场主体与市场经济体制更加适应。有必要强调，就市场竞争中的商业类国有企业（以区别于提供公共产品和服务的公益类国有企业）而言，国有企业市场化程度的高低、技术创新能力的强弱，影响和制约着国有企业的活力和竞争力，关系着国有企业未来发展甚至中国经济赶超的结果。[①]

（一）现存的问题和差距

应该客观地承认，无论是就改革还是就创新而言，包括国有企业在内的中国企业仍然存在一些亟待解决的突出矛盾和问题，仍然面临日益激烈的国际竞争和转型升级的很大挑战。这些问题和挑战，既涉及企业市场主体地位、现代企业制度、国有资产监管体制等方面，又涉及企业管理、技术创新、转型升级等方面。[②]尤其是，尽管有一批技术创新成果和产品正在涌现，中国企业尤其是制造业企业整体上还处于产业链和价值链的中低端，在技术创新、市场网络、知名品牌和价值链影响方面，还有较长的路要走。即使有更多中国本土企业入围世界500强这样的榜单，具备全球竞争力的本土制造业企业仍旧是非常缺乏的。

需要清醒地认识到，在一些产业和领域，产业基础（包括基础研究）非常薄弱，关键核心技术受制于人，卡脖子问题表现得比较突出，产业风险不容忽视。从研发（R&D）的投入来看，一方面，中国全社会的研发投入重开发、轻研究（包括基础研究和应用研究）；另一方面，企业的整体研发密度还不高，差异较大。根据

---

① 当前，有关部门已经对国有企业的分类工作做出部署，寄望通过对不同国有企业的分类考核，因企制宜，进一步激发国有企业的活力和竞争力，将国有企业打造成真正的市场主体。同时，也要认识到，成功的市场导向的改革，注定不是“休克疗法”导向的改革，因为“休克疗法”导向的改革通常是对生产力和国家能力的极大破坏，而不是效率的提升和国家的发展。

② 关于当前国有企业存在的问题，《中共中央、国务院关于深化国有企业改革的指导意见》（中发〔2015〕22号）做了具体的阐述。

最新的国别比较统计，2015 年，中国全社会研发经费中用于基础研究（Basic Research）和应用研究（Applied Research）的经费占比约为 16%，大量研发经费用于开发和试验（约占 84%）；同期，美国、日本和韩国的全社会研发经费中用于基础研究和应用研究的经费占比分别为 36.5%、31.8% 和 38%（试验开发经费投入占比分别为 63.5%、63.7% 和 61.9%）；形成了明显的差异。[①] 重要的是，从 1970 年至今，美国全社会研发经费中用于基础研究和应用研究的经费、用于试验开发的经费，大致保持着这样的比例关系，可见其对基础研究和应用研究的重视。

表 4　中、美、日、韩、法、英等国的研发经费支出占比

国家	基础研究占比	应用研究占比	试验开发占比	其他占比
美国（2015 年）	16.9%	19.6%	63.5%	0
中国（2015 年）	5.1%	10.8%	84.2%	0
日本（2015 年）	11.9%	19.9%	63.7%	4.5%
韩国（2015 年）	17.2%	20.8%	61.9%	0
法国（2014 年）	24.4%	37.6%	34.7%	3.3%
英国（2014 年）	16.9%	43.3%	39.8%	0

资料来源：National Science Board

从企业的研发密度来看，即使以中央企业这样的国家队做比较，近年来中央企业的研发经费总额也不断增加，研发经费支出占主营业务收入的占比也连年增加，但是中央企业研发经费（2016 年为 3927 亿元）占主营业务收入的比重还处于 1.7% 之下，整体研发投入密度与世界领军企业差距较大。

① National Science Board, *2018 Science and Engineering Indicators Report,* 2018.

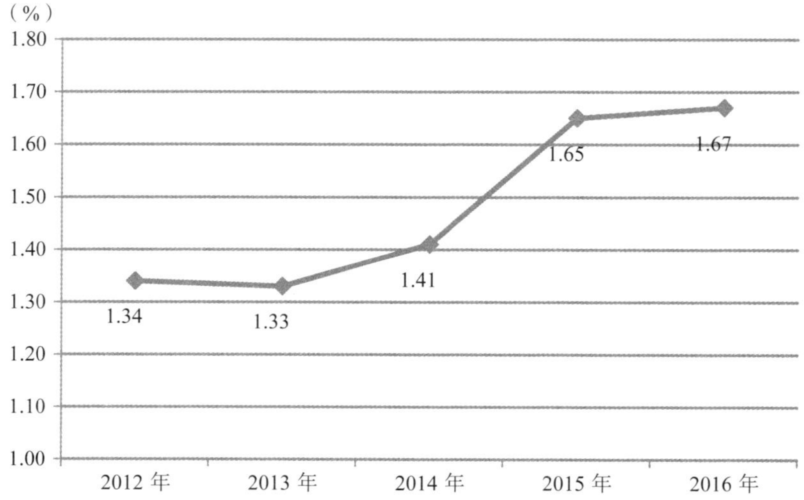

图 2 2012—2016 年中央企业研发经费占主营业务收入比重

资料来源：国务院国资委中央企业科技创新展，2017 年 10 月

（二）未来的改革重点

直面问题并解决问题是国企改革和产业升级成败的关键所在。市场导向和创新驱动的改革，可谓逆水行舟、不进则退，应成为当下中国本土企业的努力方向。如本书后续章节所展示的，后发国家的经济赶超是非常不容易的，那些有幸成功赶超的极少数经济体在产业技术能力、产业组织优化等方面做了大量工作。在推动商业类国有企业趋向更加市场导向的改革、构建更加灵活高效的市场化经营机制的同时，也要推动国有企业更加重视技术创新，加大对技术薄弱环节的投入和努力，注重本土企业之间的相互合作而不仅是竞争，更好地实现规模经济和技术创新。

就产业政策而言，有必要对具体的政策形式进行科学评估和改革创新。对不合时宜、不经济、无效率的产业政策形式（如某些补贴、政出多门）要进行及时调整，对能更加促进技术进步和规模经济要求的产业政策形式要大胆实验，对包括基础研究和应用研究在内的影响产业基础的薄弱环节要重点关注，以更有效地推动中国的产业升级。

中国政府近年来明确提出，政府在更好地发挥作用的同时，要让市场在资源配置中发挥决定性的作用。这是中国政府对于政府和市场关系的明确定位，也是中国经济体制未来改革的方向，尤其适用于那些处于市场竞争中的商业类国有企业。正如本书研究显示的，市场要有效，政府要有为，经济才会有效率，中国经济发展的势头才能持续向好。

五、建设创新型国家、培育世界一流企业

中华人民共和国成立 70 年，尤其改革开放 40 年来，中国发生了天翻地覆的变化。在过去几十年里，中国坚持从国情出发，独立自主地制定发展政策，逐步实现了从传统的计划经济向社会主义市场经济的过渡；通过持续地学习，中国不断提升在市场经济体制下的产业政策能力，打造了以公有制为主体的、多元开放的所有制体制；同时，从技术学习的角度，中国坚持积极引进和自主创新相结合，才有了今天经济发展的巨大成就。

对发达国家的赶超，意味着中国必须继续缩小与发达国家的知识差距，必须要有世界一流企业来承载技术创新的重要使命。着眼当下的问题和挑战，十九大报告等中央文件已经多次对加快建设创新型国家和培育世界一流企业做了动员部署，对加强基础研究、应用基础研究、关键共性技术等提出了明确的要求，对激发国有企业

活力和创造力、市场化的经营机制等给出了具体的路线图 。

回顾英国工业革命以来的经济史，通往经济赶超的路极不容易。无论是建设创新型国家，还是培育世界一流企业，都需要产业政策和包括国有企业、私有企业在内的所有中国本土企业共同发力。而参考借鉴各种研究成果，比较研究真实的世界经济（尤其是产业政策和国有企业这样的“赶超阶梯”），正是我们“赶超”发达国家、缩小“赶超知识”差距的重要一环，也是本书系列研究的初衷所在。

延伸阅读 1

“国家发展战略”视角的公共投资和国有企业改革 [①]

公共投资在国家经济发展战略中扮演什么样的角色，全球范围的国有企业改革向何处去，不仅是中国关心的问题，也是世界关心的问题。响应 2005 联合国世界峰会协助世界各国制定国家发展战略的号召，联合国经济社会事务部（UNDESA）组织各个领域的专家起草了包括“国有企业改革”在内的一系列国家发展战略政策建议。这些政策建议推出以来，建议的严谨和权威性也越来越受到各界人士的关注。从理论和政策的多元视角，“国家发展战略”国有企业改革篇的政策建议起草人、英国剑桥大学张夏准教授和联合国时任助理秘书长乔莫博士，进一步强调了公共投资和国有企业对于一国经济发展的重要意义，讨论了国有企业改革的多元化方案，对我们做好国有企业改革相关工作有着重要的借鉴意义。

周建军：作为联合国经济社会事务部的政策建议起草人，请您总体上

---

① 本文系周建军与张夏准、乔莫就公共投资和国有企业改革的讨论，详细版本发表于新华社《瞭望》周刊 2010 年第 29 期。联合国网站也发布了张夏准和乔莫就国企改革问题答周建军代表新华社《瞭望》周刊的新闻稿：http://unpan1.un.org/intradoc/groups/public/documents/un/unpan039119.pdf。《“国家发展战略”视角的公共投资和国有企业改革报告》全文，详见本书的附录。

谈一谈公共投资和国有企业在经济发展中的作用。

张夏准：公共投资必须在任何减贫经济发展战略中发挥关键作用，市场常常不能产生可持续经济发展所需的经济推动力和社会正义。有些公共品不可能由个人完全按照市场激励提供。法律和秩序、基本的基础设施、初级保健、基础教育以及科学研究，都属于此类公共品。为了纠正市场的缺陷，公共投资能发挥也应该发挥关键作用，在涉及长期发展方面尤其如此。长期发展需要做大量的人力物力投资。通过“挤入”效应，公共投资也是促进私有经济活动的关键措施。

周建军：您如何看待当下围绕国有企业改革问题的种种争论？

张夏准：首先，没有一个明确的理论案例去支持或反对国有企业。其次，大型国有企业面临的问题和大型私有企业面临的问题是非常类似的。最后，全面私有化这一被今天的经济正统观点支持者们推崇的方案，也只是解决国有企业问题的可能方案之一。政府可以卖掉国有企业的大量股份，但仍旧可以保留国有企业中占多数的份额，或者至少一个控股的股份（比如 30%~40%）。没有清晰的、系统的证据表明国有企业是经济发展的负担。

周建军：您一直强调“注意真实世界的运作”，能否给出一些国有企业运作的模范案例？

张夏准：现实中，很多国有企业有效率而且运行得非常好，例如新加坡航空、淡马锡控股、印度交通运输管理局等。巴西航空工业公司、法国汽车制造商雷诺和韩国钢铁生产企业浦项钢铁最初都是以国有企业取得成功的。

事实上，为数众多的国家凭借庞大的国有经济部门取得了经济成功。

相反，许多不成功的经济体的国有经济部门非常之小。

周建军：如何看待国有企业运作不良的解释或争议？

张夏准：最重要的解释包括两个方面：委托代理问题和搭便车问题。这两个问题是真实存在的，并且对解释国有企业糟糕业绩也是非常重要的。这些理论也适用于所有权和经营权相分离的大型私有企业。

事实上很多公司，尽管经营权和所有权分离，不管国有的还是私有的，都运作得很好。公有制，就其自身而言，不管由于所有权分离还是政治影响，对国有企业的管理不善都是可以避免的。

周建军：作为联合国经社部“国家发展战略”政策建议的组织和参与者，您对张夏准教授的观点有什么补充？

乔莫：在众多转型经济体、前社会主义计划经济国家以及出于各种原因设置国有企业的发展中国家，当市场为获利而导致倒闭和资源再分配时，许多国有企业被鼓励或允许存在。为解释整体业绩不良的国有企业，各种各样的原因已经被提出。在多数情况下，国有企业是被不清晰的目标或者外在约束而拖累的。类似地，即便存在国有企业的业绩标准，这个标准也是模棱两可的。也常常缺乏对国有企业业绩的监控和评估。政治、福利和发展的目标经常以利润、效率和其他成本——效率标准为代价。协调问题也是严重的，特别是在不同的政府层级（国家、省、市、县等）、政府部门内部以及其他政府机构之间的争夺。

私有化已经被证明不足以解决国有企业面临的一系列问题。在多数国家，私有化并没有显著地带来竞争的增加、效率的提高、更低的使用成本以及改善的服务质量。此外，对私人企业主而言，能提高企业利润率的私有化改革，不必然使公众或消费者受益。公共服务的私有化易于加重公众的负担，特别是如果私有服务的费用被提高的话。

周建军：那您认为解决国有企业改革问题的关键何在呢？

乔莫：决策的关键在于是否将国有企业无效率视为公有制的必然特征，从而判定只有私有化才能解决这个问题。国有企业在一些国家的出色表现颠覆了如上判断。更少政治化的招聘、任命、提升和责任追究制度，以及更大的国有企业自主性、透明度以及组织的灵活性，将可能极大地改善国有企业的表现。

如果国有企业表现糟糕源于其本身、利益或者负责人的能力，而不是公有制自身的话，那么国有企业的私有化不能也不会克服这些问题。在这种情况下，对国有企业的管理改革和组织改革将取得同样的结果，甚至做得更好。因此对国有企业的管理改革和组织改革应该成为优先选项。但是，更好的选项不能被先验地决定，而是一个对组织弊病的根源进行仔细研究的结果。

对国有企业改革的严格审视，应该考虑变革现有的私有化模式，将市场化和其他改革措施等作为其替代方案。有时需要将这几种措施相互补充，以促进公共部门表现的改善。

经济增长作为不稳定力量：基于韩国财阀模式的考察[1]

在关于经济发展制度的国别案例比较中，韩国的财阀模式是极具代表性的国别案例。一方面，韩国凭借财阀领衔的大企业实现了自身快速的工业化和经济增长；另一方面，韩国也陷入了这种以财阀为中心的发展模式的困扰之中。财阀模式甚至被认为是"反市场"的。[2]

如本文研究强调的，经济增长意味着经济发展的可能性，也意味着社会分化和不稳定的可能性。在韩国，经历了以财阀为中心的经济增长和产业化后，从宏观层面到微观层面、从实体经济到金融部门，财阀掌控了韩国经济的命脉，成为挑战韩国经济民主、政治稳定和社会和谐的强大力量。

特别是，韩国财阀的"所有者掠夺"和"大而不倒"充分说明

① 本文发表于中央编译局《经济社会体制比较》2011 年第 2 期，人大复印报刊资料《世界经济导刊》2011 年第 6 期全文转载。

② 韩国著名经济学家、现任驻华大使张夏成称韩国财阀为"反市场的财阀"，称韩国经济为"杂乱无序的市场经济"。参见：[韩] 张夏成，《韩国式资本主义：从经济民主化到社会正义》，邢丽菊、许萌译，北京：中信出版社，2018 年。

了委托代理和软预算约束问题在资本主义经济体和私人企业中的变相存在。正如自由放任绝非自然形成，韩国财阀也是一个政治的产物。在建设社会主义市场经济的道路上，韩国财阀模式及其带来的问题，值得我们警惕。

发展经济学曾经对经济增长和经济发展做过严格的区分。经济增长通常用 GDP 或 GNP 等指标来衡量和反映。经济发展包括指标则更多，除了 GDP 或 GNP，还有人均预期寿命、识字率、闲暇、环境质量甚至自由等。[①] 诚然，不能否认经济增长对经济和社会发展是非常重要的。但是，这未必意味着经济增长总是一件好事情。在漫长的人类历史中，有很多危机、革命和社会不稳定，不是源于经济增长的缺乏，而是源于经济发展质量的缺乏，以及财富或者收入的分配不公。因此，在某种意义上，经济增长仅仅是经济发展的必要条件，而非充分条件；经济增长既意味着经济发展的可能性，也意味着社会分化和不稳定的可能性。

关于经济增长和社会稳定之间的复杂关系，包括曼瑟·奥尔森、西蒙·库茨涅茨在内的经济学家都曾做过一些探索和研究。特别是，曼瑟·奥尔森早在 1963 年的《经济史》杂志中就特别指出："经济增长——特别是快速的经济增长——经常涉及生产方式的巨大变革。生产方式的巨大变革将引起不同产业重要性的巨大变化、劳动力需求的变化以及产品的地缘配置变化，并导致人们生活、工作方式和地点的巨大变化。特别是，经济增长意味着收入分配的巨大变革……此外，经济增长意味着快速的经济变革，经济变革必然引起

① Amartya Kumar Sen, *Development as Freedom,* Oxford: Oxford University Press, 2001, p.3.

社会混乱。很明显，不管经济增长的受益者还是受损者，都将成为一种不稳定的力量。”[①] 韩国的案例或许可以增进我们对经济增长和社会不稳定或分化关系的理解。

一、财阀为中心：经济增长作为不稳定力量

在过去的几十年里，由于出色的经济表现，韩国及其发展模式总是被当作一个后发展的成功案例。在 20 世纪 50 年代，韩国人均 GDP 只相当于世界上最贫穷的亚非国家水平，经济以农业为主。但是，经过几十年的发展，凭借如下惊人的经济增长率，韩国在 1996 年以其出色的经济成就加入了 OECD 组织。从 1961 年到 2008 年，韩国名义 GDP 从 22.1 亿美元增加到了 9287 亿美元，人均 GDP 从 92 美元增加到近 2 万美元。

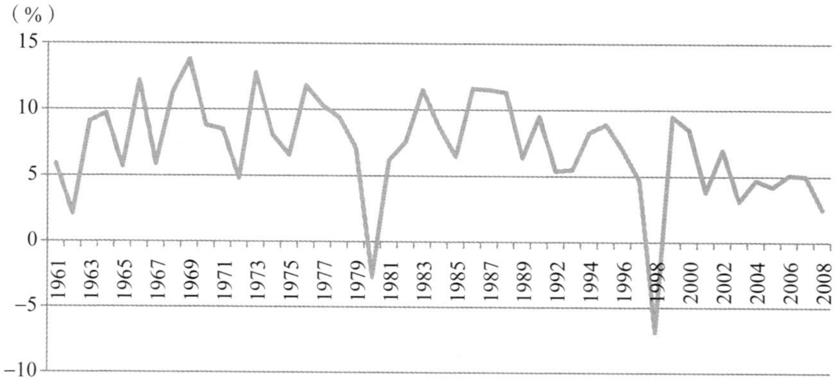

图 1 韩国实际 GDP 增长率（1961—2008 年）

资料来源：韩国银行，http://ecos.bok.or.kr

---

① Mancur Olson, “Rapid Growth as a Destabilizing Force,” *The Journal of Economic History*, 1963, Vol. 23.

的确，相比过去的贫穷，韩国的经济增长是一个巨大的奇迹。甚至，研究经济发展问题的诺贝尔经济学奖得主迈克尔·斯宾塞声称，韩国是实现从“中等收入国家”到“发达国家”转型的极少数成功案例之一。但是，随着经济的快速增长和产业化，在威权主义向民主化转型和新自由主义经济改革之后，韩国政府已经跟不上与复杂经济活动相对应的外部环境变化。特别是，由于对财阀的经济依赖，国家丧失了其在经济活动中的自主性和决定性作用。如表 1 和表 2 所示，基于其在国民经济中的巨大份额以及企业内部的高额交叉持股比例，韩国财阀掌控着韩国经济的命脉。

根据相关研究，前 30 家韩国财阀企业的制造业雇员占到了雇员总量的 10.7%；前 30 家韩国财阀企业的制造业销售额占到了销售额总量的 45%；前 30 家韩国财阀企业的制造业增加值比率占到了制造业全部增加值的 41%；前 30 家韩国财阀企业的资产比例占到了总资产比例的 50%。特别是，通过家庭成员直接持股或者非家庭成员的间接持股，韩国财阀企业股权的交叉持股比例达到了 48%。韩国财阀通过这样异常复杂的交叉持股，使得企业所有权变得非常集中。这样，韩国财阀牢牢地控制着其旗下为数众多的附属企业。而韩国财阀企业的经营范围则非常广泛，吃穿住用行等，无所不包、无所不办。

表 1　财阀的集中趋势 1985—1995 年（制造业的累计占比）

财阀	雇员			销售			增加值			资产		
年度	1985	1990	1995	1985	1990	1995	1985	1990	1995	1985	1990	1995
前 4 大	6.5%	6.9%	8.1%	21.9%	23.4%	27.3%	11.7%	17%	27.2%	23.6%	26%	28%
前 10 大	8.2%	9%	10.7%	33.5%	32.6%	37.2%	16.5%	22.8%	29.3%	33.3%	36.5%	39.5%
前 30 大	11.6%	11.7%	13.1%	43.1%	40.6%	44.9%	22.2%	29%	41%	45.6%	46.8%	50.2%

资料来源：Jong-Sung Yun（2008）

表 2　韩国财阀的所有权结构

		家庭持有			非家庭持有			总交叉持股比例
	年份	总裁本人	亲戚	总数	集团企业	其他	总数	
财阀受限于交叉持股	2005	2.01%	2.92%	4.94%	43.98%	2.30%	46.3%	51.21%
	2006	2.00%	2.89%	4.89%	44.08%	2.31%	46.39%	51.27%
财阀受限于投资额度	2005	1.83%	2.82%	4.64%	40.69%	1.80%	42.49%	47.14%
	2006	1.72%	2.92%	4.64%	41.54%	2.02%	43.56%	48.20%

资料来源：韩国公平贸易委员会（2005, 2006）, Sook Jong Lee（2008）

除了制造业，韩国财阀也试图涉足金融业和媒体[①]等特殊行业。根据韩国公平贸易委员会 2005 年的公开数据，韩国 14 家最大的财阀企业，用 50000 多亿韩元持有了 78 家韩国银行和保险公司等金融机构的股份。这些被财阀参股的韩国银行既有区域性的，也有全国性的。而在 20 世纪 90 年代之前，韩国的金融和保险业等，一直禁止财阀企业的进入。在 20 世纪 60 年代朴正熙当政时期，韩国更是将银行全部国有化，以进行信贷审查和金融控制。基于在金融业的股份，韩国财阀能对银行决策产生很大的影响，尤其是贷款方面。关于 1997 年的韩国金融危机有很多解释和争论，韩国财阀能够如此轻易地从金融机构获得贷款（加上境外贷款、热钱等）是一个不可忽视的因素。基于这些特殊的经济结构，从宏观层面到微观层面，从实体经济到金融部门，韩国财阀控制着韩国经济的命脉，成为挑战韩国经济民主、政治稳定和社会和谐的强大力量。

经济体系、社会体系和政治体系在一个社会中是相互依赖的。

---

① Asia-Pacific Broadcasting Union, "Korean Media Union Attacks Ownership Rules Change," http://blogs.rnw.nl, 2009-06-01.

如果其中一个部分变化太快，那必然导致社会其他部分的不稳定。[①]如表 3、表 4 和表 5 所示，韩国在经历了以财阀为中心的经济增长和产业化之后，政治矛盾、社会和经济矛盾大量累积，诸如增加的腐败、非法勾结以及收入和财富的不公平分配等。一份韩国官方背景的研究报告也指出：韩国的快速经济增长没有带来社会融合（Social Cohesion）。[②]自 20 世纪 90 年代以来至今，韩国的收入差距水平一直呈扩大之势。即使根据韩国官方统计部门的公开数字，韩国 2008 年的基尼系数也已经达到了 0.325。而根据 OECD 报告，韩国的基尼系数排名仅处于 OECD 国家的下游水平，同波兰、墨西哥、土耳其等国家相差无几。[③]

需要注意的是，韩国官方的这个统计数据并没有考虑财产因素造成的收入差距影响。不用问，如果考虑财产因素，特别是财阀的因素，韩国的收入差距水平将会更大。世界银行的一份研究报告援引一些经济学家的实证研究成果指出，财产不平等比收入不平等对经济增长有更显著的负面影响。尤其是，如果不平等因素是系统因素所致，这种系统性的不平等因素有可能中断经济增长的过程。[④]

---

① Mancur Olson, "Rapid Growth as a Destabilizing Force," *The Journal of Economic History,* 1963, p.533.

② Chosun Ilbo, http://news.chosun.com, 2009-06-01.

③ OECD, *Region at a Glance,* Paris, 2007a. Chang Sea-Jin, Financial Crisis and Transformation of Korean Business Groups, New York: Cambridge University Press, 2003, pp.35–36.

④ Nancy Birdsall & Juan Londono, "Asset Inequality Matters: An Assessment of the World Bank's Approach to Poverty Reduction," *American Economic Review*, 1997, 87(2). K. Deininger, Lyn Squire, "A New Data Set Measuring Income Inequality," *World Bank Economic Review* 10, 1996. World Bank, *What is Inclusive Growth*? 2009-02-10.

表 3　韩国的基尼系数（1990—2008 年）

年度	1990	1991	1992	1993	1994	1995	1996	1997	1996	1999
系数	0.274	0.264	0.256	0.269	0.263	0.268	0.272	0.268	0.295	0.303
年度	2000	2001	2002	2003	2004	2005	2006	2007	2008	
系数	0.286	0.299	0.298	0.295	0.301	0.304	0.313	0.324	0.325	

资料来源：韩国国家统计办公室，http://www.nso.go.kr

表 4　韩国历任总统任期内的腐败状况

总统	CPI	被报道的官僚腐败事件	上层政治捐献（以 1990 年百万韩元计）
李承晚		N/A	1.5~3.5（5 个财阀）
朴正熙		41 起	5~10（估计）
朴正熙		52 起	7~10（估计）
全斗焕	3.9	77 起	16~24（4 个财阀）
卢泰愚	3.5	50 起	21~25（4 个财阀）
金泳三	4.3	N/A	56（韩宝财阀）
金大中	4.2	N/A	8（三星财阀）
卢武铉	4.8	N/A	22（三星财阀）

资料来源：Jong-Sung Yun（2008）

表 5　被媒体曝光的官员腐败事件（以 1985 年的不变价格计）

	第三共和时期朴政权	第四共和时期朴政权	第五共和时期全政权	第六共和时期卢政权
100万~1000 万韩元	31 起	30 起	56 起	16 起
大于 1000 万韩元	10 起	22 起	21 起	34 起
总计	41 起	52 起	77 起	50 起

资料来源：Jong-Sung Yun（2008）

在过去半个多世纪的时间里，韩国财阀也被卷入为数众多的腐败案件中。直接地，韩国财阀捐助政治献金，贿赂政客和政府官员，与政客的子女联姻，以及按照他们自己的偏好参与管治政策的制定。如上表所示，几十年来，从李承晚、朴正熙、全斗焕、卢泰愚、金泳三、金大中到卢武铉，韩国的历任总统无一能够免于财阀的政治献金。对于此类的政治献金，财阀们并不掩饰，甚至公开承认。财阀也用其他方式间接地施加他们的政治影响。以前甚至发生过多起财阀公开挑战韩国政府权威的事情。

1988 年，大宇财阀头目公开挑战政府的权威，并威胁政府要对大宇造船厂（以前是一个国有企业）给予额外的资助，否则就让大宇造船厂破产。1995 年，三星财阀头目李健熙公开迁怒于韩国政府官员和时任总统金泳三，辱骂韩国政府是“瘪三”[①]政府。虽然三星财阀头目后来表示道歉，但是，明显可见，政府的权威受到了财阀的挑战。甚至，即使被法院判以刑罚，韩国财阀也能获得特赦。2008 年，包括现代起亚汽车集团总裁和 SK 集团总裁在内的 14 名财阀头目就被韩国新任总统李明博以经济增长的名义赦免。[②]此外，财阀还积极地参与韩国的政治选举。1992 年，现代财阀的头目之一就曾参与韩国的总统竞选。

二、财阀模式困境：“所有者掠夺”和“大而不倒”

在韩国，自 20 世纪 80 年代起，特别是经历了 20 世纪 90 年代

① Sea-Jin Chang, *Financial Crisis and Transformation of Korean Business Groups,* New York: Cambridge University Press, 2003, p.62.

② The Hankyoreh, Chaebol Chiefs to Get Liberation Day Pardons, http://english.hani.co.kr, 2009-06-01.

民主化转型和新自由主义经济改革之后，政府和财阀之间的力量平衡被打破了。财阀，作为市场力量，越来越不受政府的管治，对它们的行为也越来越不负责任。政府的自主性也受到了市场力量的极大挑战。无疑，如下文所介绍的，这些不负责任的行为也引发了多起经济或社会危机。为了获得利益，财阀挑战了作为资本主义规则的“有限责任制度”等，利用作为大股东的有限责任地位（特别是前文提到的高额交叉持股等）和在韩国经济中的巨大份额，财阀寻求利益、逃避责任，对内以大欺小，掠夺或剥削小股东的财产，对外转移风险，危害国家和社会大众。

阿克洛夫和罗默曾经证明所有者可能为获利而破产，不惜导致社会损失。他们指出，“当所有权是集中的且管理者被所有者牢牢控制时，违规策略是较容易实施的。当所有权广泛分散且管理者的利益（他们想保住工作和名声）和所有者的利益（如果管理者假公济私，所有者就会捞更多的钱）存在严重冲突时，违规策略也是存在的”。[①] 在韩国，财阀的交叉持股率接近 50%。为了获得利益，财阀作为控股股东，利用其控股所有权和内部操作，做了大量剥削公司财产、侵犯小股东利益的事情。例如，通过人为的转移定价，财阀头目可以轻易地将利润从一个公司转移到另一个他本人有大量股份的关联公司。甚至，财阀头目也可以通过研究开发、广告开支、各种基金会等其他名义，轻松地将财产转移给

① George Akerlof & Paul Romer, “Looting: The Economic Underworld of Bankruptcy for Profit,” *Brookings Papers on Economic Activity,* Vol. 1993, No.2. 中译本：［美］乔治·阿克洛夫 、保罗·罗默著，《所有者掠夺：以破产牟利的经济黑幕活动》，《比较》第 15 辑，北京：中信出版社，2004 年。

他们自己。[①]

流行的委托代理理论强调了代理人可能的卸责和掏空所有者拥有的企业（特别是经营权和所有权分离的企业）的可能性。事实上，在韩国财阀的案例中，因为“所有权是集中的且管理者被所有者牢牢控制”，财阀头目扮演委托人和代理人的双重角色，身为委托人，财阀自己也参与了卸责和掏空企业的行动。韩国财阀的案例也启示我们：委托代理问题变相存在于经营权和所有权分离的任何企业，既包括国有企业，也包括私有企业；[②]而所有者参与掠夺企业的总资产，是对传统委托代理理论的新挑战；代理人会卸责，委托人也会卸责。根据大量有关控股股东和公司价值的实证研究，控股股东所有权份额的上升将导致公司价值的下降。[③]

除了上述所有者掠夺行为，基于其在韩国经济中的巨大份额，韩国财阀采用“大而不倒”(Too Big to Fail ）的策略去社会化其风险。通常，软预算约束问题被视作社会主义经济体的国有企业的一个大问题。这些流行的文献将社会主义的国有企业描述成政府的孩子。[④]但是，不幸地，由于财阀在韩国经济中的巨大份额，财阀“大而不倒”的策略导致了同样的后果，外部性社会化，正如软预算约束。如表 6 所示，在金融危机发生的 1997 年，三星、现代、LG、大宇、

---

① Ha-Sung Jang, Joongi Kim, “Nasent Stages of Corporate Governance in an Emerging Markrt: Regulatory Change, Shareholder Activism and Samsung Electronics,” *Corporate Governance*, Vol.10, No. 2, 2002. Sea-Jin Chang, op.cit., p.101.

② 关于委托代理问题的研究，参见 Ha-Joon Chang, “State-Owned Enterprise Reform, National Development Strategy,” *Policy Note*, UNDESA, 2007。

③ Stijin Claessens, Simeon Djankov, and Larry Lang, “The Separation of Ownership and Control in East Asian Corporations,” *Journal of Financial Economics*, Vol.58, 2000.

④ Janos Kornai, The Soft Budget Constraint, http: //faculty.vassar.edu/kennett/Kornai.htm, 2006-06-01.

SK 等韩国前 30 家财阀企业的平均负债率达到了 521.5%，甚至一些财阀企业的负债率达到了近 4000%。[①]

为了拯救受资本主义影响的金融危机，韩国政府和普通民众都捐献了大量的资产：仅韩国政府支出就达 168 万亿韩元，其中仅 87 万元韩币在金融危机后被收回；而韩国民众为此开展“攒金运动”，捐献的各种金银首饰价值就达 22 亿美元之多。[②] 韩国的案例充分表明了软预算约束现象在资本主义经济体中的广泛存在，这样的情况也出现在处于困境中的所谓“美利坚社会主义共和国”。

表 6 财阀的资产负债率

财阀规模	1994 年	1995 年	1996 年	1997 年	1998 年
前 1~5 家大财阀	308.6%	298.3%	349.0%	472.5%	331.9%
前 6~10 家大财阀	383.2%	370.6%	436.2%	639.2%	382.0%
前 11~30 家大财阀	479.3%	503.9%	464.2%	621.5%	488.4%
前 1~30 家大财阀	354.8%	348.8%	387.1%	521.5%	362.6%

资料来源：Inhak Hwang and Jung-Hwan Seo（2004）

类似韩国的情形，也出现在关于美国金融危机的讨论中。美国联邦储备委员会前主席格林斯潘就承认，由于美国银行相信“大而不倒”，相信政府不会让它们倒闭，[③] 导致事实上的软预算约束发生。的确，金融危机之后，美国政府还是提供了数千亿美元去拯救这些企业，即使那些濒临破产的私人银行和企业浪费了政府很多钱，例如，即使 AIG（美国国际集团）接受了美国政府的援助，73 个 AIG

① Sea-Jin Chang, op.cit., p.141.

② The Hankyoreh, http://h21.hani.co.kr, 2010-06-05.

③ Slate, “Greenspan shrugs at the too big to fail problem,” http://www.slate.com/id/2219841/ 2009-06-04.

高管每人还是得到了 100 多万美元的分红甚至更多。因此美国学者鲁里埃尔·鲁比尼说，由于对这些破产企业的拯救，美国正在变成美利坚社会主义共和国（United Socialist State Republic of America），这个“社会主义”美国的利润私有化给了个人，而损失社会化给了整个社会。[①] 韩国财阀也同样“将伴随企业的风险转嫁给政府和公众，而成功时则卷走其全部的利润”。[②]

此外，韩国财阀作为市场竞争，尤其是同业竞争中的庞然大物，给同行业的中小企业带来了挑战和压力。尽管关于此问题，韩国学界有很多不同看法。有学者认为财阀的存在符合规模经济原则，从组织生产的角度看，财阀是一种有效的组织。有学者则对财阀的垄断等深表异议，认为现有的财阀体制抑制了市场经济的竞争活力和创新。虽然这仍旧是一个有待研究检验的问题，但是，种种争论也显示出财阀体制下的韩国经济的矛盾和困境。

许多经济社会矛盾直接或间接地来自以财阀为中心的快速经济增长过程。这种经济增长成了一种不稳定的力量。关于财阀在韩国的巨大势力，一位韩国本土经济学家在剑桥大学出版社出版的财阀研究著作中做了如下表述：“财阀，作为过去（韩国）发展型政府的最大受益者，（现在）变成了政府权力最大的反对者。财阀变得非常

---

① Nouriel Roubini, “The Transformation of the USA into the USSRA（United Socialist State Republic of America）Continues at Full Speed with the Nationalization of AIG,” http://www.rgemonitor.com, 2008-09-17.

② Sea-Jin Chang, op.cit., p.134. 此外，尽管学术界关于“软预算约束”、“有限责任”问题还没有一个统一的答案，但是，中国学者崔之元追溯约翰·穆勒在 19 世纪提议批准“有限责任制”以鼓励创新，企业所有者如果在破产时承担“有限责任”，赢利时就必须与社会“分享利润”。崔之元，《“看不见的手”范式的悖论与当前金融危机》，《21 世纪经济报道》，2008 年 9 月 27 日。

强大，以至于它们可以影响政客和官僚根据它们的偏好来修改管治。任何能影响财阀现状的改革都被锁定，任何能妨碍财阀利益的规则都被（财阀）以取消管治和经济自由化的理由来反对。当政府的精英阶层将他们的利益与资本家们混合在一起的时候，国家就丧失了自主性。有效运作的治理体系的缺失使得财阀完全对它们的责任视而不见。”[①]

三、财阀的形成：政治的产物

很多公开的记录都表明，在韩国产业化的早期阶段，财阀是不可能挑战政府权力的。在很大程度上，财阀依赖来自政府的各种支持。此外，韩国政府控制了大多数重要的经济活动，诸如关键产业、金融机构甚至价格。自 20 世纪 60 年代起，朴正熙当政的韩国政府发动了一系列的 5 年经济发展计划。这个经济发展计划的发展模式，类似于日本的通商产业省（MITI）[②] 或社会主义经济体的以国家计划委员会为核心的产业机制，有三个政府机构在韩国的产业政策中发挥着至关重要的作用。它们是经济企划院、财政部和商工部。经济企划院作为总揽全局的计划部门，控制着财政预算，管理着价格，还控制着外国援助、外国贷款、外国投资和外国的技术转移。

经济企划院也负责对国家的经济进行统计。财政部不仅控制着税收评估和收取，而且以政府国有的形式控制着国内的金融机构。

---

① Sea-Jin Chang, op.cit., pp.35–36.

② 如果说日本是一个公司（Japan Inc.），MITI 就是这个公司的司令部。更多细节可参考：Johnson Chalmers, *MITI and the Japanese Miracle: The Growth of Industrial Policy, 1925-1975,* Stanford: Stanford University Press, 1982。

此外，财政部还负责管理外汇，以及关税的收取和评估。商工部负责出口促进、控制产业发展计划、投资申请、项目和企业的命名、贸易配额、数量控制、产业协会和一些附属于政府的组织。① 有评论称，类似于对日本经济体制日本公司（Japan Inc.）的描述，韩国的经济体制事实上也是一个韩国公司（Korea Inc.）；韩国政府就是这个公司的董事长，财阀企业占据着董事会中的一些席位；而政府对企业的管治和约束是通过如上种种机构和措施来实现的。②

非常明显，在这种经济管治架构之下，由于财阀在产业化早期的有限力量，财阀很难有足够的力量去挑战政府。为了发展经济，韩国政府可能寄希望于私有企业解决经济增长、就业之类的经济社会问题。通常，在一些政治经济学文献中，这种强烈的发展愿望、资源分配的自主性机构以及对经济活动的积极产业政策为主导的模式被称为“发展型政府”。在这种发展模式之下，国家或政府通常发挥了一个非常重要的作用去促进经济增长。在韩国，这种在经济学文献中以“镶嵌性自主性”（Embedded Autonomy）来描述政府和市场良性互动的发展型政府模式有效地促进了经济的增长。③ 以研究后发展著称的美国学者彼特·埃文斯甚至称韩国是最成功的发展型模式国家。不得不说，国际学界关于“发展型政府”的表述主要基

① White Gordon, *Developmental States in East Asia*, Houndmills Basingstoke: Hampshire MacMillan Press, 1988, p.95.

② Chiber Vivek, “Building a Developmental State: The Korean Case Reconsidered,” *Politics & Society,* Vol. 27, No.3, 1999, p.309.

③ Alice Amsden, *Asia's Next Giant: South Korea and Late Industrialization*, London: Oxford University Press, 1989. Ha-Joon Chang, *The Political Economy of Industrial Policy*, New York: St. Martin's Press, 1994. Peter Evans, *Embedded Autonomy: States and Industrial Transformation,* Princeton: Princeton University Press, 1995.

于现有的资本主义经济体。近来，已有中国香港学者提出“社会主义发展型政府的中国经验”的命题。[1]

诚如戈登·怀特和罗伯特·韦德在20世纪80年代就指出的，在经济发展过程中，成功的后发展模式，不管是资本主义还是社会主义的，总是将政府置于一个战略性的角色。[2] 而最近由诺贝尔经济学奖得主迈克尔·斯宾塞和罗伯特·索罗领衔撰写的世界银行《增长报告：可持续增长和包容性发展的战略》也再一次指出，自20世纪50年代至今，全球只有13个经济体的年均经济增长率超过了7%并持续25年以上，而如上所有成功经济体的一个共同特征就是它们都有一个日益能干、可靠和有责任感的政府，即一个有领导力和有为的政府。迈克尔·斯宾塞等的研究结论也得到了世界银行首席经济学家林毅夫的佐证。此外，尽管美国被普遍认为是一个市场原教旨主义思潮占主流的国家，美国学者弗雷德·布洛克的研究却指出，过去30年的美国政治，事实上存在着一个隐形的发展型政府（Hidden Developmental State）。他指出，隐形的发展型政府在美国的存在表明了发展中经济体有比想象中更大的产业政策使用空间；隐形的发展型政府的存在，对国内、国外都有着重要的政治意义。[3]

的确，发展型政府模式有很多可学习借鉴之处，也难怪韩国被称为后发展的成功案例。但是，应该看到，在产业化过程中，韩国

---

① Alvin So, “The Communist Path of Developmental State: The Chinese Experience,” *Paper presented at the annual meeting of the American Sociological Association, Atlanta Hilton Hotel, Atlanta, GA*, 2003.

② White Gordon, op.cit., pp.1–25.

③ Fred Block, “Swimming Against the Current: The Rise of a Hidden Developmental State in the United States,” *Politics & Society,* Vol.36, No.2, 2008.

的经济增长过度依赖、过度集中于财阀。从20世纪40年代起，尤其是从20世纪60年代到80年代，韩国财阀在政府的各种政策的支持和保护之下迅速增长、壮大。到20世纪80年代，特别是20世纪90年代以后，由于韩国从威权主义向民主化转型和新自由主义经济改革，韩国政府逐渐失去了对财阀的控制。由于韩国经济对财阀的过度依赖和过度集中，它的经济增长过程是一个欠平衡的经济增长过程，甚至以牺牲韩国劳工和其他社会阶层的利益为代价。[①]

然而，在产业化过程中，财阀却极大地受益于政府制定的金融政策、贸易政策、产业政策和劳工政策等的支持。这些政策包括银行信贷支持、出口补贴、税收减免、政府的产业指导、对劳工的管治甚至镇压等。除了政府的各种政策支持，一些财阀甚至直接诞生于韩国国有企业和其他公共资产的私有化。[②] 据相关研究，在1945—1960年，大约占韩国经济30%的公共资产，以资产的账面价值出售给私人。这些资产包括工厂、生产设备和存货。韩华、斗山、三星、SK和现代等接手了这些资产，并将这些资产当作它们未来增长的基石。[③] 例如，通过国有企业的私有化，曾经的大韩航空造就了几个财阀。[④]

一定程度上，"二战"后的韩国经济史就是一部韩国财阀发展壮大的历史。而在财阀发展壮大的过程中，韩国政府扮演了至关重要

① Hagen Koo, *Korean Workers: The Culture and Politics of Class Formation,* Ithaca & London: Cornell University Press, 2001.

② Tun-Jen Cheng, "Political Regimes and Development Strategies," in Gary Gereffi and N. L. Wyman, eds., *Manufacturing Miracles,* Princeton: Princeton University Press, 1990, pp.139–178. Sea-Jin Chang, op.cit., pp.46–53.

③ Sea-Jin Chang, op.cit., p.46.

④ Sea-Jin Chang, op.cit., p.53.

的角色。20 世纪的著名经济史学家卡尔·波拉尼曾研究指出，自由放任绝非自然形成，就连自由放任本身也是由国家的力量在强制推行。[①] 很明显，在韩国——这个曾经的发展型政府，财阀就是一个政治产物。关于这一点，另一个以研究发展问题著称的美国学者斯蒂芬·哈格德等人在文章中也承认“一定程度上，（韩国）财阀是一个政治的产物”。[②] 可以肯定地说，没有政府的支持和放任，今天的财阀不可能变得如此强势，以至于抗衡政府。

四、结论与启示

尽管今天的韩国也曾试图改革或改良处于困境中的财阀资本主义，但是，无数事实已经表明，对财阀的彻底改革是一件非常不容易的事情。作为韩国的邻居，我们不好说韩国的财阀模式是韩国政府咎由自取。或许，有时候，历史是不能任意选择的。在不同的历史阶段，政府可能是各种不同利益的混合体，更何况在韩国这样的资本主义国家。但是，韩国的案例充分说明：经济增长是重要的，经济增长的目标、手段和过程等同样重要。

韩国在经历了以财阀为中心的经济增长和产业化之后，政治矛盾、社会矛盾和经济矛盾大量累积，成为当下韩国经济社会发展的不稳定力量之源。韩国的案例也启示我们：如何有效引导和驾驭经

---

① Karl Polanyi, *The Great Transformation: the Political and Economic Origins of Our Time*, Boston: Beacon Press, 2001, p.145.

② Stephan Haggard, Lim Wonhyuk and Kim Euysung, *Economic Crisis and Corporate Restructuring in Korea: Reforming the Chaebol*, Cambridge: Cambridge University Press, 2003, p.308.

济力量，如何更好地发展私有经济，以促进经济社会健康发展，仍然是一个值得认真对待的重大课题。在建设社会主义市场经济、实现科学发展和社会和谐的道路上，韩国的财阀模式及其带来的各种严重问题，值得我们警惕。

拯救资本主义：财阀改革在韩国[①]

正如自由放任绝非自然形成，韩国财阀的形成也是一个政治的产物。以财阀为中心的经济增长也成了当下韩国资本主义的不稳定力量之源。为了拯救处于困境中的韩国财阀资本主义，作为一种社会运动和公司治理的方式，股东积极主义被引介到韩国。

过去十多年里，韩国小股东运动在抵制财阀力量扩张、改善公司治理、促进经济民主等方面取得了一些成就，但也面临着不少挑战。处于十字路口的小股东运动及财阀改革是理解韩国资本主义的极好注脚。

应该看到，尽管韩国试图改革或改良处于困境中的财阀资本主义，但是，无数事实已经表明，对财阀的彻底改革是一件非常不容易的事情。韩国财阀改革的困难，为思考认识以韩国财阀模式为特征的资本主义制度的问题，更好地建设我们的社会主义市场经济提供了真实的参照。

---

① 本文原题为《韩国财阀改革的政治经济学：以小股东运动为例》，发表于广州社科院《开放时代》2010 年第 12 期。作者感谢成均馆大学马仁燮（In-Sub Mah）教授、清华大学崔之元教授和《开放时代》编辑部等的修改意见。

一、从资本家手中拯救资本主义

20 世纪 90 年代初，日裔美国学者福山曾经得意地宣称历史将在资本主义终结。他声称：自由民主构成了“人类意识形态演变的终点”和“人类政府的最终形式”，因而导致“历史的终结”。此外，“经济学的自由法则——自由市场——自‘二战’之后，已经扩散并且成功造就了发达工业国家和贫穷的第三世界国家空前的物质繁荣”。[①] 不管福山的论调是否正确，“历史终结论”的呼声，作为一种主流的意识形态，对整个世界都产生了巨大的影响。在过去的几十年里，美国式的“自由民主”和“自由市场”，作为一个完美的模式，被世界各国大量地复制和传播。即使那些在过去不同于盎格鲁–撒克逊模式的经济体也不同程度地受到了盎格鲁–撒克逊模式的影响，其中包括像韩国这样在过去被称为发展型政府模式的东亚国家。

伴随着“历史终结论”和“自由市场经济”的广泛传播，相应的批评和提醒之声也一直不断。《头碰头》的作者梭罗甚至在 1992 年就预言并警告“不受约束的资本主义有陷入金融动荡或垄断的趋势。如果政府不拯救，美国运作的金融资本主义将会崩溃”。[②] 最近的金融危机之后，除去经常抨击资本主义的左翼学者（如罗伯特·布伦纳），[③] 布热津斯基和德龙等也强调资本主义制度甚至可能会

---

① Francis Fukuyama, *The End of History and the Last Man*, New York: Free Press, 1992, p.xiii.

② Lester Thurow, *Head to Head: The Economic Battle among Japan, Europe, and America,* New York: William Morrow, 1992, p.18.

③ Robert Brenner, “Overproduction not Financial Collapse is the Heart of the Crisis: the US, East Asia, and the World,” *The Asia-Pacific Journal,* February 7, 2009.

出现暴动和崩溃。[①] 斯蒂格利茨更是戏称这次危机是资本主义“柏林墙”的倒塌。学者的言论某种程度上代表了普通民众的声音。在美国，根据拉斯穆森报告在金融危机之后的一次调查，只有 53% 的美国成年人相信资本主义比社会主义好，20% 的美国成年人相信社会主义比资本主义好，27% 的美国成年人不确定哪种制度更好。30 岁以下的美国成年人，37% 偏爱资本主义，33% 偏爱社会主义，30% 不确定。在欧洲，自金融危机以来，游行示威一直不断。在最近反对 G20 峰会的游行中，游行示威者大声地宣称“资本主义不行了”。

很明显，在经历了一系列的危机之后，更多的机构和个人开始意识到资本主义的危机。在美国，为了从危机中拯救濒临破产的私有企业，政府甚至开始国有化金融机构和非金融机构。然而，在过去，美国政府通常对其他国家的国有化政策说三道四，并极力促进其他国家的私有化。在韩国，为了拯救被财阀控制的资本主义，在 1997 年金融危机前后，政府和社会就已经开始了拯救资本主义的努力。但是，这些努力是非常不容易的。从宏观到微观层面，通过在国民经济中占据巨大份额和在众多企业中高比例交叉持股等，韩国的财阀们牢牢地控制着韩国经济的命脉，并影响着韩国的社会和政治。与之相对地，试图拯救资本主义的机制也还不够强大到去颠覆既得利益集团。在韩国，小股东运动可以被作为一个好的例子去窥探韩国财阀改革和拯救财阀资本主义的努力。

不得不强调，韩国小股东运动出现于 20 世纪 90 年代末期韩国财阀改革的复杂背景之下。历史上，作为一个政治运作的产物，韩

① Daron Acemoglu, “The Crisis of 2008: Structural Lessons for and from Economics,” *CEPR Policy Insight*, No.28, 2009, p.5. Immanuel Wallerstein, “Civil War in the United States?” http://www.sendika.org, 2009-06-01.

国财阀的形成是高度政治化的。如今，韩国的财阀改革也仍旧是高度政治化的。那些支持改革财阀和反对改革财阀的力量，在韩国社会内部激烈地争论并争斗着。这篇文章将尝试对当下韩国资本主义的困境和拯救韩国资本主义的努力做一个尽可能全面的讨论。[①]文章的整体内容安排如下。本节是引言部分。在第二节中，将介绍韩国财阀资本主义的相应背景。这些内容将包括韩国财阀资本主义的当下影响、财阀资本主义的历史成因。在第三节中，作为对财阀资本主义的回应，将介绍和讨论拯救资本主义的努力。这些内容包括小股东运动的兴起、具体的事例和方法、小股东运动的可能性和局限性。在第四节中，沿着小股东运动局限性的讨论，将讨论其他经济改革的可能选项，特别是多样化的公司治理模式等。

二、韩国经济：财阀的影响[②]

如前所述，在某种意义上，经济增长不仅意味着经济发展的可

① 关于韩国的小股东运动，已经有一些从经济学、社会学和政治学等不同学科视角的解释。从经济学的视角，小股东运动可以被视为一种保护股东利益和促进公司治理的机制。例如，众多经济学家（如 John Plender、Sherer、Wright 和 Ha-Sung Jang）和经济研究机构（*Business Week*、*Forbes* 和 International Corporate Governance Network）将韩国的小股东运动视为扩张股东力量的经典案例。此外，Han-Kyun Rho 也讨论了小股东运动代表利益相关者利益的可能性。从社会学的视角，NGO 领头的小股东运动被看作公民社会参与经济改革的正面案例。例如，Hee-Yeon Cho、Gil-Sung Park 和 Kyung-Pil Kim 都强调了小股东运动作为一种社会力量去重组韩国政治经济体制的努力。从公司社会责任的视角，Sang-Min Lee 比较了韩国的股东积极主义与美国的区别。不同于经济学家的视角，社会学家更多强调了小股东运动作为一种社会运动的作用。从政治学的角度，小股东运动被视为一个在财阀改革背景之下观察韩国政治的窗口。例如，托马斯·卡林诺夫斯基（Thomas Kalinowski）强调了小股东运动从韩国兴起之初的“政治化”到最近的“去政治化”的转变。

② 本节内容与前文有所重复，但作为必要的背景分析，本节需要保留，并做了删节。

能性，也意味着社会分化和不稳定的可能性。关于经济增长和社会不稳定的关系，奥尔森曾研究指出："经济增长——特别是快速的经济增长——经常涉及生产方式的巨大变革。生产方式的巨大变革将引起不同产业重要性的巨大变化、劳动力需求的变化以及产品的地缘配置变化，并导致人们生活、工作方式和地点的巨大变化。特别是，经济增长意味着收入分配的巨大变革……此外，经济增长意味着快速的经济变革，经济变革必然引起社会混乱。很明显，不管经济增长的受益者还是受损者都将成为一种不稳定的力量。"[①] 韩国的案例或许可以增进人们对经济增长和社会不稳定或分化关系的理解。

（一）经济增长作为不稳定的力量

在过去的几十年里，由于其出色的经济表现，韩国总是被当作一个后发展的成功案例。但是，随着经济的快速增长和产业化，在威权主义向民主化转型和新自由主义经济改革之后，韩国政府已经跟不上与复杂经济活动相对应的外部环境变化。特别是，由于对财阀经济的依赖，国家丧失了其在经济活动中的自主性和决定性作用。基于在国民经济中的巨大份额和企业内部的高额交叉持股，韩国财阀掌控着韩国的经济命脉。从宏观层面到微观层面，从实体经济到金融部门，利用其在国民经济中的巨大份额、企业内部的高额交叉持股比例、对金融业的影响等，财阀控制着韩国经济的命脉。

经济体系、社会体系和政治体系在一个社会中是相互依赖的。如果其中一个部分变化太快，那必然导致社会其他部分的不稳定。[②]

---

① Mancur Olson, "Rapid Growth as a Destabilizing Force," *The Journal of Economic History*, Vol.23, 1963.

② Mancur Olson, op.cit., p.533.

韩国在经历了以财阀为中心的经济增长和产业化之后，政治矛盾、社会矛盾和经济矛盾大量累积，诸如收入和财富的不公平分配、增加的寻租腐败、公开挑战政府权威以及其他导致社会损失的经济犯罪。一个有韩国官方背景的研究报告也承认：韩国的快速经济增长没有带来社会融合。①

（二）当下的困境

阿克洛夫和罗默曾经证明了所有者可能为获利而破产，并不惜导致社会损失。② 在韩国，财阀企业的交叉持股率接近 50%。为了获得利益，财阀——作为控股股东，利用其控股所有权和内部操作，做了大量剥削公司财产、侵犯小股东利益的事情。例如，通过人为地转移定价，财阀头目可以轻易地将利润从一个公司转移到另一个他有大量股份的关联公司。甚至，财阀头目也可以借研究开发、广告开支、各种基金会和其他名义，轻松地将财产转移给他们自己。

此外，基于其在韩国经济中的巨大份额，韩国财阀采用“大而不倒”（Too Big to Fail）的策略去社会化其风险。通常，软预算约束被视作社会主义经济体的国有企业的一个大问题。但是，不幸地，由于财阀在韩国经济中的巨大份额，财阀“大而不倒”的策略导致了同样的后果，外部性社会化，正如软预算约束。财阀企业高负债率的直接后果就是将风险社会化，进而绑架民众和政府。直接或间

① Chosun Ilbo, http://news.chosun.com, 2009-06-01.

② George Akerlof & Paul Romer, “Looting: The Economic Underworld of Bankruptcy for Profit,” *Brookings Papers on Economic Activity,* Vol. 1993, No.2.［美］乔治·阿克洛夫 、保罗·罗默,《所有者掠夺：以破产牟利的经济黑幕活动》,《比较》第 15 辑，北京：中信出版社，2004 年。

接地，许多政治、经济、社会矛盾来自以财阀为中心的快速经济增长过程。这种以财阀为中心的经济增长成了一种不稳定的力量。

三、财阀改革在韩国：以小股东运动为例

很多公开的记录都表明，在韩国产业化的早期阶段，财阀是不可能挑战政府权力的。在很大程度上，财阀依赖于各种来自政府的支持。此外，韩国政府控制了大多数重要的经济活动，诸如关键产业、金融机构甚至价格。不用说，在这种经济管治架构之下，加之财阀在工业化早期的有限力量，财阀很难有足够的力量去挑战政府。在工业化过程中，韩国的经济增长过度依赖、过度集中于财阀。韩国财阀在政府的支持之下增长很快。但这个增长是一个欠平衡的增长，以牺牲韩国劳工和其他社会阶层的利益为代价。而财阀却受益于政府众多的金融、产业、贸易和劳工政策等。一些财阀甚至直接诞生于韩国国有企业和其他公共资产的私有化。[①]

据相关研究，在 1945 到 1960 年，大约占韩国经济 30% 的公共资产，以资产的账面价值出售给私人。这些资产包括工厂、生产设备和存货。韩华、斗山、三星、SK 和现代等接手了这些资产，并将这些资产当作它们未来增长的基石。[②] 例如，通过国有企业的私有化，曾经的大韩航空造就了几个财阀。[③] 波拉尼研究指出，自由

① Tun-Jen Cheng, "Political Regimes and Development Strategies," in Gary Gereffi and N. L. Wyman, eds., *Manufacturing Miracles*, Princeton: Princeton University Press, 1990, pp.139–178. Sea-Jin Chang, op.cit., pp.46–53.

② Sea-Jin Chang, op.cit., p.46.

③ Sea-Jin Chang, op.cit., p.53.

放任绝非自然形成，就连自由放任本身也是由国家的力量在强制推行。[①] 在韩国这个曾经的发展型政府，财阀也是一个政治的产物。没有政府的支持，今天的财阀不可能变得如此强大。

（一）财阀改革在韩国

物极必反。在韩国，自 20 世纪 90 年代以来，有大量关于财阀改革的建议。在 1997 年金融危机之后，韩国政府出台了一个所谓的“新财阀政策”以改革财阀，诸如削减财阀的负债比、公平贸易管治、企业的会计总则、金融市场的规范以及财阀的内部治理。具体而言，公平贸易管治包括对不公平“内部”交易的惩罚、对关联企业投资总额的管治、对附属企业之间负债担保的取缔。会计标准管治包括合并会计报表的引入、建立选举委员会对财阀的关联公司和附属企业的外部董事的责任。金融市场规范包括银行贷款的管治等。根据这个管治，200% 的资产负债比成了提供贷款的事实限制，由关联公司提供担保（来向银行申请）的新贷款被禁止，公司借贷风险的持续评估制度被要求建立，对外国股东的管治被要求废止并允许恶意收购。根据这个内部治理规定，1/4 的董事会成员应该是外部董事，大股东的责任、小股东和制度投资者的权利都要求被加强。新治理政策放松了对小股东发起派生诉讼的条件、调查账目以及股东罢免董事和会计师的要求。此外，新政策引入了一个小股东任命董事的累积投票权。[②]

---

① Karl Polanyi, *The Great Transformation: the Political and Economic Origins of Our Time*, Boston: Beacon Press, 2001, p.145.

② Ha-Joon Chang, “Evaluating The Post-Crisis Corporate Restructuring In Korea,” *The East Asian Development Experience: The Miracle, The Crisis and The Future*, London: Third World Network & Zed Books, 2006, p.294.

无疑，这些治理措施对公司治理的改进以及对财阀力量的管制和约束都是非常重要的。也应该看到，这些措施不尽完美，甚至还有漏洞和缺陷。尤其是考虑到韩国长久以来的亲财阀政策，这些治理措施不会自动地约束和管制财阀的力量。韩国的财阀改革和公司治理，不仅关系到公司或企业内部的治理，也关系到对全社会的影响。关于韩国财阀改革的困难，一个反财阀的韩国律师曾这样指出：面对韩国财阀的强大影响力，除了股东积极主义，政治家和银行都不能迫使财阀发生必然的变革。[①] 伴随着上述政策的出台，作为一种社会运动和一种公司治理的工具，股东积极主义也被引入韩国。通常，股东积极主义意味着股东积极分子利用其在公司的资产对公司的管理层施加压力。然而，改革财阀的挑战是如此之大，以至于作为社会运动的股东积极主义在韩国成了一个必然的选项。

有必要指出，关于社会运动和NGO的作用，也有一些不同的看法。例如，以美国政治学家李普赛特为代表的不少学者认为相对地独立于国家权力之外的多元组织，发挥着对民主而言非常必要的功能。[②] 而经历过民主化后的韩国学界却对此有不同的看法，有的韩国学者指出民主化时期的韩国，政府的权威因公民社会中的新兴社会团体而受到约束，[③] 更有学者指出市民团体仍旧未能克服来自旧政权既得利益的意识形态霸权，有很强烈的反劳工倾向。[④] 明显地，相

① Thomas Larsson, Korea’s Crony Capitalism, http://www.theglobalist.com, 2009-06-01.

② Seymour Martin Lipset, “Some Social Requisites of Democracy: Economic Development and Political Legitimacy,” *American Political Science Review,* Vol.53, No.1, 1959.

③ Whan Kihl Young, *Transforming Korean Politics: Democracy, Reform, and Culture,* New York: M. E. Sharpe, Inc., 2005, p.100.

④ Jang-Jip Choi, *Democracy after Democratization: The Korean Experience,* Seoul: Humanities Press, 2005.

对独立于国家权力之外的多元组织，并不必然构成有效的民主。从历史的角度看，众多独立于国家权力之外的多元组织是先于今天的民主而出现的。

在韩国，相对独立于国家权力之外的多元组织大量存在着。在众多韩国 NGO 中，参与民主人民联盟（以下简称 PSPD）显得很特别。在一系列的韩国公民运动中，PSPD 发挥着重要的领导者作用。在韩国的小股东运动中，PSPD 的作用，尤其是 PSPD 参与经济委员会的作用，是必须要提及的，因为 PSPD 参与经济委员会一度是韩国小股东运动的领头羊。自 20 世纪 90 年代成立以来，PSPD 发动了诸如最低国家社会福利保障运动、2000 年大选公民运动、小股东运动等。与此同时，PSPD 与韩国的草根组织保持了密切的联系，强调自己的政治独立性，不卷入政治斗争，运用法律手段去主张、保护和提升人民权利以促进改革，并尽量通过个人会费和捐赠来保持自己的经济独立性。

2010 年前后，PSPD 有超过 15000 名左右的个人会员，其成员来自白领、教授和律师等社会各个阶层。除了 50 名需要全职付薪的职员，300 名志愿者、200 名顾问在 7 个运作实体之下工作。这其中，除了左翼理论家和社会活动家，为数众多的经济学教授、金融学教授、律师与会计师等专业人士和社会精英也积极自愿地参与其中。在过去的十多年里，韩国的小股东们在 PSPD 等的带领之下高举股东积极主义的旗帜，积极利用各种法律手段去声张自己的权利、抵制财阀对小股东的控制和掠夺，给正在进行的韩国财阀改革和公司治理都带来了很大的影响。PSPD 曾发动过一个全国范围的财阀改革运动，号召每个韩国人买 10 股五大财阀的股票。大约三千多名认同财阀改革目标的韩国公民直接参与了这一全国范围的运动。①小股东运动也因此成为韩国最有代表性的财阀改革运动之一。

（二）小股东运动为例

大体而言，PSPD的维权措施包括参加公司决策、对公司运营的监控，以及对错误和非法行为的责任追究等。②

自1997年第一次参加韩国第一银行的股东大会以来，PSPD已经积极参加了很多韩国财阀企业（三星、SK、现代和LG等）的股东大会。在1997年韩国第一银行的股东大会上，作为61名小股东的代表，PSPD指控韩国第一银行的原管理层并要求原行长和董事赔偿400亿韩元，以追究他们的责任。在没有担保的情况下，通过对韩国第一银行的原行长和董事的贿赂，韩宝财阀就从韩国第一银行贷款5万亿韩元（这笔贷款的规模比韩宝财阀的自有资产还大15倍）。由于罪恶的目的和韩宝财阀的非法行为，这笔贷款导致韩国第一银行遭受了巨额损失。韩宝财阀也于2007年最终倒闭。法院判定对韩国第一银行的原董事们处以400亿韩元的罚款。

在1998年、1999年和2001年，PSPD代表小股东们三度参加了三星电子的股东大会，对三星电子管理层的质询长达13小时。PSPD质询三星电子各笔资金的内部交易、审计师的可疑任命、非法支持《中央日报》等。而在PSPD介入之前，小股东很少去参加类似这样的股东大会。股东提案也是小股东们表达自己声音的重要方

---

① Gil-Sung Park & Kyung-Pil Kim, op.cit., p.64.

② 这部分内容主要源于PSPD官方网站的介绍。Jooyoung Kim & Joongi Kim, "A Review of How PSPD Has Used Legal Measures to Strengthen Korean Corporate Governance," http://eng.peoplepower21.org/archive/shareholder_activism.html, 2008-01-01.

式。在三星电子和 SK 电讯的股东大会上，PSPD 代表小股东们首次使用了提案的方式。在 1998 年 3 月和 1999 年 3 月，PSPD 代表小股东们提案建议三星电子能够修改其公司章程以保护小股东们的利益。在 1998 年 3 月，PSPD 同样代表小股东们要求 SK 电讯修改公司章程并选举两名公司外部董事。虽然这样的建议没有在三星电子得到足够的支持，但是 SK 电讯接受了 PSPD 代表小股东们提出的大多数建议。

股东将公司的决策权授予董事会之后，股东对公司管理层的各种监控与阻挠的法律措施仍然是可行的。对 PSPD 而言，这些监控与阻挠措施主要涉及对公司账册与记录等经营活动的调查、停止非法活动的命令与阻止管理层参与非法活动的强制措施等。1998 年，PSPD 曾经代表小股东们要求三星电子提供其公司董事会的会议记录。提出这样的要求主要是出于对三星电子和三星摩托这两个公司内部交易的考虑。但是，最初三星电子拒绝了这个基本要求。法院的判决随之而来。法院命令三星电子提供董事会的会议记录并支付 300 万韩元的罚款。最终，三星电子决定不去拓展它的摩托业务。根据韩国法律，如果管理层拒绝对公司账册与记录等经营活动的调查，股东有权力让法院来调查，并视情况任命相应的检查官。股东也可以要求管理层停止介入某些非法或者损害股东利益的不合理行为。例如，1999 年，现代重工就部分同意了 PSPD 代表小股东们提出的要求，取消了支持现代摩托并购其他两家企业的计划。

PSPD 也可以将他们的诉求转换为更正式的法律行动。1997 年 3 月，三星电子价值 600 亿韩元的私募可转换债券，其总裁李健熙之子李在镕购买了 450 亿韩元，三星公司购买了 150 亿韩元。私募可转换债券完全不同于公开发行的债券，因为发行公司可以把这个私募可转换债券出售给特定的个人。PSPD 认为低价转让的私募可转换债券不仅是管理控制三星集团的工具，而且还侵犯了三星电子的小股东优先购买三星电子股份的权利，并因此削弱了小股东们的投票权，等于将股东的财富转移给了个人。PSPD 代表小股东马上实施了针对三星和李在镕的法律行动。法院做出了有利于 PSPD 的判决，宣称可转换债券转让动机的“唯一原因是控股股东的利益”。尽管如此，这个案件后来有了不少新的变化。PSPD 代表小股东们与三星电子展开了长达近 10 年的拉锯式诉讼。直到 2007 年 5 月，韩国首尔地区高等法院才判定三星集团总裁李健熙将爱宝乐园变相赠送给儿子的行为有罪，且 1996 年发行可转换公司债券的三星爱宝乐园董事会的决议无效。到 2008 年，迫于各方压力和法院的判决，李健熙辞去了三星集团总裁职务并被处以 3500 亿韩元的巨额罚金，其子也被派往三星海外分支机构任职。虽然韩国高等法院在 2009 年再度推翻了基层法院的判决，针对财阀的法律诉讼仍是非常重要的维权手段。

（三）小股东运动的可能性和局限

根据相关统计，PSPD 在过去十多年里的维权记录超过了 770 起，[①] 其中包括 216 起法律诉讼、21 起审计要求、394 起意见收集、76 起立法请求等。这些法律诉讼或刑事处罚涉及了包括三星、现代、SK 和大宇在内的众多韩国财阀。传统的企业组织理论认为，股东是企业的唯一主人，企业有责任将股东的利益和要求置于首位。而利益相关者理论认为，除了股东，政府机构、债权人、贸易伙伴、贸

① Gil-Sung Park & Kyung-Pil Kim, “Financial Crisis and Minority Shareholders’ Movement in Korea: The Unfolding and Social Consequences of the Movement,” *Korean Journal of Sociology,* Vol.42, No.8, 2008. 根据 Sang Jo Kim 的说法，重要的法律诉讼约有 40 次。

易团体、社区、相关团体、未来的雇员、未来的消费者、公众甚至竞争者的利益也应该被考虑。不少研究已经指出利益相关者驱动的管理不仅将改善社会，还将有助于改善公司的财务状况。由于股票的流动性，股东身份问题相对容易解决，利益相关者团体利用股东身份给那些大公司、大财阀施加影响变得更加容易。PSPD 的例子显示，凭借利用股东身份给公司施加影响的权利，任何利益相关者团体都可以采取股东积极主义的办法。在韩国第一银行的诉讼案中，PSPD 就有效地代表了两个利益群体的利益，即股东和作为纳税人的普通大众的利益。的确，在韩国，股东积极主义正在转变成一种利益相关者施加影响的方式。

特别是，自 2007 年起，新的《证券相关集体诉讼法》在韩国开始实施。与以往派生诉讼不同的是，根据这个新修订的法律，只要小股东“成员在 50 人以上，且以当时诉讼请求的理由为基准，这些成员保有的有价证券的总数占被告公司发行的有价证券总数的一万分之一以上”，小股东就可以他们自己的名义对被告公司发起集体诉讼。小股东发起集体诉讼所得的赔偿或补偿将不再由公司享有。有韩国学者认为，PSPD 领衔的小股东运动极大地受益于韩国公司法的改进，因为它使得韩国小股东权益的保护有了一个独特的优势。（见表 1）但是，也应该看到，法律诉讼和其他法律手段都是非常昂贵和耗时的。例如，仅针对三星电子的法律诉讼就花了十多年时间。没有众多律师、金融学者及其他志愿者的努力，小股东运动在韩国是很难取得成功的。因此，有必要指出，主要由志愿者和 NGO 组织推动的小股东运动在保护小股东权益、抵制市场势力的扩张和促进韩国经济民主化的过程中发挥了积极的作用。

卡尔·波拉尼曾经富有远见地指出“市场是由两种相互对立的

运动组成的——力图扩展市场范围的自由放任运动，以及由此生发出来的、力图抵制经济脱嵌的保护性反向运动。指向自由放任经济的运动需要这种保护性反向运动来构成稳定。甚至资本主义企业自身都受到保护，远离不受限制的市场机制运行带来的危害”。① 无疑，韩国参与民主人民大联盟领衔的小股东运动就是波拉尼所称的“力图抵制经济脱嵌的保护性反向运动”。从这个意义上看，韩国小股东运动显得非常积极。

表 1　派生诉讼和集体诉讼

	派生诉讼	集体诉讼
诉讼费用	如果诉讼失败，由原告承担	由原告承担
证据承担	原告（股东）	经理 / 董事
胜诉所得	支付给公司，不是原告	支付给原告（诸如小股东），非公司

资料来源：Ha-Sung Jang，2004

但是，韩国的小股东运动也仍旧面临着诸多困难和问题。除了个人小股东，拥有众多财阀股票的机构投资者也参与到韩国的小股东运动当中。甚至，为了寻求利润，一些机构投资者来自外国。自 2001 年起，作为最大的投资来源，外国投资的市值占到了韩国股票市场市值的 30% 多。无疑，这些机构投资者并非为了财阀改革和公司治理来到韩国，而是为了利润。这些机构投资者将 PSPD 的活动视为从韩国财阀企业获取利润的机会。因此，由于机构投资者的参与，对法律、会计咨询服务、股东利益等的过度依赖和强调，韩国社会对韩国的小股东运动有一些不同的看法甚至批评。机构投资者和公司的关系在各个国家都不尽相同。在韩国，外国机构投资者和

① Karl Polanyi, *The Great Transformation: the Political and Economic Origins of Our Time*, Boston: Beacon Press, 2001, p.xxviii, p.xxix, p.201.

公司的关系更多建立在短期利益而非长期合作上。[①] PSPD 成员就指出诸如机构投资者之类的股东利益已经成了小股东运动最大的障碍。他们称“我们原来想要的是经济民主，然而我们得到的却是股东资本主义”。[②] 更有人称由于机构投资者的投机本质，小股东运动开始败落了。[③]

在小股东运动之初，PSPD 曾声称将用小股东运动改革财阀。但是现在，小股东运动正在经历一个去政治化的过程。除却昂贵和耗时的法律诉讼、小股东运动的去政治化趋势，诉诸法律手段的小股东运动的效力也令人生疑，因为政府特赦了很多被法院宣判为有罪的财阀头目。仅 2008 年，包括现代起亚汽车集团总裁和 SK 集团总裁在内的 14 名财阀头目就被韩国政府以经济增长的名义赦免。而韩国高等法院更是推翻了基层法院对三星财阀头目历时十年的艰苦诉讼。小股东运动正在“去政治化”，然而现在的财阀改革仍旧是深深的“政治化”的。这正如韩国财阀形成的历史。韩国政府对财阀头目的赦免是理解今天“去政治化”的韩国财阀改革的很好注脚。反对财阀的运动在变得“去政治化”，而韩国的财阀政策却不是“去政治化”的。韩国小股东运动的去政治化意味着小股东运动可能变为代表资本利益甚至财阀利益的工具，而韩国的小股东运动也只会成为曾经名噪一时的“人民资本主义”的一个国别案例。

---

① Gil-Sung Park & Kyung-Pil Kim, op.cit., p.60.

② Seung-Il Jeong, “The Implications of Maximizing Shareholdre Value,” in Chan-Geun Lee eds., *Hankuk Kyongjega Sarajinda,* Seoul: 21 Century Books, 2004.

③ Yong-Won Kim, *Chamyeoyeondaeui Soaekjujuwundongye Daehan Jeongchikyeongjejeok Kochal* (*The Political Economy Examination of Minority Shareholders’ Campaign of PSPD*) Seouldaehakkyo Daehakwon, Hakweenonmun, 2008.

四、小股东运动和财阀改革的政治想象

明显，韩国的财阀改革很不容易，今天的韩国小股东运动和财阀改革正处在一个新的十字路口。需要指出的是，在通往财阀改革的道路上，资本主义市场经济及其公司治理的多样性不应被忽视。尽管现实的资本主义也是矛盾重重，没有一个简单现成的模式能被复制。但是，基于股东利益和财产关系的盎格鲁－撒克逊模式确实被过分强调了。应该认识到，以资本控制为特征的企业所有权形式只是企业生产组织的一种形式。

在盎格鲁－撒克逊模式下，股东总是被置于优先的位置，消费者其次，雇员最后。在新自由主义经济改革前的日本，则完全相反，[①] 因为日本的资本主义认为盎格鲁－撒克逊模式给了资本家控制企业的非同一般的权力。然而，拥有企业的资本家，在人数上来看，要比参与企业生产活动的工人总数少得多。历史上，日本的发展主义一度定义私人企业的财产权为“伴随着责任的有限支配权”。这意味着“不同于资本主义，企业不再视私人股东的利润为目标，而是以服务于国家全体公民的福利为最终目标。”[②]

在德国，除了市场机制，非市场机制在寻找共识和解决经济问题方面发挥着重要的作用。这种非市场的治理机制（尤其是德国共同决定机制）涉及各个方面的利益相关者。在 2000 人以上的德国大公司，雇员和工会代表的投票权达到 50%，在 500 人以上的小公司，

---

① Bai Gao, *Economic Ideology and Japanese Industrial Policy: Developmentalism from 1931 to 1965,* Cambridge: Cambridge University Press, 2002, p.57.

② Bai Gao, *Economic Ideology and Japanese Industrial Policy: Developmentalism from 1931 to 1965,* Cambridge: Cambridge University Press, 2002, p.102.

雇员和工会代表的投票权达到了1/3。[①] 即使在金融危机之后的美国，对私人机构的国有化和其他治理措施也被广泛使用。除了对房利美和房地美的国有化，还有世界最大企业之一的通用汽车的国有化。关于通用汽车的重组和国有化，美国时任总统奥巴马声称"(通用汽车的)国有化将有利于美国工人、美国制造业和美国经济"。[②] 宾夕法尼亚大学沃顿商学院的尤西姆甚至评论奥巴马政府的国有化代表着美国资本主义的新篇章。[③]

各种经济民主化改革方案继续在韩国社会被广泛地提及。尽管那些主张维持现状、反对财阀改革的人一再强调财阀是一种经济活动的有效形式，不少韩国学者仍旧主张对财阀国有化，以解决财阀力量的强势存在问题。他们指出：由于垄断资本通过政府力量对人民施加了控制，一个人民的政府应该对财阀国有化。[④] 何况，韩国这个一度被称为发展型政府的国家，其财阀的形成就是一个政治的产物。除了政府的各种政策支持，一些财阀甚至直接诞生于对国有企业和其他公共财产的私有化。根据《福布斯》韩国2008年的一个调查，不少韩国CEO也承认，"利益相关者资本主义"而不是"股东资本主义"，更有利于韩国。[⑤] 妄图拯救资本主义的好心人曾经指出，如果一个国家的经济力量被集中于那些没有经济能力的人（比

---

① Bai Gao, *Economic Ideology and Japanese Industrial Policy: Developmentalism from 1931 to 1965,* Cambridge: Cambridge University Press, 2002, p.328.

② Barack Obama, Remarks by the President on General Motors Restructuring, http://www.whitehouse.gov, 2006-06-05.

③ New York Times, "General Motors," http://www.nytimes.com, 2009-06-01.

④ Han-Kyun Rho, *Shareholder Activism: Corporate Governance Reform in Korea,* New York: Palgrave Macmillan, 2007. Yeong-Bae Kim, "Looking at both sides of the Jang Ha-Sung Fund," *The Hankyoreh,* 2006. http: //english.hani.co.kr, 2009-06-04.

⑤ Forbes Korea, http://blog.joins.com, 2009-06-01.

如封建地主或者无效率的庄园主）手中，只有通过政治变革才能建立新制度。[1] 今天的财阀可能与封建地主或庄园主有些区别，但是，韩国似乎没有理由或借口去停止今天的财阀改革。对韩国而言，财阀不仅是一个经济问题，更是一个社会和政治问题。而韩国政府对财阀特赦等的一系列措施在一定程度上表明，韩国政府仍然将经济因素置于处理财阀问题的优先位置。

然而，在历史上，众多制度崩溃的事例并非出于经济因素，而是政治因素。例如，政治因素而非经济因素最终导致了美国奴隶制的终结。关于美国奴隶制的兴衰，有很多解释。流行的观念通常认为，作为美国最悠久的经济和社会组织之一，美国奴隶制被认为是没有效率、不能赢利和非常落后的。然而，基于对美国奴隶制研究而获诺贝尔奖的经济史学家福格尔指出，关于美国奴隶制是无效率、没有利润和前资本主义组织的既有判定是没有道理的。在纯粹的经济层面，美国奴隶制不是没有效率和无利可图的。“奴隶制的崩溃不是由于经济的虚弱，而是由于政治的抉择。”[2] 进一步，福格尔指出“如果奴隶制的反对者等待经济因素起作用，美国可能还仍是一个奴隶社会”。[3] 不管财阀体制是否有效率，美国奴隶制崩溃的原因值得当代人深思。道德和政治的因素足以使任何有效率或没有效率的制度崩溃或破产，这是福格尔“奴隶制有效率”这一观点更深层的内涵。

---

① Raghuram Rajan, Luigi Zingales, *Saving Capitalism from the Capitalists: Unleashing the Power of Financial Markets to Create Wealth and Spread Opportunity,* New York: Crown Business, 2003, p.27.

② 更多细节见诺贝尔奖网站：http://nobelprize.org/nobel_prizes/economics/laureates/1993/press.html, 2009-06-01。

③ Robert William Fogel, *Without Consent or Contract: The Rise and Fall of American Slavery,* New York: W. W. Norton & Company, 1994, p.11.

中篇

国资国企改革的模式比较

中篇导言

不同的国家经济发展战略，决定了各自国家治理体系的重大差异。中国特色的社会主义市场经济，决定了中国国资国企治理体系和国企改革模式的独特性。但是，正如中国发展道路所体现的开放和韧性，着眼于加强国资国企的活力、竞争力和影响力，更好地推动国有资本做强做优做大，我们也要对国际国内的各种治理经验得失加以科学甄别、合理借鉴。

从备受关注的新加坡“淡马锡模式”、员工持股制度、探索中的国有资产统一监管、“资源诅咒”还是“资源祈福”问题、美国阿拉斯加社会分红制度入手，这部分研究对国有企业的运营管理模式、国有资产监管体制、自然资源管理、公有资产的收益分配等做了国际和国内、历史和当下等多角度、多层次的研究探索，为我们参考和总结国内外国资国企改革的做法和经验，提供了或正或反的经验借鉴。

“淡马锡模式”文发表于《马克思主义研究》，转载于人大复印报刊资料，引起了学术界的关注。员工持股制度、自然资源、“大国资”监管、资源收益的前期研究，分别发表在《国资报告》、《中共中央党校学报》、《中国社会科学内部文稿》和《经济社会体制比较》上；其中，员工持股制度文，也转载于人大复印报刊资料。对于有些问题，如资源收益，中央已经明确提出“健全国家自然资源资产管理体制”“建立公共资源出让收益合理共享机制”；而有些问题，还需要我们继续研究和努力。

新加坡“淡马锡模式”的借鉴与局限[①]

国有企业改革是否会走“淡马锡模式”，社会各界一直非常关注。应该承认，“淡马锡模式”的很多做法，包括接受宪法和行政的多重监督、坚持国有独资经营、董事会治理为核心、有进有退的市场化运营、注重风险防控、注重投资收益储备、注重正负激励相结合等，对中国国有企业改革具有参考和借鉴意义。但是，“淡马锡模式”本身也并非神话，其主权财富基金和财务投资者定位、着眼于财务收益的股权投资运营模式、新加坡独特的政治法律环境，使得“淡马锡模式”存在诸多推广复制的局限。

当前，关于国资监管改革的顶层设计不能只做减法，中国国有企业也不能止于赚钱之类的财务目标。在实现财务目标的同时，中国的国有资本投资公司必须发挥国有资本的引领带动作用，搭建国有资本可进可退、企业优胜劣汰的市场化机制。

在过去40年里，新加坡淡马锡控股（私人）有限公司形成了一套以所有权和经营权相分离、市场化运作为导向、宪法和行政多

① 本文原题为《新加坡“淡马锡模式”的政治经济学考察》，发表于中国社科院《马克思主义研究》2015年第10期，人大复印报刊资料《国际经济文摘》2016年第1期转载。

重监督、国有独资经营、董事会治理为核心、注重风险防控、注重正负激励相结合的公司治理模式，其在国有资本市场化运作方面的做法和经验值得我们研究、借鉴，该公司甚至被称为国有企业经营绩效的典范。然而，"淡马锡模式"并非人们所传言的普通资本投资公司模式，而是集资本投资公司和主权财富基金于一身、以国际化经营为主、以财务投资者定位、投资资产庞杂的独特投资运营模式。

一、淡马锡公司的基本情况

淡马锡成立于 1974 年，其全称是淡马锡控股（私人）有限公司（以下简称"淡马锡"或"淡马锡公司"），英文名是"Temasek Holdings (Private) Limited"。淡马锡公司名称中虽冠有"私人"(Private）字样，但它却是新加坡政府 100% 控股的国有资本投资公司，是享有豁免权的非上市公司，不必对外公开业绩报告。[①] 淡马锡公司也是新加坡政府的主权财富基金。

成立之初，淡马锡负责管理新加坡政府设立的国有企业，政府希望淡马锡通过商业化资本运作，培育有独立经济能力的本土企业。在鼎盛时期，淡马锡直接持有 44 家（总）公司的股权，其中控股 27 家、参股 17 家。诚如新加坡国立大学商学院一项关于新加坡国有资本管理模式的最新研究所指出的，新加坡虽然不是社会主义国家，但在 1965 年独立以后，新加坡政府采用"国家资本主义"

---

① 根据《新加坡公司法》第 50 章，享有豁免权的私人公司，不得拥有超过 20 位股东且其股权不被任何公司持有，并且无须向公共注册部门申报其经审计财务报表。

的办法促进新加坡经济发展。[①]

根据《淡马锡年度报告 2014》,[②] 截至 2014 年 3 月 31 日，淡马锡的投资组合净值为 2230 亿新元（约 1770 亿美元）。从 1974 年成立至 2014 年，淡马锡的股东总回报率达到 16%。从 10 年前的 900 亿新元增至 2014 年的 2230 亿新元，淡马锡的投资组合净值增长了 1330 亿新元，10 年期和 20 年期的股东总回报率分别为 9% 和 6%。作为一家跨国投资公司和主权财富基金，淡马锡投资遍布全球各大洲，在新加坡、中国、美国、英国、越南、巴西、印度、墨西哥等设有分支机构，其运营团队共有来自全球 29 个国家的 490 名员工。

二、“淡马锡模式”的运营特点

从淡马锡的外部监督管理体制、内部公司治理架构、长期投资运营策略、短期的投资运作手段等方面，“淡马锡模式”的主要特点总结如下。

（一）淡马锡是一家国际化程度很高的资本投资公司，也是一家资产全球排名第九的主权财富基金

自 2000 年以来，淡马锡的国际化投资力度不断加大，从周边国家拓展到全球，投资遍布亚洲、美洲、欧洲、大洋洲、非洲等各大

---

① Isabel Sim, Steen Thomsen, and Gerard Yeong, *The State as Shareholder: The Case of Singapore*, July, 2014, p.12.

② 如无特别说明，本文关于淡马锡控股的经营数据等，多数来自《淡马锡年度报告 2014》等公开文献。详见淡马锡控股：《淡马锡年度报告 2014》，2014 年 7 月。http://www.temasekreview.com.sg/zh/.

洲，近 70% 的投资资产位于新加坡境外的国家或地区，近 30% 的投资资产（包括淡联企业，即淡马锡所投资的新加坡国有企业）位于新加坡境内，投资币种包括新元（占比约 60%）和美元等外汇（占比约 40%）。淡马锡的资产规模亦非常庞大。

根据美国主权财富基金研究所（SWF）发布的 2013 年全球 24 大主权财富基金报告，淡马锡以 1733 亿美元资产排名全球第九，新加坡政府投资公司以 2850 亿美元资产排名全球第七，前者资产小于中投公司、大于中国社保基金会的规模。[①] 作为一家主权基金，淡马锡与国际货币基金组织合作制定并推广了适用于主权投资者的圣地亚哥原则（Santiago Principles）。

表 1　SWF 发布的 2013 年 24 大主权财富基金排名

基金名称	2013 年（亿美元）	国家或地区	成立时间（年）	资金来源
挪威政府养老基金	8380	挪威	1990	石油
阿布扎比投资局	7730	阿联酋阿布扎比	1976	石油
沙特阿拉伯货币管理局	6759	沙特阿拉伯	N/A	石油
中投公司	5752	中国内地	2007	非大宗商品
科威特投资局	4100	科威特	1953	石油
香港金融管理局投资组合	3267	中国香港	1993	非大宗商品
新加坡政府投资公司	2850	新加坡	1981	非大宗商品
国民财富基金（包含储备基金）	1744	俄罗斯	2008	石油
淡马锡控股公司	1733	新加坡	1974	非大宗商品
卡塔尔投资局	1700	卡塔尔	2005	石油

① 林建建，《全球 24 大主权财富基金 中投杀进前五》，华尔街见闻，2014 年 4 月 2 日。http://wallstreetcn.com/node/83786.

（续表）

基金名称	2013年（亿美元）	国家或地区	成立时间（年）	资金来源
全国社会保障基金	1606	中国	2000	非大宗商品
澳大利亚未来基金	887	澳大利亚	2006	非大宗商品
哈萨克斯坦主权财富基金萨姆鲁克—卡泽纳	775	哈萨克斯坦	2008	非大宗商品
阿尔及利亚收入调节基金	772	阿尔及利亚	2000	石油
韩国投资公司	720	韩国	2005	非大宗商品
迪拜投资公司	700	阿联酋迪拜	2006	石油
哈萨克斯坦国家基金	689	哈萨克斯坦	2000	石油
国际石油投资公司	653	阿联酋阿布扎比	1984	石油
利比亚投资局	600	利比亚	2006	石油
伊朗国家发展基金	586	伊朗	2011	油气
穆巴达拉发展公司	555	阿联酋阿布扎比	2002	石油
阿拉斯加永久基金	495	美国阿拉斯加	1976	石油
马来西亚国库控股	405	马来西亚	1993	非大宗商品
文莱投资局	400	文莱	1983	石油

资料来源：华尔街见闻

（二）淡马锡是一家侧重于资本投资收益的财务投资者，而不再是侧重产业振兴的战略投资者

诚如淡马锡公司所言，40年来，淡马锡的投资重点一直与时俱进。从投资目标来看，如今的淡马锡更加侧重于扮演财务投资者的角色，而不再局限于新加坡的产业振兴和市场培育。淡马锡的投资目标，已经从成立之初试图通过商业化运作培育有独立经济能力的

企业（如新加坡航空和新加坡发展银行）、促进淡联企业之间的密切协调与合作等，演变成为投资者和股东提供长期可持续的价值。直到 2013 年 10 月，淡马锡才正式设立企业发展部，重新承担起以培育下一代企业为目标的投资使命，其后续运作成效还有待观察。[①] 根据公开数据，不同于鼎盛时期的 44 家参股、控股企业，淡马锡现在参股、控股的新加坡企业只有 12 家左右，其余都已被淡马锡出售。

从投资对象来看，淡马锡紧紧围绕“转型的经济体、增长中的中产阶级、强化的比较优势和新兴的龙头企业”，注重金融领域的投资，追求打造多元化的投资组合。淡马锡投资资产中，以金融服务最为集中，占比最大（占 30%），其他行业较为分散（共占 70%）；以上市资产为主（占 70%），以非上市资产为辅（占 30%）；侧重于长期、可持续的投资，投资资产较为集中，前 10 大投资资产占到投资总资产的 51%。其中，淡马锡的单笔投资中以新加坡电信、中国建设银行、新加坡发展银行等大企业占比最高，分别占到其总投资的 13%、6% 和 5%。从投资收益来看，作为财务投资者的淡马锡的投资收益波动较大，有亏有赢。

（三）淡马锡是一家新加坡政府全资所有的国有企业，接受新加坡宪法和行政的多重监督管理

从股权结构来看，淡马锡的股权结构单一，是新加坡政府（财政部）100% 所有的国有企业，属于非上市公司，政府拥有排他性

① 根据淡马锡的介绍，淡马锡企业发展部主要通过“培育新企业、现有企业转型、拓展新的增长领域以及识别创新趋势并捕捉机会”来播种、扶持和培育有潜力的企业。2013 年，淡马锡企业发展部的主要业务包括设立兰亭能源、成立中小企业投资平台（海利凯资本和祥峰投资）、投资创投基金等。

所有权，投资收益由政府独享，也不需向外公布企业经营情况。除新加坡政府投资公司、新加坡科技有限公司、新加坡保健有限公司、新加坡国家发展部控股有限公司外，新加坡的国有企业绝大多数被新加坡淡马锡控股（私人）有限公司持有，这些主要是竞争性领域的企业。现在，淡马锡仍旧持有新加坡电信、新加坡发展银行、新加坡航空、新加坡港务国际、新加坡电力、新加坡科技工程、新加坡传媒等多家国有公司的股份，涉足行业包括通信、金融、航空、科技和地产。这些公司下属各类大小企业有两千多家，总资产超过420亿美元，占新加坡GDP的8%左右。

除了自有资金（包括储备金①、脱售投资所得、投资组合派发的股息和基金投资收益），淡马锡通过发行“淡马锡债券”或“商业票据”等方式，而不是通过出售股权、变更所有者的方式来融资。标准普尔和穆迪曾对“淡马锡债券”给予较高评级。从监管机制来看，新加坡宪法、总统和行政部门共同担负起对淡马锡的监督管理权责。新加坡以宪法“第五附表指定机构”②的保障形式明确了淡马锡的特殊地位，授予新加坡民选总统③扮演淡马锡“独立监护人”的角色，对淡马锡过去积累的储备金进行监管，并根据有关部门提名对淡马锡的董事会成员拥有任免的权力。作为新加坡宪法下的主要机构，新加坡宪法要求淡马锡在提取过去的储备金时，需向新加坡总统申

① 淡马锡的储备金既包括新加坡政府的初始投资，也包括淡马锡过去40年来投资收益的累积。

② 新加坡宪法规定，淡马锡是第五附表指定机构之一，有宪法规定的责任保护过去累积的储备金。第五附表指定的其他机构还包括新加坡政府投资公司。

③ 新加坡总统，每6年选举一次，不隶属于任何政党（包括执政党）和企业，（相对）独立于政府而存在。

请审批。[①] 新加坡财政部负责对淡马锡的业绩表现进行考评，并收取投资回报。同时，新加坡政府的其他部门负责对淡马锡的合规经营等进行监督。

（四）淡马锡是一家以亚洲投资为重的投资公司，非常注重对中国大型企业的投资

按资产所在地划分，淡马锡最大的投资区域集中在亚洲，尤其是新加坡和中国。截至 2014 年 3 月 31 日，淡马锡在新加坡和中国的资产分别占投资组合的 31% 和 25%；其中，中国投资组合中的 51% 是非银行业投资，49% 是银行业投资。按资产属性来划分，淡马锡投资既包括中国的国有企业，也包括中国的非国有企业；淡马锡非常注重对中国国有企业的投资机会。根据《淡马锡年度公告 2014》，淡马锡拥有中国建设银行、中国工商银行、中国银行、昆仑能源（中国石油天然气股份有限公司控股）等中国大型国有企业的大量股份，价值在几百亿到上千亿港元不等。淡马锡也投资包括中国平安保险集团、中国汇源果汁、阿里巴巴、雅士利国际、京东购物、滴滴打车以及中国的独立互联网数据中心世纪互联（21Vianet）等。就外资在中国的银行业投资而言，淡马锡已成为持有最多中国

---

① 类似于淡马锡对储备金严格的管理程序，美国阿拉斯加永久基金也对基金本金的使用提出了严格的管理规定。阿拉斯加永久基金在设立之初就规定：阿拉斯加州议会只能处置阿拉斯加永久基金的收入所得，而无权动用阿拉斯加永久基金的本金。阿拉斯加立法部门对永久基金的最终目标做了如下公开规定：1. 永久基金公司要储备一部分州矿产资源收入，并使用这些收入来为世世代代的阿拉斯加公民谋福利；2. 永久基金公司的目标是在保证永久基金本金安全基础上的总收益最大化；3. 永久基金公司是一个储备工具，这个储备工具要为永久基金的既定目标提供最大化的可支配收入。参见：周建军等编译，周小庄校，《社会分红制度的历史考察：阿拉斯加的经验》，《经济社会体制比较》，2006 年第 3 期。

的银行股份的境外投资机构。

（五）淡马锡始终坚持经营权和所有权相分离，坚持独立的市场化运作为导向

从市场化运作的角度，作为政府全资所有的国有企业，淡马锡从成立起就始终坚持明确定位，要“将商业公司的所有者责任从新加坡财政部长制定国家政策的职责中分离出来”，以做到所有权和经营权相分离、独立进行商业化运营，与政府保持“一臂之距”。淡马锡作为政府的出资人代表，对负有监督管理责任的淡联企业，也同样坚持“一臂之距”，一般不干预淡联企业的日常经营管理。从权力运行机制来看，除了董事会成员任命和储备金提取等重大事项，新加坡总统和政府不直接参与淡马锡的投资、脱售或其他商业或企业决策。淡马锡负责向财政部派发投资收益，其董事长和总裁按规定间隔时间向新加坡总统确认储备金结算报告和过去的储备金结算报告。这样“无为而治”的权力运行机制，确保了淡马锡作为商业机构独立自主的市场主体地位。

（六）淡马锡始终坚持以淡马锡宪章和董事会治理为核心，形成董事会和管理层协调运转的公司治理机制

从董事会层面来看，长期以来，淡马锡形成了以公司宪章和董事会治理为核心、对董事会充分授权的公司治理机制。淡马锡董事会有权决定批准该公司的整体长远战略目标、年度预算、重大投资和脱售、重大融资、总裁任免和董事会变动，从而为淡马锡管理层提供全面指导。淡马锡根据企业管理性质和复杂度，成立由 8~12 名董事组成的董事会。除股东董事、执行董事外，淡马锡的董事会成

员大部分都是独立董事，包括世界银行前行长等专业人士。出于权力平衡与制约的考虑，淡马锡还对董事长和总裁的职权进行了明显区分。在征得新加坡总统同意后，淡马锡董事会可以对其总裁进行任免。淡马锡的时任董事长林文兴系新加坡前政府部长，时任总裁何晶系新加坡总理李显龙夫人。从管理层和投资团队层面来看，管理层负责设定淡马锡的长期发展目标和战略、年度计划，在保障投资运营的同时控制好风险；投资团队负责对被投资项目的研究和实施，风险管理部门负责对风险防控的实施。

（七）淡马锡重视投资风险防控、注重可持续发展，采取本金和收益并重、投资和退资并重的投资策略

从投资策略来看，淡马锡对投资本金（积累的储备金）和投资收益同等重视，对投资和退资同等重视。淡马锡作为财务投资者对投资收益的追求，并不意味着淡马锡可以随意动用其储备金。根据新加坡宪法规定，新加坡政府和淡马锡对储备金的提取，都必须征得新加坡总统的同意；而淡马锡投资收益的 50% 以上，会以储备金的形式保存下来，剩余部分可用于新加坡政府的财政预算，总统有权否决本届政府对过去积累的储备金的使用；当代和后代的新加坡民众都将极大地受益于淡马锡的投资收益分配机制。

淡马锡公司在重视投资业务、对投资项目严格把关的同时，对退资（放弃投资）同样重视，对投资项目采取审慎、专业的评估。对投资本金和收益并重、投资和退资并重的策略，是淡马锡风险防控机制的重要特点。从职能设置来看，淡马锡高度重视投资风险防控，董事会和总裁负责公司战略、财务和运营方面的风险监督和管理，独立的风险管理部门负责对风险防控的实施。董事会、总裁与

独立的风险管理部门的设置，并不意味着其他部门人员与风险防控无关，淡马锡一直倡导人人对风险防控负责的经营理念。

（八）淡马锡重视团队合作、长期利益与机构利益优先，通过“长期激励”与“短期激励”相结合、“正激励”与“负激励”相结合的市场化机制来严明奖惩

鉴于淡马锡作为资本投资公司的特性，在控制经营费用的前提下，淡马锡为其员工建立了有竞争力的薪酬体系，包括着眼于可持续目标的短期、中期和长期分红激励机制。但是，应该看到，类似于淡马锡安全、可持续的融资机制（通过发行债券而不是出售股份的方式），在强调分红激励的同时，淡马锡的激励机制同样是一种着眼于可持续发展的激励机制。[①]淡马锡的这种激励机制非常注重团队合作、长期利益与机构利益优先，非常注重“长期激励”与“短期激励”相结合、“正激励”与“负激励”相结合。

例如，在采取物质激励的同时，淡马锡注重员工关怀；在采取“正激励”的同时，淡马锡通过“花红”（奖金）发放的递延和召回机制，对员工工作绩效进行“负激励”，以体现薪酬机制的激励效应并防控风险。关于淡马锡“花红”提取的方式，所有员工只能提取部分“花红”——高层管理人员的“花红”提取权限仅为1/3，中层管理人员和后勤人员的“花红”提取权限为1/3~1/2，剩余“花红”要到未来若干年才发放。自2003年以来，“花红”的召回机制已经成为淡马锡员工绩效奖励计划的重要组成部分。在金

① 淡马锡声称，淡马锡旨在培育有归属感的文化，将机构利益置于个人利益之上，强调长期利益高于短期利益，并将员工利益和企业利益挂钩。参见：淡马锡控股，《淡马锡年度报告2014》，2014年7月。

融危机严重的2009年，淡马锡财富缩水680亿新元，是2004年开始发布年报以来最大的投资亏损。根据淡马锡年报，淡马锡员工的“花红”储备账户金额在当年降至零，而未能补足的负数财富增值，结转到下一年度恢复正数时继续填补。

三、“淡马锡模式”的借鉴

“淡马锡模式”的很多做法对中国国有企业改革具有参考和借鉴意义。但是，“淡马锡模式”本身并非神话，其独特的股权投资运营模式、财务投资者定位、新加坡的政治法律环境，使得它也存在诸多推广复制的局限性。同时，以淡马锡为代表的国有资本经营公司，始终无法替代国有资产监管机构，来充当全国集中统一的国有资产监督管理者的角色。

（一）坚持依宪依法监管国企

新加坡宪法关于淡马锡之类国有企业作为特定机构、储备金动用等法定条款，以及新加坡宪法、总统和财政部对国有企业监管的权责划分，值得我们研究、借鉴。从宪法“第五附表指定机构”的高度，对淡马锡这样一家国有企业的运行做出强制规定，规范了淡马锡公司外部的监督机构（总统和政府部门）和内部运行机构（董事会和管理层）的有序运作。新加坡宪法、总统和政府部门关于国资监管权力的分工和制约，既保证了国有资产的安全，也赋予淡马锡独立的市场主体地位，提高了其运行效率。

淡马锡公司本金（积累的储备金）的使用必须征得总统的同意，这一强制性条款确保和提升了淡马锡作为国有资产的安全级别；而淡马锡投资收益的50%必须投入到淡马锡储备金的规定，[①]使淡马锡为子孙后代留下财富的可持续发展理念变成可能。仅动用基金收入所得而不动用基金本金，这也是美国阿拉斯加永久基金[②]、挪威政府养老基金（即挪威石油基金）[③]等国有企业安全运行的管理惯例。同样值得关注的是，2015年，新加坡财政部再度提高了包括淡马锡、新加坡政府投资公司、新加坡金融管理局等国有资本收益向财政分红的比例。[④]

新加坡依宪依法监管国有企业的做法和经验，对于贯彻落实《中华人民共和国宪法》关于“公共财产神圣不可侵犯”的规定、中共十八届四中全会关于“创新适应公有制多种实现形式的产权保护制度，加强对国有、集体资产所有权、经营权和各类企业法人财产权的保护”的精神有着重要的借鉴意义。依法推进国资国企改革发展，必须及时树立宪法和法律权威、落实法治精神，加快修改《企业国有资产法》等法律法规细则条款，完善国有企业国家所有权法律法规体系，以加强对各类国有资产的监督和管理，切实保护国有财产权不受侵犯，防止国有资产流失和被内部人控制。

（二）坚持国有独资控股国企

淡马锡作为新加坡全资国有企业和主权财富基金的有效运营，

---

① 淡马锡控股，《淡马锡年度报告2014》，第64页。

② 周建军等编译，周小庄校，《社会分红制度的历史考察：阿拉斯加的经验》，《经济社会体制比较》，2006年第3期。

③ 挪威驻华大使馆，《挪威“政府全球养老基金”简介》，http: //www.norway.org.cn/News_and_events/business/relations/Norwegian-quotGovernment-Pension-Fund-Globalquot-Introduction/#.VXESIXExiV8，2015年5月1日。

④ Singapore Government, *Preserving a Fair and Sustainable Fiscal System*. http://www.singaporebudget.gov.sg/budget_2015/pg.aspx, 2015-05-01.

有力回应了“国有企业效率低下”和所谓国有股“一股独大、股权结构不合理”的神话。淡马锡不仅股权结构单一，是新加坡政府（财政部）100% 控股的国有企业，而且是非上市公司，外部投资者根本不能购买其股份并分享其投资收益。淡马锡这种单一的、非上市的股权模式，并没有影响它从其他上市公司那里获取投资收益，也没有影响其有效运营。[①] 坚持政府独资或控股来发展国有企业，并不是新加坡一个国家的做法。新西兰政府关于国有企业进行混合所有制改革的做法，如政府保留至少 51% 的股份、不允许出现基石投资者、本土公民和机构投资优先等，同样值得我们研究、借鉴。[②]

淡马锡的国有独资运营模式和新西兰国有企业的混合所有制改革启示我们：在新一轮国有企业改革中，必须坚持以公有制为主体、以国有经济为主导，不搞国有经济撤退和私有化；在混合所有制经济改革中，不搞一刀切，不搞“为混而混”，不搞针对国有资本的单向混合。

（三）坚持专业化投资运营国企

淡马锡从成立起就始终坚持所有权和经营权相分离，坚持独立的

---

① 淡马锡公司这种非上市、100% 国有股的股权制度安排，与中国很多大型国有企业和金融机构的股权多元化（例如，在境内外的纷纭上市）有着不小的差异，值得我们关注和进一步研究。

② 新西兰共有 18 家国有企业。其中，除 15 家国有独资企业外，有 3 家国有企业采用混合所有制模式。关于国有企业的混合所有制经济改革，新西兰政府有明确的政策规定。这些规定包括：政府保留对企业的控制权，保留至少 51% 的股份，不允许出现基石投资者（即除新西兰政府外，禁止任何单一投资者持有超过 10% 的股份）；新西兰公民与机构享有优先购买权，新西兰公民与机构持有的股份（包括政府股份）不得低于 85%；国有股份出售必须通过 IPO 上市发行，禁止协议出售；国有股权减持收益用于发展新产业或购买新资产等。《国资委楚序平：国企税赋为其他企业 2.6 倍》，新浪财经，http://finance.sina.com.cn/hy/20141227/095921178276.shtml，2014 年 12 月 27 日。

专业化投资运营，非常注重利用市场机制来提升企业竞争力，不少专业化的投资运营做法值得研究、借鉴。关于投资项目进退的方式，淡马锡坚持以资本运营效益为优先原则，以此作为资本灵活进退的依据，就其体量庞大的国际投资来说更是如此。关于投资项目的重点，淡马锡优先围绕新兴地区、优势产业、龙头企业和目标人群开展投资。关于投资项目的决策，淡马锡通过董事会和职业经理人对种子项目的多重评估来决策。

关于投资项目的风险防控，淡马锡采取本金和收益并重、投资和退资并重的投资策略。关于投资收益的管理，淡马锡注重投资收益的储备，以平衡自身发展和社会贡献的关系。关于融资机制的方式，淡马锡通过发行债券而不是出售股权来融资。关于人力资源的培育，淡马锡非常注重投资人才的专业化和本地化。关于内部员工激励机制，淡马锡注重采用长期和短期相结合、正负激励相结合的方式以严明奖惩。关于公司的外部公共关系，淡马锡非常注重维护其与投资对象国政府、企业和公民的友好合作。

（四）坚持以董事会为核心治理国企

在依宪依法治理的基础上，政府授权企业董事会对决定企业经营发展的若干重大事项进行充分决策，并承担相应责任，被监管企业则以董事会治理为核心，按照市场原则进行独立运营，这是“淡马锡模式”的重要特点。政府对国有企业的监管重在国有企业的资本金变动、董事会成员任免等重大事项，不干预企业的日常经营管理、业绩考评等，被监管企业则负责向监管机构定期汇报企业经营情况等。

不得不说，在不断健全和完善国资相关法制的基础上，对企业董事会充分授权、以董事会为核心来运作，做实董事会、做专董事会、管好董事会、止于董事会，确实应该成为未来中国国资监管改革的方向之一。同时也应该看到，新加坡“淡马锡模式”的有效运行，与新加坡以“严刑峻法”著称的独特法治环境以及新加坡宪法、总统与行政部门的有力配合有很大关系。

四、“淡马锡模式”的推广局限

（一）新加坡独特的法治环境

诚如研究公司治理的美国学者布莱尔所言：公司是一种法律设计，汇集和组织资本、劳动和其他资源，以生产并销售产品和劳务；而公司治理是一种法律、文化和制度安排的有机整合。[①] 对淡马锡的研究学习，不能脱离“淡马锡模式”所存在的法治和文化生态环境。从中新两国不同的法治环境来看，新加坡是全世界以严刑峻法著称的英美法系的国家，一直坚持以重罚来遏止犯罪或破坏性行为。据相关研究和报道，在新加坡，违反道德就可能被判刑，违法可能被判重罪，新加坡因此被称为“世界上独树一帜的严刑峻法系统”。新加坡不仅是保留死刑的英美法系国家，还是全世界执行死刑比例最高的国家之一。据联合国估计，在 1994 年至 1999 年间全球执行的死刑个案中，如果把各国个案数目与其人口相除，以新加坡的数字为最高（每百万人口 13.57 宗死刑），遥遥领先排第二名的沙特阿拉伯（每百万人口 4.65 宗）。

---

① ［美］玛格丽特 · 布莱尔，《所有权与控制：面向 21 世纪的公司治理探索》，张荣刚译，北京：中国社会科学出版社，1999 年。

新加坡的严刑峻法、较少的国有资产流失案件，[①] 或许是新加坡对淡马锡之类的国有企业董事会充分授权的原因之一。在反腐廉政建设任务仍然艰巨的中国，关于国资监管改革的顶层设计不能只做减法。以董事会为核心的公司治理模式，同样需要公司外部良好法治环境的保障。

（二）淡马锡独特的股权投资模式

从淡马锡的投资获利模式来看，一方面，投资股权对象的国际化和多元化、灵活自由的投资进入和退出模式（这与从事产品生产和服务的工商业企业经营模式有很大差异），使得淡马锡在更大范围内挖掘商机成为可能；另一方面，淡马锡除了买卖股权，并不着重于经营具体业务，这也使得它作为主权财富基金的投资收益，严重依赖于被投资股权项目尤其是境外投资股权项目的收益情况。如前所述，2013 年和 2014 年，淡马锡投资资产的 70% 左右都来自上市公司资产；投资项目收益波动幅度较大。能否保持长久可持续的高投资收益，对淡马锡这样资本金庞大的主权财富基金巨擘而言是严峻考验。

即使那些以产融结合或者金融运作著称的跨国企业，也在不断动态调整自身的经营战略，以适应投资回报下降的外部环境。例如，以产融结合著称的美国通用电气（GE）最近就宣布，将在未来两年内剥离旗下价值 3630 亿美元的通用资本（GE Capital）的大部分金融业务，以期更加专注于高端制造业。2008 年金融危机期间，一度占 GE 盈利半壁江山的通用资本利润下降近 1/3，直接

---

① 相比中国国有资产流失的情况，新加坡很少发生国有资产流失的案件。

拉低 GE 当年盈利 15 个百分点。GE 计划到 2018 年时 90% 的盈利来自高回报的工业业务，而 2014 年这一比例为 58%。GE 声称，剥离金融业务是 GE 发展战略的重要步骤，GE 将专注于打造自己的竞争优势。①

表 2 淡马锡公司的资产流动性（2013—2014 年）

	2014 年	2013 年
流动资产及持股率低于 20% 的上市资产占比	36%	35%
上市大型资产（持股 20% 以上）占比	34%	38%
非上市资产占比	30%	27%

资料来源：《淡马锡年度报告 2014》

从投资经营业绩来看，尽管成立 40 年来淡马锡创造了年均 16% 的高投资回报率，但这并不意味着淡马锡投资就是稳赚不赔的买卖。淡马锡在某些年份的实际投资收益率并不算高，甚至在个别项目上出现了巨额亏损。尤其是，近年来淡马锡投资有亏有赢；除了金融危机期间（2007 年）的 8 个月淡马锡投资亏损 390 亿美元外，过去 5 年来淡马锡的投资回报已经连续 3 年低于淡马锡的财富增值标准。根据《淡马锡年度报告 2014》，淡马锡 2013 年的股东回报率也只有 1.5%（以新元计），比淡马锡内部设定的财富增值标准低了 118 亿新元（–118 亿新元）。淡马锡在 2011 年与 2012 年的财富增值分别为 –88 亿新元与 –126 亿新元。2015 年，标准普尔甚至声称淡马锡控股的风险级别与希腊、牙买加相近，并要对淡马锡的信用评级事项予以调整，

① 潘凌飞，《GE 将退出金融业务 出售 265 亿美元房产》，华尔街见闻，2015 年 4 月 10 日。http://wallstreetcn.com/node/216485.

即使淡马锡对此有不同意见。[1]在历史上，新加坡曾一度争议“淡马锡模式”是否过时，[2]今天的淡马锡也必须严肃对待投资收益持续低迷的问题。

（截至3月31日）

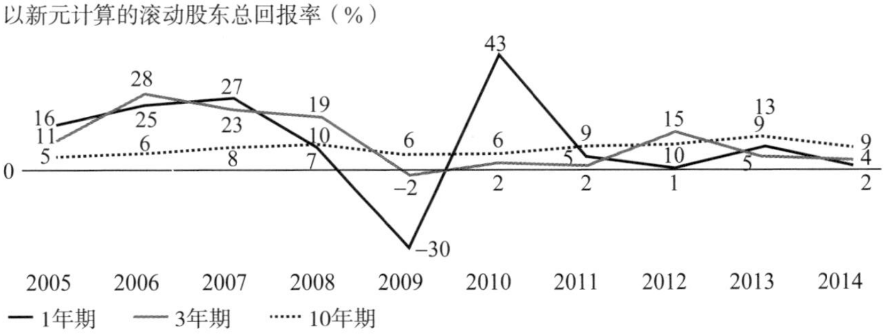

图1　淡马锡公司的股东回报率（2005—2014年）

资料来源：《淡马锡年度报告2014》

（三）中新两国经济发展的阶段性差异

从经济发展的阶段来看，淡马锡已经从一家肩负培育新加坡产业发展的国有资本投资公司演变为全球排名第九的主权财富基金。淡马锡严重依赖于国际市场与金融投资获利的模式，与中国当前的经济发展阶段和国有企业承担的使命、任务有着很大的差异。与美欧日等发达国家相比，中国还是一个人均GDP排名非常落后的发展中国家，中国的工业化任务还没有完成，多数企业不能占领产业价

① Standard & Poor, “Temasek Holdings is as Risky as Greece & Jamaica,” http://www.allsingaporestuff.com/article/sp-temasek-holdings-risky-greece-jamaica, 2015-02-08. Temasek Holdings, Feedback on S&P's Request for Comment on the Methodology for Investment Holding Companies, http://www.temasek.com.sg/mediacentre/medialetters?detailid=22330, 2015-02-02.

② 莫少昆、余继业，《解读淡马锡》，厦门：鹭江出版社，2008年，第36~37页。

值链的制高点，没有形成由优强企业主导的产业发展格局，缺乏有国际竞争力和产业整合能力的大型跨国公司。因此，发展实体经济、振兴民族产业，通过国有企业带动经济发展、确保国家经济安全，仍然是中国国有企业的重要使命和任务，尤其是对中国的中央国有企业而言。

（四）中新两国国有企业的使命差异

从中新两国国有企业的实际情况来看，相比淡马锡投资 500 亿美元左右（约合 3000 亿元）的新加坡国有企业资产，中国国有企业资产总额（不含金融）达一百多万亿元。中国国有企业资产分布在国民经济的众多行业和领域，在落实国家宏观调控政策、应对国际金融危机、处理各类突发事件、抗击重大自然灾害、保障国家重大活动和维护经济社会稳定等方面发挥着重要且不可替代的作用，在载人航天、绕月探测、高速动车、特高压电网、青藏铁路、三峡工程、西气东输、南水北调等关键技术和重大工程攻关中，发挥着引领带动作用。退一步说，中国可以多一家或少一家着眼于盈利性目标的国有资本投资公司，但不能没有众多关系国计民生、承担特定功能的大型国有企业（包括国有金融机构等）。在市场化经营的大原则下，国有企业的分类改革仍有必要平衡其肩负的产业振兴、技术创新、公共服务与投资赢利等目标。

五、结论与启示

历史学家卞历南关于中国国有企业制度形成演变的研究指出，中国现代国有企业的根本特征，都可以归因于中华民族持续的全面危机以及这个民族为回应这一危机而做出的反应。[①]在推进和引领中国工业化和信息化、确保国家经济安全的道路上，中国特色社会主义的国有企业、国有资本的使命，不能止于赚钱之类的财务目标。在兼顾财务目标的同时，中国的国有资本投资公司必须发挥国有资本在国民经济安全、产业升级转型、企业做优做强方面的引领带动作用，搭建国有资本可进可退、企业优胜劣汰的市场化机制。中国之大、中国问题之复杂、中国经济之独特，注定了中国没有简单的模式可以复制，包括国有企业和国资监管的改革。

如前所述，“淡马锡模式”只能为我们提供参考和借鉴，不能简单复制，这是因为“淡马锡模式”不仅存在于其独特的投资运营模式中，也存在于新加坡独特的政治、经济、法律和文化生态环境中。即使淡马锡公司本身也对中国及中国经济发展模式采取了学习、借鉴和融合的做法，追随中国经济一同成长壮大，但这并不意味着“淡马锡模式”之类的外部经验无甚可学、一无是处。从夯实中国国民经济基础和培育具有全球竞争力的跨国公司的高度，做好国有企业和国资监管改革的加减法，仍然需要我们研究、借鉴一切有益的管理经验和做法，这是中国经济发展和本土企业成长的必由之路。

---

① 卞历南，《制度变迁的逻辑：中国现代国营企业制度之形成》，杭州：浙江大学出版社，2011 年，第 284~285 页。

员工持股制度的国际借鉴与启示[①]

国际经验表明，并不存在一个员工持股制度的简单模式可以应对所有情况，也不存在一个可以实施的统一、正确的方法。应该注意员工持股制度在不同产业和企业的有效性，注重打造员工持股制度的长效激励机制，因地制宜、一企一策，制定对策。

国际学术界和政策研究者关于员工持股改善公司业绩的研究和认识，正在逐步完善。对员工持股制度本身的研究认识，也经历了一个案例研究出现“选择偏差”，导致对员工持股的态度从十分乐观到更加审慎的过程。不少员工持股制度相关的理论研究与实践经验，值得我们认真研究、加以借鉴。

一、多样化的研究借鉴

既有的早期案例研究通常倾向于比较乐观的结论，即员工持股制度（ESOPs）有利于提高公司业绩。但是，这些案例研究也往往受到

---

① 本文发表于国务院国资委主管的《国资报告》2018 年第 9 期，转载于人大复印报刊资料《国际经济文摘》2018 年第 4 期。

“选择偏差”的指责，即这些案例研究通常倾向于调查成功公司。随着研究不断完善，人们越来越同意，员工持股制度的存在其本身并不能提高公司的业绩，员工持股制度的有效性需要一系列外部条件。而且，越来越多的研究表明：公司业绩的实质性提高，在员工的股票所有权与其他项目结合在一起时才会管用，而且这些项目必须是提高员工在公司中的参与度和控制力的项目（见 Michael Conte 和 Jan Svejnar 等的研究①）。

进一步的研究还显示，当利润分享作为员工所有权影响的论据时，它才会强有力地表明员工所有权会提高生产效率。基于对16项研究结论、42种数据的综合分析，克鲁斯（Kruse）和威茨曼（Weitzman）的研究显示：226项研究结果中，有60%的结果表明，利润分享对公司业绩的影响是正面的。甚至，克鲁斯的研究还表明：利润分享方案会使其生产率产生4%~5%的一次性增长，之后也不会产生降低或变化的趋势。② 这些研究结论与20世纪30年代美国在钢铁业提倡利润分享的斯坎伦计划③等较为吻合，也与当下中国华为的利润分享模式非常接近。

有必要指出的是，备受关注的华为模式，事实上是一种利润共

---

① Margaret Blair, *Ownership and Control*, Washington: Brookings Institution Press, 1994. 玛格丽特·布莱尔，《所有权与控制：面向21世纪的公司治理探索》，张荣刚译，北京：中国社会科学出版社，1999年。Michael Conte & Jan Svejnar, “The Effects of Worker Participation in Man-agement, Profits and Ownership of Assets on Enterprise Performance,” *K. Abraham and R. McKersie eds.*, *New Developments in the Labor Market,* MIT Press, 1990, p.171.

② Martin Weitzman & Douglas Kruse, “Profit Sharing and Productivity,” In Alan S. Blinder eds., *Paying for Productivity: A Look at the Evidence*, Washington: Brookings Institution,1990, pp.95–141.

③ 斯坎伦计划包括下列5个基本要素：合作理念（philosophy of cooperation）、认知（identity）、技能（competence）、融合系统（involvement system）和分享利润构成（sharing of benefits formula）。其核心是设计一个促进合作、参与和利润分享的新型劳资关系和企业管理体系。参见：互动百科、维基百科等公开资料。

享的模式，而不是通常意义上的员工持股。华为的所谓股票是一种“虚拟受限股”，即没有所有权，且员工在公司工作期间股票不能转让、不具有流动性，只有离职时才能以公司回购的方式兑现。[①]

二、让激励真正起作用

当然，利润分享、红利分配等的制度设计，在考虑公司当下激励和绩效的同时，还要综合考虑公司的长远发展。从当下分红与长远发展关系的角度，哈佛商学院的加里·皮萨诺和威利·史就指出，美国公司将大量的公司利润用于股票回购和分红，相应减少了研发经费和资本投入。尤其是，最近十多年来，企业向股东的分红要高于研发经费或资本投入，对公司的竞争力和可持续发展造成影响。[②]

根据美国《时代》周刊记者拉娜·福洛荷（Rana Foroohar）的报道，标准普尔 500 家企业每年用于分红和股票回购的资金达 1 万亿美元——企业收益的 95%，远远大于其对研究、产品开发和其他长远发展的投资。或许，这部分地反映了美国公司发展战略在分红和未来发展之间的某种变化趋势，也部分地反映了美国公司治理，尤其是股东和董事会组成方面的变化。

如上研究总体表明：员工持股并不是公司业绩改善的充分条件和必要条件，公司业绩的改善取决于体现员工在公司中参与度和控制力的具体项目，员工持股的作用机制的链条不能太长，还要确保

---

① 黄卫伟，《2016 第四届华夏基石十月管理高峰论坛上的演讲实录》，http://mt.sohu.com/20161105/n472355126.shtml，2016 年 11 月 5 日。

② ［美］加里·皮萨诺、威利·史，《制造繁荣：美国为什么需要制造业复兴》，机械工业信息研究院战略与规划研究所译，北京：机械工业出版社，2014 年。

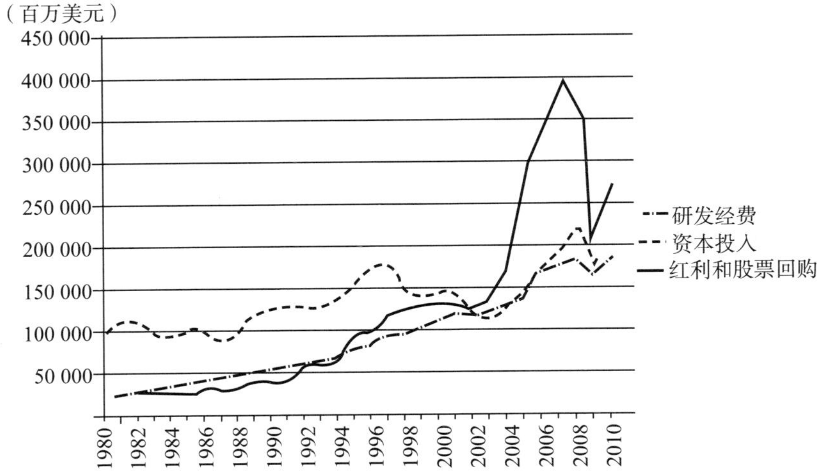

图 1　美国公司用于研发经费、资本投入、红利和股票回购的支出

资料来源：加里·皮萨诺、威利·史

作用机制长期有效，而不仅仅是当下的分红；但利润分享本身，如果设计得当，在多数情况下对公司业绩有着正面的作用。员工持股的有效性需要在具体的项目中体现，并与利润分享机制相挂钩，这既是确保激励原则本身真正起作用的关键所在，[①] 也与世界银行研究部 20 世纪 90 年代关于员工持股问题的政策研究不谋而合。

① 激励是重要的，但是要确保激励真正起作用也是很重要的。从不同的角度，学者们也对激励与公司绩效的无关性，做了大量研究。例如，早在 1990 年，Jensen 和 Murohy 通过一个覆盖 1400 家公司、2505 名首席执行官的研究样本就发现：高管薪酬每年的变化并没有反映出公司的业绩。之后，Bebchuk、Fried 和 Grinstein 的工作也表明：自 1993 以来美国高管薪酬的巨幅增加并不能被公司业绩或者产业结构所解释，与之相反，薪酬增加主要是由公司管理的漏洞造成的，漏洞使经理们在实际操作中可以给他们自己设定薪酬。Mishel 和 Sabadish 对 350 家公司的研究表明：这些首席执行官（CEO）的薪酬增速远远超过了他们公司股票市场价值的增加。最为引人侧目的是，当股票市场价值减少时，高管们的薪酬仍然呈现显著的正向增长。详见 Joseph Stiglitz, “Inequality and Economic Growth,” in *Rethinking Capitalism: Economics and Policy for Sustainable and Inclusive Growth*, Mariana Mazzucato and Michael Jacobs eds., Hoboken, New Jersey: Wiley-Blackwell, 2016。

世界银行研究部的研究显示：国际经验表明并不存在一个员工持股制度的简单模式可以应对所有情况，也不存在一个可以实施的统一、正确的方法。而员工持股制度的恰当实施，需要考量每个国家的法律、经济和社会环境，以及对符合每个企业的当前环境的战略设计的意愿。[①]

三、因地制宜的制度设计

这就启示我们在理论研究和政策制定过程中，应该认识和注意到员工持股只是实现利润分享和利益共担的多种形式之一，员工持股并不是目的本身，利益共享和员工积极性推动的企业发展才是制度设计的初衷。[②]注意在不同产业和企业的有效性和局限性，应该因地制宜、一企一策，制定对策。注意搞对激励的对象和方法，尤其是激励与具体项目的关联性，不要将激励的链条拉得太长，防止股东冷漠主义。注意员工持股的灵活性与流动性，处理好离职、退休员工与现职员工、现职员工与未来员工等的激励关系，避免激励制度的僵化和扭曲。

注意员工持股的当期激励与中长期激励相结合，避免员工激励的急功近利、短期主义（希望尽快变现股权或着眼于短期利益，使

---

① Jeffrey Gates & Jamal Saghir, Employee Stock Ownership Plans (ESOPs) Objectives, Design Options and International Experience, The World Bank, 1995.

② 根据世界银行研究部，员工持股制度设计有拓宽所有权（broaden ownership）、提高企业绩效（enhance enterprise performance）、便利私有化及其他改革（facilitate privatization and other reforms）、为公司目的集资（raise money for corporate purposes）等目标。参见：Jeffrey Gates & Jamal Saghir, Employee Stock Ownership Plans (ESOPs) Objectives, Design Options and International Experience, The World Bank, 1995。

得股票分红不影响长期投资）；因为急功近利、短期主义有悖于制度设计的初衷，应该使得制度设计更加关注企业的长期经营和长期利益，与企业作为“耐心资本”的发展方向相一致。[①] 注意员工持股的多种形式：直接持股、间接持股（基金、持股会）、限制性股票（优先股等没有投票权的股票），尽量避免股东之间对发展战略、投资、分红等的内讧造成的负面影响。

此外，我们还要注意国有企业与私有企业实施员工持股制度的差异所在，西方国家私有企业中推行员工持股，某种程度是为了提高员工对于企业的参与度和影响力（如员工代表或企业中的董事会席位），[②] 甚至低价授予或赠予员工股票，与中国国有企业存在很大差异；在中国国情条件下，一方面要考虑员工的有效激励问题；另一方面要注意防止国有资产流失的风险，要更多地在增量改革上做文章。

如上种种，都是我们思考中国国有企业的员工持股制度、制定并完善利润分享等相关激励政策的关注重点和独特性所在。在更广泛的意义上，包括员工持股制度在内的各种激励制度的设计和改革，必须放在国资国企改革的大框架内整体、通盘地考虑和设计。毕竟，包括员工持股在内的激励制度改革，只是能高能低、能上能下、能

① 在法国等国家，有些公司根据是否为长期投资者来决定是否给予投资者更大的权力，以更好地激励长期投资者。参见：Andrew Haldane, “The Costs of Short-termism,” in Mariana Mazzucato & Michael Jacobs, eds., *Rethinking Capitalism: Economics and Policy for Sustainable and Inclusive Growth,* New Jersey: Wiley-Blackwell, 2016。

② 在德国，在 2000 人以上的大公司，雇员和工会代表的投票权达到 50%，在 500 人以上的小公司，雇员和工会代表的投票权达到了 1/3。参见：Bai Gao，*Economic Ideology and Japanese Industrial Policy*：*Developmentalism from 1931 to 1965*，Cambridge: Cambridge University Press, 2002。

进能出等市场化改革的一个有机组成部分，不能也无法简单地割裂开来。这也正如次优定理所显示的，在不能全部满足假设条件的情况下，满足较多的条件的事例并不必然，也不可能优越于满足较少条件的事例。[①]

① 崔之元，《"看不见的手"范式的悖论》，北京：经济科学出版社，1999年，第26~27页。

比较视野的“大国资”监管：国家能力、监管机制与实践借鉴[①]

与国有企业改革问题密切相关、数百万亿元的国有资产怎么监管，国有资产管理体制如何完善，是中国社会主义市场经济体制改革的重要内容。十九大报告等中央文件强调指出，要继续完善各类国有资产管理体制。本文对“无缝隙”的“大国资”监管进行了从理论到实践、国内到国际的比较研究。

中国的国有资产监管体制仍然是一种不完全、不统一的分散监管体制，这种分散的监管体制伴随着国有资产流失的风险和国有资产资源配置效率的损失。无论从国家治理能力、国有资产配置效率还是国有资产有效监管的角度，加强和完善现行国有资产监管体制机制、推动国有资产的完善、统一监管格局都势在必行。无论是在国内还是在国外，以监管集中、职能统一为特征的国有资产监管都在进行，一些

---

① 本文首发于中国社会科学杂志社《中国社会科学（内部文稿）》2012 年第 6 期，作者感谢中国人民大学胡钧教授和张宇教授、清华大学吴栋教授、第十届全国人大代表张奎教授对本文的修改意见或讨论，感谢清华大学崔之元教授推荐“无缝隙政府”文献，感谢清华大学朱安东副教授推荐“OECD 国有企业治理改革”报告，文责自负。本文研究始于国务院国资委委托的软课题项目（负责人为中国政法大学刘纪鹏教授），感谢国务院国资委研究局和政策法规局有关同志的意见和资料，文责自负。

经验值得总结借鉴。

一个“无缝隙”的“大国资”监管机制，有助于堵住现有国有资产监管体制的漏洞，改善各类国有资源的配置效率，提高国家治理能力的整体水平。

作为中国社会主义市场经济建设的中坚力量，中国国有企业的大规模建立和发展始于20世纪50年代的国家工业化和社会主义改造，其改革发展历程可以说是新中国经济史的一个缩影。[①] 改革开放以来，尤其是进入21世纪以来，中国国有企业和国有资产监管工作进入了新的改革发展时期。从多部门管理国有资产的“五龙治水”[②]到十六大以后建立的新型国有资产监管体制，中国经营性国有资产监管和国有企业改革发展工作取得了不少新成绩，但也面临着种种亟待解决的新矛盾和新问题。尤其是，现有国有资产监管体制仍然很不健全，一些制约国有资产监管的体制性因素有待破除，国有资产监管体制存在着诸多监管漏洞和死角，给全局性的国有资产监管

---

① 有必要指出的是，从战争和危机的视角，而非社会主义的视角，历史学家卞历南提供了一种关于“中国现代国营企业制度之形成”的制度变迁解释。按照卞历南的观点，战争暴动以及经济危机都会造成人类状况之剧烈改变；一旦发生，这些剧烈改变常常迫使人们改变现存制度的思想模型并重新塑造制度环境；（从历史的视角来看）中国现代国营企业的根本特征都可以归因于中华民族的持续的全民危机以及这个民族为回应这一危机而做出的反应。某种意义上，卞历南的历史研究提醒着人们，国营企业并不是社会主义经济体的特定产物，国营企业或许只是社会主义经济体的必要非充分条件，尽管国营企业自身会受到社会制度的影响，有着不同的属性和功能。卞历南，《制度变迁的逻辑：中国现代国营企业制度之形成》，杭州：浙江大学出版社，2011年5月。

② 在旧的国资管理体制下，国务院是国有资产出资人的唯一代表，实际上却是多个部门分割行使出资人职能：计委负责立项，经贸委管理日常运营，劳动与社会保障部门负责劳动与工资，财政部管理资产登记和处置，组织人事部门和大型企业工委负责经营者任免，这种体制被戏称为“五龙治水”。

和国有企业改革发展工作带来了不小的挑战，也影响到了国有资产配置效率的提高。

本文的主要讨论对象就是包括国有企业在内的经营性国有资产及非经营性国有资产的监管问题。全文分为六个部分：第一部分是对现有国有资产监管体制问题的分析和梳理；第二部分是从国家治理能力的角度对国有资产监管重要性的进一步分析；第三部分是从国有资产有效监管机制的角度论证了国有资产监管改革的方向和可能出路；第四部分从国有资产监管的地方实践的角度分析总结了国有资产统一监管的可资借鉴的做法和经验；第五部分是从国际比较的角度介绍和分析了部分国家国有资产监管体制改革的进展和异同；第六部分是对国有资产监管改革的一个初步展望和建议。

一、不完全、不统一的国有资产监管

中国的国有资产大致可以分为经营性国有资产、行政事业单位资产、自然资源资产和其他权益性资产，尽管这一划分可能存在界限不清的问题，不尽科学。从不同的属性看，经营性国有资产又可以大致分为产业类国有资产和金融类国有资产，中央层面的经营性国有资产和地方层面的经营性国有资产。据财政部统计，截至 2006 年底，全国行政事业单位国有资产总额达到 8.01 万亿元，其中净资产总额为 5.31 万亿元。[①] 据统计，截至 2009 年，全国经营性国有资产（不含金融）总额为 53.5 万亿元；其中，国务院国资委履行出资人职责的中央企业资产总额为 21.06 万亿元，其他中央部门管理的中

① 中国政府网，《财政部：全国行政事业单位国有资产总额超过 8 万亿》，http://www.gov.cn/jrzg/2008-01/23/content_866630.htm，2012 年 8 月 20 日。

央企业总资产为4.35万亿元；地方国资委监管的国有企业资产总额为20.89万亿元，其他地方部门管理的地方国有资产总额为7.2万亿元。[①]据财政部统计，截至2008年年底，中央管理的金融企业国有资本总额约为1.44万亿元，占其全部实收资本的85.7%，其中，银行类企业占中央管理金融企业国有资本总额的85.4%，证券、保险、金融资产管理公司等其他金融企业占14.6%。[②]上述统计数据不包括地方金融企业占有的国有资本。

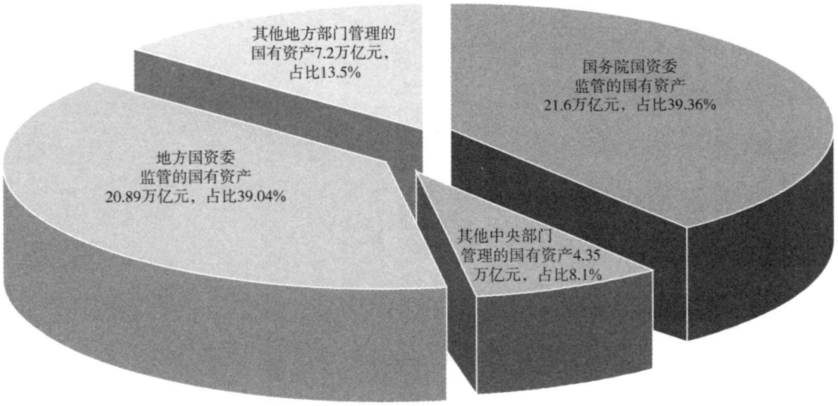

图1　中国经营性国有资产（不含金融）分布

注：本图系据2009年统计数据测算绘就。经营性国有资产不包括中央层面的金融国有资产，但地方国资委监管的国有资产可能包括部分金融国有资产，因各地国资监管情况而异。

很明显，中国的国有资产监管体制仍然是一种不完全、不统一

① 中国国有资产管理年鉴编委会，《中国国有资产监督管理年鉴（2010）》，北京：中国经济出版社，2010年12月。根据新的统计，2017年，全国经营性国有资产（不含金融）总额为183.5万亿元。

② 财政部，《金融企业国有资产管理》，http://www.mof.gov.cn/zhuantihuigu/zhongguocaizhengjibenqingkuang/caizhengguanli/200905/t20090505_139532.html，2012年8月1日。

的分散监管体制。除了国有资产监管的真空和漏洞带来的国有资产流失风险，这种分散的监管体制伴随着对全国国有资产全局性、整体性的发展规划的缺失，以及国有资产资源配置效率的损失。然而，“全民所有”的国有资产属性和“保值增值”等国有资产监管目标决定了一个完全、统一、规划、协调的国有资产监管体制的必要性；只有在完全、统一、规划、协调的国有资产监管体制下，国有资产流失的漏洞和风险才可能得到更好的防范，全国国有资产的整体（资源）配置效率的提高才能有更好的保障，使得国有经济推动经济社会可持续发展并造福于全体人民。[①]

这样来看，中国的国有资产监管体制至少存在如下几个方面的问题：第一，从国有资产监管的横向角度看，除行政事业单位资产与自然资源资产之外，无论在中央还是地方，都有不少部门和单位的经营性国有资产和国有企业（包括国有金融资产）还游离于现行国有资产监管体制之外。除数万亿元的国有金融资产外，据统计，截至 2009 年，79 个中央行政事业单位所属的 7000 余户国有企业、总额约 4.35 万亿元的国有资产（涉及交通、烟草、邮政、教育、科技、文化、农业等行业），没有被纳入国务院国资委的现行监管范围，分别由国务院、财政部等不同层级的机构履行出资人职责。此外，按照 2009 年统计，约有 7.2 万亿元的地方国有资产也没有被纳入地方国资委的监管范畴，很多地方甚至没有设立专门的国有资产监管机构。

第二，从国有资产监管的纵向角度看，覆盖全部层级国有资产的监管机制亟待建立，覆盖全部层级的各级国有资产监管的上下协

① 完全、统一并不意味着要排斥地方政府监管国有资产的能动性作用。

同、合力监管的机制亟待完善。一方面，在不少省市，地（市）级的国资监管机构设置和职责定位出现较大反复，[①]大部分地（市）级的国资监管机构的“管资产与管人、管事”三项职责难以统一，有的仅限于“管资产”，有的则忙于集中改制、处理信访和维护稳定，绝大部分县的国有资产监管处于主体不明确、责任不落实的状态；另一方面，在地方监管体制不统一、不完全的情况下，受限于现行国有资产监管体制的弊端，国务院国资委甚至不能直接调查处理地方国有企业违规改制、国有产权转让等致使国有资产流失的案件。[②]国有资产监管体制机制的不完善、不完全，必然会影响到监管的成效，更谈不上全局性、整体性的发展规划。目前，全国仍有 4 个省级国资委的监管覆盖面低于 50%；全国 356 个地市中，尽管有 331 个设立了国资委，占 93%，但作为独立机构的只有 227 个，占设立国资委的 68.6%；保留直属特设机构性质的只有 107 个，只占设立国资委的 32.3%。[③]

第三，从国有资产监管的实际效果来看，即使现在被监管的经营性国有资产，在企业生产经营、利益分配等环节也存在不少监管

① 需要指出的，不同于一些地方对国有资产监管的撤并，深圳市国资监管机构就由政府工作部门调整为直属特设机构，机构名称也由深圳市国有资产监督管理局更名为“深圳市人民政府国有资产监督管理委员会”。如上机构调整，是深圳市重视和加强国有资产监管工作的重要信息。国务院国资委，《关于转发深圳市人民政府关于调整市国有资产监督管理局机构名称及性质通知的通知》，http://www.sasac.gov.cn/n1180/n1566/n11183/n11229/13747374.html，2012 年 8 月 20 日。

② 国务院国有资产监督管理委员会研究室，《探索与研究——国有资产监管和国有企业改革研究报告（2010）》，北京：中国经济出版社，2011 年 8 月，第 451 页。

③ 国务院国资委，《黄淑和在全国国资委系统指导监督工作座谈会上的讲话》，http://www.sasac.gov.cn/n1180/n14200459/n14550482/n14550501/14550882.html，2012 年 8 月 20 日。

真空和漏洞，各个层级的国有资产资源配置效率也受到了影响。此外，还有一些国有资产在“经营性”与“非经营性”方面分类界限不清，导致在国有资产统计、评估、考核、产权转让、经营预算等方面不能采用相对成熟的国有资产监管办法，给国有资产保值增值带来隐患。

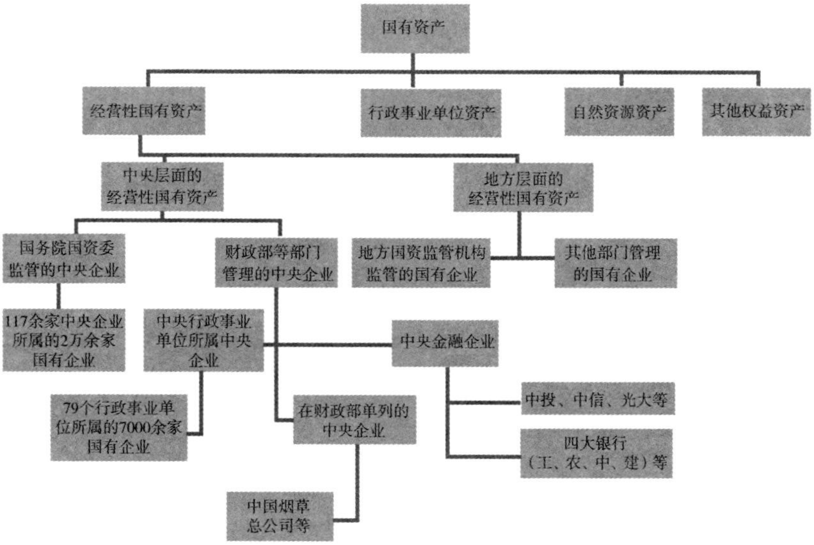

图 2　中国国有资产的管理概况

具体从归口管理口径来看，2012 年前后，中央层面的经营性国有资产中，117 余家中央企业所属的 2 万余家国有企业由国务院国资委负责监督管理；行政事业单位下属的 7000 余家国有企业则由财政部等不同的部门和单位归口管理，并由财政部行政政法司和教科文卫司实行分类统计；中央金融类国有资产主要是由财政部代表国家对国有控股或参股的金融企业持股，扮演出资人角色。[①] 具体而言，财政部以金融控股的形式代表国家持有中国中信集团公司、中国光大（集团）总公司、中国光大集团有限公司的国有股份。[②] 根据《金融企业国有资产转让管理办法》，财政部还对国有及国有控股的证券公司、基金管理公司、资产管理公司、信托公司和保险资产公司，中国人民银行总行所属企业、中国投资有限责任公司（含中央汇金投资有限责任公司）、信用担保公司以及其他金融类企业进行管理。而中央汇金投资有限责任公司，作为中国投资有限责任公司的全资子公司，根据国务院授权，对国有重点金融企业进行股权投资，代表国家履行出资人职责。中央汇金投资有限责任公司主要参股包括中国银行、中国工商银行、中国建设银行、中国农业银行在内的 12 家金融机构。此外，中国对外文化集团公司、中国出版集团公司和中国烟草总公司由国务院作为出资人履行出资人职责，在财政部单列；中国邮政集团公司暂由财政部履行出资人职责。

二、国家能力与国有资产监管

在经历了从全民所有制和计划经济向多种所有制和市场经济的

---

① 财政部《金融企业国有资产转让管理办法》称：金融企业国有资产转让按照统一政策、分级管理的原则，由财政部门负责监督管理。财政部门是金融企业国有资产转让的监督管理部门。财政部负责制定金融企业国有资产转让监督管理制度，并对中央管理的金融企业及其子公司的国有资产转让工作实施监督管理。中国政府网，《金融企业国有资产转让管理办法》，http://www.gov.cn/zwgk/2009-03/18/content_1261665.htm，2012 年 8 月 1 日。

② 财政部，《关于印发〈金融控股公司财务管理若干规定〉的通知》财金〔2009〕89 号，2009 年 9 月 1 日。

经济体制改革之后，政府在中国经济社会生活中的角色发生了很大的变化，也随之带来了中国政府治理机制的转变。容易看出，新的治理机制不再是一个全能主义的治理机制，但也不可能是一个完全自由放任的治理机制。在原有的所有制结构和治理机制发生了很大的变革之后，在目睹了苏联灾难性的经济体制改革，尤其是“大爆炸”改革之后，一种因应多种所有制和市场经济的新型治理机制也正在形成之中。新型国有资产监管机制的建立，正是政府在经济体制改革的国内外大背景下因应国有企业自身发展和外部环境变化做出的某种回应，这当然也是中国经济体制改革和治理机制变革的重要部分。

如果说以纠正“市场失灵”为目标的行业监管是为了解决市场经济的某些外部性问题，维护市场经济秩序和人们的公共利益，那么以防止“国有资产失灵”为目标的出资人监管则是为了国有资产这一全民所有的公共资源的保值增值，推动经济社会可持续发展并造福于全体人民。尽管纠正以“市场失灵”为目标的行业监管和以防止“国有企业（资产）失灵”为目标的出资人监管有着不同的监管对象、监管目标和监管任务，但这两种监管都是政府因应市场主体自发行为的治理反应，都是政府监管能力的重要部分，影响着更广泛意义上的国家（治理）能力的强弱。关于国家能力问题，学术界从不同的角度做了不少研究，讨论国家能力与经济发展、政治民主的相互关系。政府监管能力便是研究分析国家能力的一种视角或一个部分。毋庸赘言，一个国家的国家能力是一个国家经济发展、政治民主、社会和谐的重要基础。诚如王绍光关于国家能力的研究所指出的：“国家能力强的政府，不一定不干坏事；但可以肯定的是，国家能力太弱的政府，干不了好事。”①

在前人研究基础上，王绍光研究总结了强制能力、汲取能力、濡化能力、统领能力、再分配能力、监管能力、吸纳能力、整合能力、学习—适应能力、认证能力这十种国家能力与国家有效性的正相关关系。② 按照上述国家能力的分类标准，国有资产监管至少会直接影响到国家监管能力、整合能力、学习—适应能力、汲取能力和再分配能力的高低，间接地影响到其他国家能力的质量。因为庞大的国有资产和关系国计民生的大型国有企业构筑了国家经济安全、市场经济秩序的微观基础，③ 国有资产监管自然是国家监管能力的重要组成部分；国有资产监管必然会涉及对不同利益的协调和整合，形成整体公共政策；国有资产监管的质量与被监管企业的学习创新

---

① 王绍光，《安邦之道：国家转型的目标与途径》，北京：三联书店，2007 年，第 4 页。

② 王绍光研究总结了如下十种国家能力与国家有效性的正相关关系，即强制能力：对外维护政权和领土完整，对内维护社会秩序；汲取能力：动员和调度社会资源，建立现代公共财政，从资金上保证国家各项机制的正常运作；濡化能力：培育与巩固以国家认同和公民平等为特征的社会核心价值；统领能力：对国家工作人员和国家机关加以规范和限制，使国家工作人员尽职、廉洁，使整个国家统一协调；再分配能力：降低各类社会风险，维护社会稳定和分配正义；监管能力：为了保护人和自然，规范和限制市场和社会；吸纳能力：将民众参与纳入制度化轨道的能力；整合能力：协调不同利益、形成公共政策的能力；学习—适应能力：面对环境变化等因素造成的种种不确定性时，发现和纠正现有缺陷，接受新信息，学习新知识，尝试新方法，应对新挑战，改进制度运作的能力；认证能力：收集、识别和确认自然人和法人的基本事实。参见：Wang Shaoguang, “Democracy and State Effectiveness, ” *Political Institutions and Development: Failed Expectations and Renewed Hopes*, edited by Natalia Dinello and Vladimir Popov, London: Edward Elgar Publishing, 2007, pp.140–168。欧树军，《“治理问题体制化”的思想误区》，《文化纵横》，2012 年第 4 期。

③ 沃格尔（David Vogel）指出：“很长时间里，监管型政府只是美国例外主义（American Exceptionalism）的典型特征之一；在美国通过监管来控制的行业，其他国家往往采用国有化的办法。” David Vogel, “The Hare and the Tortoise Revisited,” *British Journal of Political Science*, No.33, October 2003.

能力高度相关，微观经济主体的学习能力必然会影响到全局性的学习能力的高低；国有资产监管与国有资产的经营状况密切相关，以税收、利润、就业等多种形式影响着国家汲取能力和再分配能力的高低。

客观地说，关于国有资产监管对国家能力重要性的强调，并不是喧宾夺主、无病呻吟。迄今为止，从正反两个方面，国内外学术界有大量关于国有经济对国家经济发展和国家能力重要性的讨论。国有资产监管的存在，无疑构成了国有经济对国家经济发展重要性的关键一环。联合国经济社会事务部的“国家发展战略”系列《政策建议》就从世界经济比较的角度，正面论述了国有经济对一国经济发展的重要性，并给出了针对国有经济监管的政策建议。[①] 这份《政策建议》指出，从世界范围来看，作为公共投资的重要形式，为数众多的经济体凭借庞大的国有经济部门取得经济成功，而许多不成功的经济体的国有经济部门却非常之小。比如，新加坡、奥地利、法国、挪威和德意志联邦共和国等都有为数庞大的国有经济部门，且运作得很好。世界知名的新加坡航空、法国雷诺汽车、巴西航空工业公司、韩国浦项钢铁都是以国有企业起家的，至今仍是各国经济发展的领头羊。进一步，《美国社会学评论》2012 年 3 月号的一篇实证文章，则从反面论述了“私有化、国家能力和经济增长”的相互关系。25 个后共产主义国家 1990 年到 2000 年的跨国面板数据回归结果表明：“大规模的私有化项目，给这些后共产主义国家的经济增长、国家能力和产权保护造成了负面影响。”“大规模的私有化，给这些后共产主义国家政府造成了大规模的财政冲击，因而破

① ［英］张夏准，《“国家发展战略”视角的公共投资和国有企业改革》，《中共中央党校学报》，周建军译，2010 年第 3 期。

坏了这些国家私人部门的治理体系，极大地加深了这些国家的转型衰退。”[①]

如果说包括国有企业在内的国有资产构筑了国民经济安全的微观基础，那么国有资产监管则是培养包括监管能力在内的国家能力的重要环节。而国有资产监管能力不足和监管职能分割带来的影响并不仅仅是经济层面的。国有资产监管能力不足不仅会影响到国有资产的保值增值和资源配置效率，而且可能会影响到国家经济安全和市场经济秩序，影响到对不同利益的协调整合，影响到国家的税收、利润和就业等，最终影响到国家能力的整体水平。从国家能力的意义上，对《中华人民共和国宪法》和《中华人民共和国企业国有资产法》关于国有经济和国有资产监管重要性的强调会有更全面的理解。《宪法》规定：“中华人民共和国的社会主义经济制度的基础是生产资料的社会主义公有制，即全民所有制和劳动群众集体所有制。”“国有经济，即社会主义全民所有制经济，是国民经济中的主导力量。国家保障国有经济的巩固和发展。”《企业国有资产法》规定：“国家采取措施，推动国有资本向关系国民经济命脉和国家安全的重要行业和关键领域集中，优化国有经济布局和结构，推进国有企业的改革和发展，提高国有经济的整体素质，增强国有经济的控制力、影响力。”“国家建立健全与社会主义市场经济发展要求相适应的国有资产管理与监督体制，建立健全国有资产保值增值考核和责任追究制度，落实国有资产保值增值责任。”

---

① Hamm Patrick, Lawrence King, and David Stucklerb, “Mass Privatization, State Capacity, and Economic Growth in Post-Communist Countries,” *American Sociological Review*, 77(2), March 2012.

三、有效监管与“无缝隙政府”

比较地看，与多部门管理国有资产的“五龙治水”机制相比，2003年以后建立的新型国有资产监管体制有了很大改进。但是，应该看到，今天的国有资产监督管理机构，仍然只是部分经营性国有资产意义上的监管机构，覆盖全部经营性国有资产和国有企业的监管体制亟待完善，国有企业（资产）推动经济社会发展的整体合力仍有待提升。国有资产流失、资源开发乱象，正是国有资产监管不完全、不统一的佐证。

类似国有资产监管体制的不完全、不统一，以财政预算改革为例，王绍光和马骏比较研究了“前预算时代”的中国财政汲取能力和分配能力存在的主要问题：预算资金分配权极其分散，财政管理体制极度分散，预算收支管理分散。[①] 他们认为，预算资金分配权的分散导致了政府内部缺乏控制和财政收支的混乱：多部门拥有资金分配权，各种预算外资金游离于财政预算管理之外，资金不能细化到部门和项目，因此影响资金使用效益。财政管理体制的分散导致了预算执行中缺乏监督和控制：各部门自行管理预算内外收支，对财政活动的监管和会计体系也非常分散。预算收支管理的分散导致了一个全面、一致的政府预算的缺乏，使得各级人大难以履行预算监督的职能。1999年以后，因应于分散的财政管理体制，中国政府不得不启动以“集中统一”和“预算监督”为核心的财政体制改革。

以产业政策为例，路风等人对中国产业政策行政能力的分割和

① 王绍光、马骏，《走向“预算国家”——财政转型与国家建设》，《公共行政评论》，2008年第1期。

不足做过专门研究。[①] 他们认为，一方面，相对于产业化的繁重任务和要解决的复杂问题，中国产业政策行政能力显得严重不足。在过去 30 年里，从国家经委、国家经贸委的撤销，再到工信部的新组建，对国家工业行政机构改革的重点始终放在精简撤并上，从来没有放在国家工业行政机构的重新建设上。在当今世界最大的工业化国家，工业行政机构过小、人员过少直接限制了中国中央政府的工业行政能力。另一方面，产业政策行政能力严重不足的同时，中国中央政府执行产业政策的行政能力是分裂的。路风等人所做的研究指出，政府领导经济转型和产业升级的综合性任务，由国家发改委、工信部、商务部、科技部等分担，却没有一个部门对此负有足够责任并有足够能力去完成这个任务，这种状况导致各个部门都从各自的局部出发去工作，还伴随着部门之间的竞争和争夺，导致了中央政府执行产业政策的行政能力的分裂。

无论是国有资产监管和财政的分散管理，还是产业政策的行政能力分裂，都反映了政府职能分割所带来的不良后果。这正如研究“无缝隙政府”模式的美国学者拉塞尔所指出的：在一个政府机构内部，权力和职能分割的代价是非常巨大的。以“科层制”为特征的分工和专业化的异化发展，导致了今天众多组织的各自为政、本位主义、无效率、不负责任等问题，正如政府职能的四分五裂、职责重复和无效劳动。随着经济社会发展，亟须一种新型组织出现，以一种整体的、全盘的、联合的方式，而不是分割、零碎的形式来组织工作，打破既有的现有组织之间的部门界限和职能分割。不同于以隔离为特征的高度分散的组织（既可能包括部门之间的隔离，也

① 路风、蔡莹莹，《中国经济转型和产业升级挑战政府能力——从产业政策的角度看中国 TFT-LCD 工业的发展》，《国际经济评论》，2010 年第 5 期。

可能包括部门内部的隔离），“无缝隙政府”主张提供一步到位的采购和简单灵活的服务。

比如，在以往，一个病人需要和50多个不同的医务人员打交道，不得不忍受无穷无尽的表格和漫长难熬的等待。现在，不同于以往部门化、分类化和专业化的医疗组织，“无缝隙医院”组建了由护士和医生组成的，具备多项专业技能的护理团队，这个团队能为病人提供绝大多数医疗服务和帮助。[①] 从这个意义上，“无缝隙政府”并不单单意味着政府部门边界的简单扩张和收缩，更意味着政府部门能以结果为导向打破政府部门界限和职能分割，整合政府所有的部门、人员和其他资源，以整体、全盘、联合的形式来组织工作，并以单一的界面向社会提供更优质、更及时、更到位的服务（包括监管）。

类似拉塞尔“无缝隙政府”的研究，有学者从席勒“反公地悲剧”的理论视角，研究了政府部门的职能分割问题引发的“公有资源利用不足或闲置浪费”，即政府提供的公共产品的供给不足。不同于哈丁“公地悲剧”因产权归属不清而产生的公有资源过度使用，“反公地悲剧”是指当每个权利人都行使排他权，从而使所有的权利人都无法行使使用权时，公有资源利用不足或闲置浪费的现象。在公共管理领域，如果提供某项公共产品的职能被分割给多个平行的政府部门，那么只要有一个部门行使否决权或这些部门之间的合作程度不够，也会产生公共产品不能提供或供给不足的“反公地悲剧”。[②]

不难看出，行政能力分割和不足的代价是很大的，有效的监

---

① ［美］拉塞尔·林登，《无缝隙政府：公共部门再造指南》，汪大海等译，北京：中国人民大学出版社，2001年。

② 高洁、张奋勤，《政府公共管理中的“反公地悲剧”与“大部制”改革》，《经济社会体制比较》，2008年第6期。

管需要政府部门打破政府部门界限和职能分割，整合资源，以整体、全盘、联合的形式来组织工作。在这个意义上，加强和完善现行国有资产监管体制机制，推动完全、统一的“大国资”[①]监管格局，对加强国有资产监管职能和监管能力、实现国有资产监管目标而言，显得尤为重要和紧迫。近年来，已经有不少个人和机构认识到了这一问题的重要性和必要性，并从不同的角度提出了有针对性的建议。[②]无论是从国有资本的全民所有制属性、国有资本运行

① 本文借鉴了时任国务院国资委副主任黄淑和关于“大国资”的如下含义，原则上同意黄淑和关于“大国资”的三层解读，但本文关于“大国资”的含义并不限于这三层解读。黄淑和代表国务院国资委的讲话指出，国资委意指的“大国资、一盘棋”，主要包含如下三层意思：一是各级国资委都是“一家人”，要形成国资监管的“大合力”；二是各地方国资委在开展工作中，要把本地区所属的国有资产、中央企业在本地区的国有资产、外省市在本地区的国有资产，纳入本级国资委统计分析和统筹考虑的范围，形成“大国资”的格局，以此体现国有经济在带动本地区经济社会发展中的分量；三是要把全部国有资产放到一个盘子里，共同实施跨地区、跨领域、跨行业的优化配置，以此推动全国国有经济布局结构调整和产业优化升级。国务院国资委，《黄淑和在全国国资委系统指导监督工作座谈会上的讲话》，http://www.sasac.gov.cn/n1180/n1566/n11183/n11199/13770767.html，2012 年 8 月 20 日。

② 从马克思主义经济学资本运动规律的角度，何干强区分了国有职能资本和国有银行资本，强调了加强对国有职能资本和国有银行资本整体性监管的必要性，并提出了对国有资本监管主体机构明晰化、具体化的建议，以及对国有资本监管主体机构及工作人员的相应监督。从中国国有资产（本）监管机构和淡马锡式出资人的不同定位、现实中产融结合（国有企业与国有银行的相互参股）的趋势，刘纪鹏强调了国务院国资委加强国有资产基础监管（包括战略规划、产权登记、国有资产和资本统计等）和充当全国经营性国有资产（包括产业资产和金融资产）统一监管者职责的重要性，并给出了通过国资监管机构加强基础监管和国有资产经营公司专职资产经营，从而实现监管者和出资人职能统一的具体建议。从自然资源流失和国有资产监管漏洞的角度，时任全国人大代表张奎指出了现行国有资产监管体制存在的问题，强调目前的中央国资监管机构和地方国资监管机构都是部分企业意义上的国资监管机构，而非全部意义上的国资监管机构，职责定位不准确，起不到代表政府宏观管理全部国有资产（包括自然资源和行政事业单位资产）的作用，建议中央国资监管机构成为全国所有国有资产的监管机构、地方国资委成为协助中央国资监管机构管理所在地域国有资产的机构。参见：何干强，《论国有资本的整体性监管》，《当代经济研究》，2010 年第 11 期。刘纪鹏，《国有资产监管体系面临问题及其战略构架》，《改革》，2010 年第 9 期。曹英，《张奎：国资委究竟如何定位?》，《中国经济时报》，2005 年 3 月 7 日。

的内在规律，抑或从现实中国有金融资本与国有产业资本的相互融合、中央企业和地方企业的参股或合作趋势，还是从现行国有监管的不完全、不统一性，国有资产资源配置效率损失和国家治理能力来看，加强和完善现行国有资产监管体制机制，推动完全、统一的“大国资”监管格局都是非常必要的，并且也在实践中被证明是行之有效的。加强和完善现行国有资产监管机制，推动完全、统一的“大国资”监管格局，或许也是中国政府“大部制”改革的初衷所在。大部门体制指的不应仅仅是部门机构之间的合并或重组，也应是体制或机制的有机统一，是政府机构架构调整与政府运行机制再造的统一。①

四、国有资产监管的地方实践

某种程度上，成立各级国资监管机构，结束所谓“五龙治水”局面，逐步整合国有资产监管资源，就是“大部制”改革和上文所述“无缝隙政府”理念的初步实践，只是这个实践与“全方位、全过程”的国资监管要求还有很大的差距。尽管如此，近年来，还是有一些省市一直先行先试，为“全方位、全过程”的“大国资”监管积极探路，取得的经验弥足珍贵，不少做法值得总结借鉴。北

① 樊鹏在关于发达国家和地区大部门体制组织结构与运行机制比较的研究中，分类介绍了各国、各地区政府体制的不同模式，即内设职能部门化模式、独立行政机构模式、管制机构内部化模式、独立执行机构模式、决策局统辖执行机构模式、独立法定机构模式；并指出了实现大部门体制不能单纯走形式主义路线，而要立足国情，借鉴别国经验，最终改善政府的形式，提高政府的能力，维护和实现人民的根本利益。樊鹏，《发达国家和地区大部门体制组织结构与运行机制比较》，《经济社会体制比较》，2011年第1期，第123~131页。

京、天津、上海、重庆，通过直接监管、授权监管和委托监管等方式，创新国资监管的三层次框架，基本实现了从产业到金融的经营性国有资产的全覆盖，并探索对其他国有资产的监管覆盖，以及“权力、责任、义务相统一”、“管资产和管人、管事”相结合。得益于这种大国有资产监管体制的逐步完善，北京、天津、上海、重庆的国有资产总额均超过万亿人民币大关，在全国名列前茅。

值得关注的是，在这种“权力、责任、义务相统一”、“管资产与管人、管事”相结合，以国资委—国有资产经营公司—国有企业三层次为框架，从产业到金融的经营性国有资产全覆盖的监管机制下，重庆市国有企业资产总额（金融、投融资和工商企业资产比例约为 4∶3∶3）从 2002 年的 1700 亿元增加到了 2011 年的 14600 亿元。定位于这种集中、统一的国有资产监管机制，重庆市国资监管机构对外整合了原属其他政府机构的国有资产和国有企业干部监管职能，彻底地实现了“管资产与管人、管事”相结合，以及从产业到金融的经营性国有资产监管全覆盖；同时，对应于工业、投资、金融和商贸物流四大板块业务，重庆市国资监管机构对内调整了规划、改革、产权和考核分配等内部机构职能，实行内部机构原有职能（规划、改革、产权、考核分配）和业务板块工作（工业、投资、金融和商贸物流）的集中和统一，以提高和改善国有资产监管的效率和效力，激发和释放国有经济的内在活力及其对国民经济的正外部性。[①]

---

① 国务院国资委〔2009〕286 号文件强调“改革学江西，发展学重庆”；国务院国资委，《指导监督地方国资工作简报》2012 年第 19 期介绍重庆的国资监管做法，http://www.sasac.gov.cn/n1180/n14200459/n14550482/n14550552/14561363.html，2012 年 6 月 6 日；国务院国资委研究中心调研组：《重庆国资发展模式调查》,《董事会》, 2011 年第 1 期。

同样值得关注的是，2011 年 5 月，湖北省人大常委会更是在全国率先以条例的形式，审议通过了《湖北省企业国有资产监督管理条例》，赋予了湖北省国资监管机构作为直属特设机构承担“全覆盖监管”的职责，实施包括对经营性国有资产和非经营性国有资产的更广泛监管。国务院国资委文件总结其主要特点如下：第一，该《条例》拓展了企业国有资产范围。《条例》规定的国有资产范围，不仅包括湖北省各级政府出资的国有独资企业、国有独资公司、国有资本控股公司、国有资本参股公司中的国有资产，而且还包括行政单位、财政全额拨款的事业单位投资的企业或者经济实体的国有资产，以及各级人民政府授权履行出资人职责的机构管理的其他国有资产。第二，该《条例》明确了国资监管机构作为直属特设机构承担“全覆盖监管”的职责。《条例》规定，“省、市（州）人民政府国有资产监督管理机构，作为本级人民政府的直属特设机构，根据本级人民政府的授权，代表本级人民政府统一履行国有资产出资人职责”，以此赋予国资监管机构在履行出资人职责方面具有专门性、统一性和唯一性的地位。此外，《条例》还要求“县级人民政府应当授权一个部门或者机构代表本级人民政府履行国有资产出资人职责。具备条件的县级人民政府，可以设置独立的国有资产监督管理机构，根据本级人民政府的授权，履行国有资产出资人职责”。第三，该《条例》建立了文化企业国有资产“统一纳入、委托管理”的体制。《条例》规定，“履行出资人职责的机构履行文化企业国有资产出资人职责，负责国有资产基础管理工作，委托有关部门对文化企业的国有资产实施具体监督管理”。第四，该《条例》细化了国有资本经营预算制度。《条例》将“本级人民政府调入的收入”列入国有资本经营预算收入，拓展了国有资本经营预算收入的范围。同时，将国有资本经营预算支出范围明确为“国家出资企业改革成本支出和履行出资人职责的机构的监管费用支出”“对国家出资企业和重点产业的资本性投入”等，进一步体现了国有资本经营预算支出主要用于国有经济布局和结构的战略性调整、推动国有企业改革和发展的原则。[①]

北京、天津、上海、重庆等地的经济发展事实似乎表明：地方经济越是发达，国有经济也越活跃，国有资产监管机制越健全。根据 2010 年《中国国有资产管理年鉴》和《中国统计年鉴》的相关计算，各省（直辖市、自治区）国有资产总额排名前十的省份，与各省（直辖市、自治区）人均生产总值排名前十的省份高度重叠，重叠度高达七成（见表 1），即这些省（直辖市、自治区）的地方国民经济发展情况与地方国有经济发展情况呈现出明显的正相关性。这 7 个国有资产总额排名前列的经济发达省份（直辖市）依次是：上海、江苏、广东、北京、浙江、天津和山东。在更广泛的意义上，全国 31 个省（直辖市、自治区）的数据统计也表明，全国 31 个省（直辖市、自治区）的国有资产总额和人均生产总值呈现出明显的正相关性，即省（直辖市、自治区）的地方国民经济发展情况与地方国有经济发展情况呈现出明显的正相关性。

同时，《县级经营性国有资产监管问题研究》一文中也证实了完善国有资产监管机制和国有经济发展的正相关性；省（直辖市、自治区）的县级经营性国有资产的规模大小和该地区的经济发展实力呈现一定的正相关性，即县级经营性国有资产数量高的往往是经济

① 以上内容都引自：国务院国资委，《关于转发〈湖北省企业国有资产监督管理条例〉的通知》，http://www.sasac.gov.cn/n1180/n1566/n11183/n11229/13624339.html，2011 年 6 月 24 日。

表1 省（直辖市、自治区）国有经济发展指标与国民经济发展指标（2009年）

省（直辖市、自治区）	国有经济发展指标		国民经济发展指标		省（直辖市、自治区）	国有经济发展指标		国民经济发展指标	
	省级国有资产总额（亿元）	全国排名	人均生产总值（元）	全国排名		省级国有资产总额（亿元）	全国排名	人均生产总值（元）	全国排名
上海	30068.9	1	65364.79	1	福建	8000.8	17	33166.53	10
江苏	21715.5	2	43804.84	4	湖北	6247.0	18	22644.33	13
广东	21350.6	3	37847.38	7	广西	6058.6	19	16859.03	27
北京	18653.8	4	61966.15	2	湖南	5761.7	20	19877.53	20
浙江	16950.5	5	42240.79	5	贵州	4454.0	21	11259.98	31
天津	16204.8	6	58134.54	3	江西	3398.1	22	17176.48	25
山东	15656.0	7	35385.41	8	甘肃	2888.5	23	13245.46	30
四川	13930.1	8	17597.26	24	内蒙古	2818.2	24	39424.17	6
重庆	12582.3	9	22637.36	14	黑龙江	2563.4	25	22412.18	15
安徽	10071.8	10	16912.17	26	吉林	2215.0	26	26513.67	11
山西	9593.2	11	20604.53	19	新疆	2038.8	27	19605.27	21
辽宁	9455.3	12	34774.33	9	宁夏	1471.5	28	21476.51	17
陕西	9179.5	13	21886.88	16	青海	1407.5	29	19216.69	22
河南	8736.3	14	20717.30	18	海南	1133.1	30	19076.43	23
云南	8341.9	15	13422.20	29	西藏	298.2	31	14701.39	28
河北	8010.5	16	23986.74	12					

注：本表数据来源为《中国国有资产监督管理年鉴（2010）》、《中国统计年鉴（2010）》和《中国2010年人口普查资料》。根据《中国国有资产管理年鉴（2010）》，本表格中省（直辖市、自治区）国有资产总额排名前十的省份，正好国有资产总额超过万亿元。人均生产总值系根据《中国统计年鉴（2010）》公布的各省市生产总值除以《中国2010年人口普查资料》公布的各省（直辖市、自治区）人口数而得。

发达地区，县级经营性国有资产数量低的往往是经济不发达省份。[①]以2008年为例，全国经营性国有资产数额在50亿元以上的有99个，北京、天津、上海、重庆所辖的县占39个，占比39%，总资产占比64%；江苏、浙江、广东、山东、辽宁、福建六省所辖的县占57个，占比58%，总资产占比34%。在围绕关于中国国有企业改革的讨论中，有很多关于效率的争议。不用问，国有企业如私营企业一样，可能存在各种各样的问题；但是整体上，中国国有企业的效率并没有想象的那么糟糕，而且近年来有了很大的改善。[②]

五、国有资产监管的国际借鉴

事实上，不仅在建设社会主义市场经济的中国，在法国、芬兰、

---

① 黄淑和、彭华岗等，《县级经营性国有资产监管问题研究》，《经济研究参考》，2008年第56期。

② Carsten Holz的实证研究发现：1994年到1997年期间，国有企业对经济增长呈负面影响；1997年到2000年，国有企业对经济增长的负面影响减少或没有；2000年到2003年，国有企业对经济增长没有负面影响。不能否认，经营不善的国有企业的关停破产是近年来国有企业整体经营业绩改善的重要因素。然而，对经济指标进行全面的分析也是重要的。在另一篇关于中国国有企业的文章中，Holz就根据《中国统计年鉴》、《中国工业统计年鉴》等的数据，对1978—2000年的中国国有企业盈利指标进行了严格计算。他的研究发现：即使在1978年到2000年期间，中国国有企业的赢利能力也没有人们通常想象的那么糟糕。他的研究指出，即使国有企业的盈利指标总体上趋于下降，但是，在1978—2000年不同的时期，赢利能力指标变化的趋势不太相同。更重要的是，国有企业赢利能力的变化趋势与同期的非国有企业的赢利能力趋势是一致的；且二者的资产权益收益率差别不大，尤其是1998年之后。国有企业和非国有企业之间的赢利能力差距可以由两个因素来解释：国有企业所承担的流转税比非国有企业高，国有企业的资本密集程度也相对更高。Carsten Holz, “Long Live China’s State-Owned Enterprises: Deflating the Myth of Poor Financial Performance,” *Journal of Asian Economics 13*, No.4, June 2002.

瑞典等欧洲国家，以监管集中、职能统一为特征的（经营性）国有资产监管机构建设也在进行。尽管这些国家的社会制度和国情与中国的社会制度和国情存在很大的差异，这些国家的国有经济与中国国有经济的目标、使命、规模也有很大的不同，但它们的一些做法和经验仍不失为中国改革参考借鉴。

法国在西方国家中国有经济占有较高比例，最高时占国民经济比重在20%左右，其国有企业分为从事工商业活动的行政性公共事业机构、工商业性质的公共事业机构和企业、国家掌握部分股票的混合公司等。法国政府于2003年集中整合原来分散在能源、交通、财政等部门的国有资产管理职能，成立国家参股局，代表法国政府统一行使国有资产出资人职责，负责管理所有的国家参与出资企业的活动，以明确执行国有资产增值政策。法国国家参股局的主要职责是：从出资人的角度参与国有企业发展战略的制定，对国有企业重大投资方向和规模进行管理，组织国有企业的重组和上市，对国有企业运营风险进行管理等。据有关研究，[①] 法国国家参股局有如下特点：与法国政府的其他职能部门相比，法国国家参股局拥有最大范围的自主权；同国有企业董事长一样，法国国家参股局领导人的任期被明确规定，任期内配备预算，使其可以完全独立地承担其职责；在国家完全或部分控股的企业，法国国家参股局委派出国家代表（向每个企业委派1~3人）作为代理人组成代理处，共同出席股东大会；作为代表法国政府管理国有资产的专门结构，法国国家参股局的领导者每年要向法国议会的财政委员会进行述职。

芬兰国有经济比重在西方国家也相对较高。芬兰政府于2007年

---

① 李兆熙，《国资管理变革的法国样板》，《国企》，2007年第5期。

之前实行的是部门分散管理国有企业的体制。在认识到国有资产分散管理体制的弊端之后，芬兰政府于 2004 年正式成立了“国有资产管理小组”，统一负责国有资产管理政策制定和部际协调。之后，芬兰政府进一步整合政府统一管理国有资产的职能，制定了《国有控股和所有权督导法》(State Shareholdings and Ownership Steering Act)，于 2007 年成立了芬兰国家所有权监管局。为了将国有企业股权集中管理并超越部门利益，芬兰国家所有权监管局设置于总理办公室，由一位部长分管。芬兰国家所有权监管局被赋予通过独立分析与监督制定所监管国有企业的所有权战略，对企业绩效进行跟踪分析，审批国有企业所有权的交易，出席股东大会，聘任国有企业董事会成员等职责。[①]

在瑞典，国有企业所有权属于议会，议会授权政府管理国有企业，实行统一的国家所有权政策。瑞典政府在工交部内设立了国企局，专司国有资产出资人职责，统一负责全国国有企业管资产与管人、管事的职责。这个国企局配备有专门的经济分析人员，定期分析相关行业和私营企业的主要经营指标，对国有企业经营提出相应的指导建议。国企局还负责对国有企业董事会业绩进行年度考评，向工交部提交相应的报告。

除法国、芬兰、瑞典之外，比较有代表性的还有新加坡的“淡马锡模式”。在新加坡，为强化对国有企业的监管，新加坡政府于 1974 年成立了淡马锡控股公司（非政府监管机构），代表新加坡政府持有国有企业的股份，运营管理新加坡政府在国内外企业的投资。淡马锡控股公司接受新加坡财政部的监管，并定期向新加坡财政部

① OECD, *State-Owned Enterprise Governance Reform: An Inventory of Recent Change,* www.oecd.org, 2011, p.14.

提交报告。淡马锡控股公司的基本职责是代表新加坡政府持有国有企业的股份，实现新加坡国有资产的保值增值。

表 2　国有资产管理模式的国际比较

国家	法国	芬兰	瑞典	新加坡
管理机构	国家参股局	国家所有权监管局	国企局	淡马锡控股公司
机构职责	从出资人的角度参与国有企业发展战略的制定，对国有企业重大投资方向和规模进行管理，组织国有企业的重组和上市，对国有企业运营风险进行管理等。	通过独立分析与监督制定所监管国有企业的所有权战略，对企业绩效进行跟踪分析，审批国有企业所有权的交易、出席股东大会，聘任国有企业董事会成员。	专司国有资产出资人职责，统一负责全国国有企业管资产、管人、管事。	代表新加坡政府持有国有企业的股份，实现新加坡国有资产的保值增值。
机构职责差异	履行出资人职责的同时，实施对国有资产的监管。			注重代表政府履行出资人职责。

资料来源：国务院国资委、OECD 等

法国、芬兰、瑞典和新加坡监管国有企业的方法不尽相同，但它们都有一个共同的基本特征：一个权力、责任统一明确的单一机构代表政府履行出资人职责，专门负责对该国国有资产的监督管理，以实现国有资产的保值增值。所不同的是，相比新加坡（淡马锡控股公司），法国（国家参股局）、芬兰（国家所有权监管局）、瑞典（国企局）都是以政府机构履行出资人职责的同时实现对国有资产的监管。新加坡的“淡马锡模式”更注重以代表政府的出资人身份保持国有资产的保值增值。法国、芬兰、瑞典和新加坡监管国有企业的方法也不尽完美，但可能不乏一些可供中国国有资产监管体制借鉴之处。不用说，中国的社会主义基本经济制度和数百万亿庞大的国有资产的现实决定了中国国有资产监管模式的独特性和复杂性。

这个意义上，在当下中国，对国有资产的监督管理只能加强，不能削弱。

六、“大国资”监管：一个可能的框架

诚然，政府的组织形式不等于有效的政府能力。一个有效的政府治理，不仅需要政府部门能打破政府部门界限和职能分割，以“整体、全盘、联合”的形式组织工作，而且需要组织成员的能动性和团队合作，才能确保政府职能的统一和有效，正如中国政府“大部制”改革所讨论的“物理反应”和“化学反应”。[①] 但是，一个职能划分得当的政府组织形式是确保政府职能有效发挥的前提条件和重要基础。在这方面，无论是“无缝隙政府”理念和中国政府的“大部制”改革，还是既有的来自国际国内、各个层面的初步实践和经验，都值得总结、借鉴。一个“无缝隙”的“大国资”监管体制，有助于堵塞现有国有资产监管体制的真空和漏洞，提高各类国有资源的配置效率，最终影响国家治理能力的整体水平。

“十二五”规划纲要提出要坚持公共管理职能和出资人职能分开的原则，完善包括经营性国有资产和国有企业、国有金融资产、行政事业单位资产和自然资源资产等在内的国有资产监管体制，健全覆盖全部国有企业、分级管理的国有资本经营预算和收益分享制度，合理分配和使用国有资本收益。[②] 贯彻落实好“十二五”规划纲要，建设一个强力、有效的、“无缝隙”的、“大国资”监管机制，就要

---

① 魏礼群，《积极稳妥推进大部门制改革》，《求是》，2011 年第 13 期。

② 在“十二五”规划纲要之后，2012 年 11 月，十八大报告明确提出要“完善各类国有资产管理体制”。

力争做到从产业到金融的经营性国有资产监管的全覆盖，并逐步探索将各类非经营性国有资产[1]纳入监管范围；在坚持公共管理职能和出资人职能分开原则与不干预企业经营自主权的前提下，加强和改进对国有企业和国有资产的监管。与此同时，大力加强全局性、整体性的国有经济发展规划，大力加强国有资产跨地区、跨领域、跨行业的优化配置；在坚持国有资产的全民所有制属性和全国国有资产监管工作“一盘棋”的前提下，大力加强各级国有资产监管机构之间的上下协同、合力监管，大力加强中央国资监管机构对全国国有资产监管全局工作的指导、监督职能；积极推进对包括中央国资监管机构在内的各级国有资产监管机构的监督、考核和责任追究，以实现监管机构自身的权力和责任相统一；[2]积极推进覆盖全部国有企业、分级管理的国有资本经营预算和收益分享制度，以建立国有经济增长和民生工程共进的可持续发展机制，永保国有资产监管体制和社会主义市场经济的活力。

① 关于非经营性国有资产，可参考国务院国资委对此问题的研究。国务院国资委“非经营性国有资产监督管理研究”课题组，《非经营性国有资产监督管理研究》，《经济研究参考》，2005 年第 3 期。

② 关于国有资产监管机构的设置，理论界有一些不同的看法。有的主张国有资产监管机构应该设置在政府，有的主张国有资产监管机构应该设置在人大。无论国有资产监管机构设置在政府还是人大序列，都必须保障各级国有资产监管机构真正做到有法（一部涵盖全部国有资产的法律）可依、有法必依、违法必究，从而使得包括国有资产监管机构在内的各级政府不能随意处置各类国有资产，切实保障国有资产的保值增值。当然，健全完善各级人民代表大会对全国各类国有资产的监督、大力加强对包括中央国资监管机构在内的各级国有资产监管机构的监督，都是非常重要的。

国际比较视野的自然资源监管：“资源诅咒”还是“资源祈福”[①]

“资源诅咒”的说法一度流行，这种说法强调资源丰裕与经济增长、政治发展的负相关关系。“资源诅咒”的说法，对资源型地区的发展有着非常不利的影响，影响和制约着资源型地区的发展战略、信心和前景。本文研究强调，自然资源并不必然导致“资源诅咒”，关键在于相关制度的设计和管理。

在多数国家或地区，自然资源被公共所有或管制。自然资源收益的公共所有更是众多国家、国际组织和主流经济学家的共识。在通往“资源祈福”而不是“资源诅咒”的道路上，世界各国各地的成功经验、有益做法或尝试，值得我们学习和借鉴。除了国有化等的直接控制，围绕资源开发进行的产业延伸、监管加强、对资源收入的优化支配和使用等对破解“资源诅咒”都是非常重要的。

在过去几十年里，包括山西在内的各个资源型省份或地区，为全国的经济社会发展提供了强有力的支持和保障。但是，伴随着资

① 本文原题为《国际比较视野的“资源诅咒”说》，发表于《中共中央党校学报》2011年第1期。

源开发而生的各种问题也一直在困扰着这些资源型地区的经济社会发展。国务院召开常务会议，针对中国煤炭资源开发存在的各种问题，对推进煤矿企业开展兼并重组进行研究部署，号召各地方各部门按照安全、节约、清洁和可持续发展的原则，有序开发利用煤炭资源，推动现代煤炭产业发展。至此，始于资源大省山西的煤炭企业兼并重组工作上升到了全局层面。全局范围的资源整合和兼并重组工作必将为资源型地区的产业升级和经济社会发展带来积极的影响，包括打破传说中的“资源诅咒”怪圈。山西省委负责人公开撰文，誓言通过包括产业升级在内的种种努力，克服“资源诅咒”。

一、“资源诅咒”非必然

经济学上，通常用一个“资源诅咒”理论来解释那些拥有丰富自然资源的国家或地区的经济社会不自由、不发展。既有的部分研究已经反复指出了资源丰裕与经济增长和政治发展的负相关关系，甚至由资源引发冲突和战争。[①]的确，世界上不少国家或地区，由于对自然资源的过度依附，其政治与经济体制容易失去变革、创新的动力，被锁定在某种不自由、不发达的状态。这类国家或地区甚至占到了拥有丰富自然资源国家或地区的大多数，尤其是那些拥有所谓石油、矿产资源之类“点资源”的国家或地区。但是，“资源

---

① 有关资源丰裕与经济增长的负相关关系，参见 Auty（1993）、Jeffrey Sachs & Andrew Warner（1995）、Ross（1999）、Sachs & Warner（2001）、Thorvaldur Gylfason（2001）、Xavier Salai Martin & Arvind Subramanian（2003）和 Smith（2004）等。其中，有关资源丰裕与暴力冲突的文献，参见 Bannon & Collier（2003）。国内媒体对矿产资源引发的冲突也有很多报道。

诅咒"的理论不足以解释现实中发生的一切。另一些既有的实证研究并没有发现自然资源丰裕与"资源诅咒"的必然联系，有的研究甚至还发现石油财富和矿产资源对人均GDP的正面影响。[①] 现实中，就有很多资源富裕国家或地区经济发展的成功案例。例如，资源丰富的挪威、卡塔尔、阿拉伯联合酋长国、美国等国的人类发展指数（HDI）和真实收入排名都居于世界前列。尤其是，当美国是世界制造业领头羊的时候，美国经济也一度是世界上领先的矿产资源经济。[②]

根据联合国经济社会事务部的一份权威报告，包括美国在内的如下几个发达国家就成功地将它们的资源禀赋转化成了资源优势：美国（无数的矿产、森林和采渔业）、加拿大（无数的矿产、森林和采渔业）、澳大利亚（无数矿产）、瑞典（铁矿、森林）、芬兰（森林）和挪威（石油和天然气）。即使在发展中国家，有些国家如马来西亚（森林、锡、石油和天然气）和博茨瓦纳（钻石），将它们的自然资源管理得相当好，不允许其成为"资源诅咒"。此外，可再生和不可再生的自然资源能够创造无数上游和下游产业，助推经济增长。例如，森林资源能延伸到上游产业如纸业和家具业，下游产业如伐木机械和土方机械；接下来，家具产业可以创造下游产业到金属加工（如钉子、铰链），以及化工业（如油漆）。[③]

① 例如，Delacroix（1977）、Davis（1995）、Herb（2005）和Maloney（2002）的实证研究都没有发现自然资源诅咒的证据，Alexeev & Conrad（2009）甚至还发现石油财富和矿产资源对人均GDP有正向的影响。

② Terry Lynn Karl, "Understanding the Resource Curse," in Open Society Institute eds., *Covering Oil*, NewYork, 2005, p.22.

③ ［英］张夏准，《"国家发展战略"视角的公共投资和国有企业改革》，周建军译，《中共中央党校学报》，2010年第3期。

甚至，为防止资源耗竭、防止现有资源收入被挥霍以及应对资源价格波动等未来经济社会发展的各种可能需要和问题，挪威和美国的阿拉斯加将各自资源收入所得等作为本金来投资成立“养老基金”和“永久基金”。经过多年的运营发展，截至2010年，挪威“养老基金”的市值已达4400多亿美元，美国阿拉斯加“永久基金”的市值则达340多亿美元。自1982年起，美国阿拉斯加还将“永久基金”所得的部分收益用来给该州居住6个月以上的居民发放社会分红，每人每年几百到上千美元不等。在金融危机高涨的2008年，美国阿拉斯加州公民的人均社会分红和补贴高达3269美元，其中人均社会分红2069美元。作为基金的所有者，当代的挪威和阿拉斯加人的后代，都将极大地受益于“养老基金”和“永久基金”这样的可持续发展机制。

表1　美国阿拉斯加“永久基金”人均社会分红（1982—2009年）

年度	人均分红数额（美元）	年度	人均分红数额（美元）
1982	1000.00	1996	1130.68
1983	386.15	1997	1296.54
1984	331.29	1998	1540.88
1985	404.00	1999	1769.84
1986	556.26	2000	1963.86
1987	708.19	2001	1850.28
1988	826.93	2002	1540.76
1989	873.16	2003	1107.56
1990	952.63	2004	919.84
1991	931.34	2005	845.76
1992	915.84	2006	1106.96
1993	949.46	2007	1654.00

（续表）

年度	人均分红数额（美元）	年度	人均分红数额（美元）
1994	983.90	2008	2069.00
1995	990.30	2009	1305.00

资料来源：http://www.apfc.org

阿拉斯加的社会分红实践，不仅开了保障公民经济民主权利的先河，而且塑造了一个公民社会中的普通公民民主参与公共政策决策的榜样，以及公有资源市场化运作的成功样板。从中，我们可以得到如下几点借鉴或者启发：第一，自然资源应该属于国家所有，即全民所有。相应的资源收入自然也要归全民所有。永久基金的直接分红方案与基金收入使用的其他方案相比，兼顾了公平与效率，优化了阿拉斯加的经济发展。第二，公民民主参与公共政策决策有助于经济民主的实现。在阿拉斯加永久基金的建立、目标的确立，以及最后基金的使用、基金分红方案的确立过程中，公众的参与都起到了不可或缺的重要作用。第三，永久基金的大量成就与荣誉应该归功于它独立的金融运作。永久基金独立的金融运作也为公有资源的市场化运作树立了一个可以借鉴的样板。第四，通过对现有资源收入的雄厚储备，阿拉斯加人和挪威人也将更有可能在未来摆脱对资源开发的依赖。①

中央文件已经明确提出要建立健全国有资本经营预算制度和收益分享制度。即使不是资源型地区，"永久基金"这样公开透明的市场化运作手段和可持续发展的思路，对建立健全国有资本经营预算制度和收益分享制度也具有一般性的启发和借鉴意义。中国澳门就

① 周建军等编译，周小庄校，《社会分红制度的历史考察：阿拉斯加的经验》,《经济社会体制比较》，2006 年第 3 期。

已经有学者提出要借鉴阿拉斯加永久基金机制，探讨澳门的财政储备制度，以更好地使用澳门现有的财政预算盈余并造福长远。①

二、制度设计是关键

资源本身并不是问题，自然资源也并不必然导致“资源诅咒”。解决问题的关键在于围绕资源的相关制度设计和管理。2001 年诺贝尔经济学奖得主斯蒂格利茨早就指出，尽管经济学家和政治学家在过去几十年里对“资源诅咒”问题做了大量研究，但是，归根到底，“资源诅咒”更多的是一个由政治因素造就的问题。除了斯蒂格利茨，如下学者的实证研究（Delacroix，1977；Davis，1995；Herb，2005；Maloney，2002）都没有发现自然资源诅咒的证据，从统计结果上支持了斯蒂格利茨的看法，还有学者（Alexeev 和 Conrad，2009）甚至发现石油财富和矿产资源对人均 GDP 有正向的影响。还有的学者（Terry Lynn Karl，2005）指出了资源价格波动对经济增长、收入分配和减贫的很大影响，有的学者（John Roberts，2005）指出世界上石油资源丰富的地区同时也是世界上风险最大的地区，这种风险不仅仅是地缘格局意义上的，也是政治意义上的；而美国和其他主要发达国家对石油资源进口的依赖，也使得石油资源跟国家安全和国际关系的联系增多。②

① 黄桂海，《阿拉斯加永久基金对澳门管理财政储备制度的启示》，中国澳门《行政》，第 87 期，2010 年第 1 期。

② Joseph Stiglitz, “Making Natural Resources into a Blessing Rather Than a Curse,” in Open Society Institute eds., *Covering Oil,* NewYork, 2005, p.14. Terry Lynn Karl, “Understanding the Resource Curse,” in Open Society Institute eds., *Covering Oil,* NewYork, 2005, p.23. John Roberts, “A Primer on Oil,” in Open Society Institute eds., *Covering Oil*, NewYork, 2005, p.31.

而根据如上联合国经济社会事务部报告和世界银行《增长报告》，现实中，那些被称为"荷兰病"或"资源诅咒"的自然资源丰富国家，主要存在着如下的管理漏洞和问题：资源开采合同不完备，资源矿业权的出售价格太低，对资源所得征税太少，以及对资源所得挥霍浪费等。

以牛津大学经济学家保罗·科利尔（Paul Collier）的数据为证，2006 年刚果民主共和国的矿产资源拍卖所得仅仅为 8.6 万美元，而该国土地面积达 234 万平方公里。以资源大省山西为例，2006 年之前，山西省几十年来就一直实施煤炭资源矿业权（包括探矿权与采矿权）无偿划拨的政策。煤炭资源矿业权的无偿划拨以及对资源所得征税的不足，直接导致了近年来资源采矿业少数个人的暴发暴富，并使得矿产资源的全民所有者权益没有得到很好的保障。耐人寻味的是，山西有著名煤老板多次呼吁政府应该向包括他本人企业在内的煤炭收入所得征收暴利税，甚至呼吁政府应该向煤炭业征收至少 70% 的资源税。此外，新华社、《人民日报》等中央媒体曝光的资源相关事件都是理解中国资源开发相关问题的注脚。这些事件所揭露的问题都在持续地提醒着我们注意当下资源开发利用机制的设计缺陷或监管漏洞。

三、自然资源应公有

事实上，关于自然资源开发，正如斯蒂格利茨等学者所指出的，自然资源是一种资本品，是一种埋在地下的资本品，是大自然的恩赐，并非某个个人凭自身努力所创造的，更何况今天的资源开发是对未来 GDP 的某种借贷。因此，在大多数国家或地区，自然资源被公共所有或管制。[①] 即使是英、美这样的所谓自由市场经济国家，政府也要对那些大型私有能源公司进行严格管制。自然资源是一种天生的资本品，这是自然资源这一资本品区别于其他商品货物的天然属性。而自然资源的公共所有或管制，也是世界各国各地区的通行做法，更是我们制定各项政策的合法性依据所在。

据《新华每日电讯》和法国路透社消息，巴西总统卢拉在2009年8月31日宣布，巴西“计划借助强化国有石油公司、新设国有企业等措施，从开采、监控等环节改变现行石油开发规则，以加强国家在新油田开发事务中的权力”。吸收一些自然资源丰富国家或地区的前车之鉴，巴西政府就计划借鉴挪威的经验，将政府石油收益纳入一项新设国有“社会基金”。这项基金优先考虑用于减贫、环境、科技和教育投资，以提高公众生活水平。在博茨瓦纳，该国总统已将本部落的钻石采矿权转交给政府，此举使得博茨瓦纳的所有部落都能从国家发展中获得更大的利益。而以石油为例，除美国中东部地区及少数国家外，世界其他主要产油国法律均规定石油资源归国家所有。[②] 全世界86个主要产油国（不包括中国）中，绝大多数国家都组建了国家石油公司，57个国家至少拥有一家以上的石油公司，美国、俄罗斯与加拿大设立的石油公司数都在10家以上；全世界综合排名最大的50家石油公司中，国有控股比例超过50%的有26家，其中有19家是政府100%控股的国家公司；全球

① ［英］张夏准，《“国家发展战略”视角的公共投资和国有企业改革》，周建军译，《中共中央党校学报》，2010年第3期。

② 国务院发展研究中心资源与环境政策研究所，《中国石油资源的开发与利用政策研究》，北京：中国发展出版社，2010年，第20页。

前20家最大的石油公司中，国有石油公司占13家。[①]

事实上，巴西等国的自然资源国有化只是世界各国加强自然资源控制的一个部分。近年来，无论是拉美地区的巴西、委内瑞拉、玻利维亚、厄瓜尔多，还是俄罗斯、澳大利亚、卡塔尔、科威特及部分非洲国家，政府控制自然资源的趋势越来越明显，尽管它们在具体政策上有所区别。其中，有的国家加强了资源所得税等监管措施，有的国家则采取了更直接的国有化政策。诚如加州大学伯克利分校的沃格尔所言，在很长时间里，监管型政府只是美国例外主义（American Exceptionalism）的典型特征之一；在美国通过监管来控制的行业，其他国家往往采用国有化的办法。[②]

自然资源应为公有，这也正如世界银行及其行长佐利克一直在全球范围内倡导和开展的采掘业透明行动扩展计划（Extractive Industries Transparency Initiative）。倡导发动采掘业透明行动扩展计划的世界银行行长佐利克指出，从自然资源高价中谋取的一次性暴利必须用于处于全球经济边缘的贫困人口生活质量的切实改善。[③]如果说最初由欧洲国家发起的采掘业透明行动计划是号召从事采掘业

---

① 国务院发展研究中心资源与环境政策研究所，《中国石油资源的开发与利用政策研究》，北京：中国发展出版社，2010年，第52~63页。

② David Vogel, “The Hare and the Tortoise Revisited,” *British Journal of Political Science*, No.33, 2003.

③ “Revenue windfalls from high commodity prices must be translated into tangible improvements in the lives of poor people living on the fringes of the global economy,” said Mr. Zoellick in launching EITI++ at the Spring Meetings of the World Bank and International Monetary Fund, http://web.worldbank.org.
世界银行首席经济学家林毅夫则建议，从资源商品收入中拿出合理的一部分用于人力资本、基础设施和社会资本的投资，以对产业多样化和产业升级提供因势利导的支持。林毅夫，《新结构经济学——重构发展经济学的框架》，《经济学（季刊）》，2010年10月，第10卷第1期。

的企业向政府缴纳的资源费用与政府所得资源收入的公开透明，那如今世界银行倡导和开展的采掘业透明行动扩展计划就将关注点扩展到了自然资源开发利用的全过程。从最初自然资源出售的合同设计、实施监测、税收和相关费用的收取，到防范资源价格波动的影响，最后的资源收益和投资等环节，这个采掘业透明行动扩展计划都涉及了。[①] 世界银行希望采掘业透明行动扩展计划的实施，能改善资源丰富国家或地区在自然资源开发利用全过程中的经济决策能力，并将收益最终用于人民福利的改善。目前，世界银行推广的采掘业透明行动扩展计划已有 20 多个国家或地区参与。

四、“资源祈福”而不是“资源诅咒”

他山之石，可以攻玉。在通往“资源祈福”（Resource Bless）而不是“资源诅咒”（Resource Curse）的道路上，世界各国各地的一些成功经验、有益做法或尝试，值得我们学习和借鉴。当然，这并不意味着他山之石是完美无缺，可以照搬的。无论如何，令人欣喜的是，国内已经有越来越多的政府机构和个人认识到了自然资源公有的重要性和必要性。《政府工作报告》提出要进一步完善自然资源资产监管体制，加强各类国有资产管理。而国务院发展研究中心资源与环境政策研究所和国务院国资委负责人就分别从中国现阶段能源资源安全和资源利用效率的角度，认识到了中国现阶段资源开发利用国有体制的合理性。

国务院发展研究中心这份《中国石油资源的开发与利用政策》

① World Bank Group and Partners Launch EITI++, http: //web.worldbank.org.

研究报告明确指出："在我国现阶段所面临的国内外形势下，国有石油公司体制对保证国家能源安全有不可替代的作用。"[①] 国务院国资委负责人则表示"企业的经济利益和资源环境目标有时是不一致的，而中国现实情况是企业自律不足、政府监管能力不足。例如全国煤炭回采率，小型煤矿在 15%~20%，大型煤矿 45%；国外发达国家是 60%~80%；目前中央企业有两家，都在 70% 以上。很多小型煤矿基本上采一吨浪费两吨资源，造成非常大的资源浪费。如果企业缺乏自律、政府监管能力不足的状况没有实质性的改变，重要资源开发由国有企业来进行，可能会更好地平衡企业的经济利益和资源环境的目标"。[②] 英国的《经济学人》杂志也发表评论称，（资源）国有化可能帮助拯救产业工人的性命。[③]

尽管学术界对自然资源开发国有化和"资源诅咒"的关系还有一些不同看法，但如上种种还是让我们看到世界各国为防止"资源诅咒"正在采取的各种尝试和努力。无论中国、巴西、委内瑞拉这样的发展中大国，世界银行、联合国经济社会事务部等国际组织，还是象牙塔里的诺贝尔经济学奖获得者们，都已经认识和指出了自然资源公共所有的极端重要性。自不待言，除了国有化等的直接控制，围绕资源开发进行的产业延伸、避免资源腐败、谨慎地设计资源开发相关的合同、强化对资源拍卖价格和企业资源所得征税的管理、优化对资源收入的支配使用等，对破解"资源诅咒"、合理开发利用自然资源、促进经济发展和社会和谐而言，都是非常重要的。

---

① 国务院发展研究中心资源与环境政策研究所,《中国石油资源的开发与利用政策研究》，北京：中国发展出版社，2010 年，第 201 页。

② 邵宁,《国企改革未来方向》,《瞭望》周刊，2010 年 11 月 8 日，第 46 页。

③ The Economist, http: //www.economist.com/node/14663437?story_id=14663437, 2011-01-01.

延伸阅读 2

永久基金和社会分红：阿拉斯加的经验[①]

自然资源并不必然导致“资源诅咒”，关键在于相关制度设计和管理。自 1982 年起至今，美国阿拉斯加永久基金通过独立的市场化运作，在做大基金本金的同时连续三十多年给在该州居住的公民发放社会分红，累计已超过 278 亿美元。这是美国这样的发达国家通过国有资本进行市场化运作的典型案例，也对公有资产造福全民有着一般意义上的启发。

作为美国历史上的第 49 个州，阿拉斯加州成立于 1959 年。阿拉斯加州盛产石油、天然气、矿物、木材和海鲜等，是美国也是世界上自然资源最丰富的地区之一。丰富的自然资源为阿拉斯加州与美国带来了源源不尽的财富。但是，资源的丰饶并不自动带来国家和公民的富有。不同的社会制度设计以及公共政策实践，会给各个国家或地区的经济社会发展与人民福利带来非常差异化的影响。阿拉斯加永久基金模式的运作特点和经验，体现在规模庞大的公有资产、无条件的社会分红、市场化的运作机制、可

---

① 关于阿拉斯加社会分红的更多细节，可参考周建军等编译，周小庄校，《社会分红制度的历史考察：阿拉斯加的经验》，《经济社会体制比较》，2006 年第 3 期。

持续的发展理念、公民的有序参与等方面。

第一，规模庞大的公有资产。截至 2019 年 6 月底，阿拉斯加永久基金的价值已经达到近 663 亿美元，位列全球最大的主权财富基金之列，尽管遭遇过 2008 年金融危机期间的大额亏损。663 亿美元市值的阿拉斯加永久基金，是 60 多万阿拉斯加州人共同所有的资产。阿拉斯加永久基金的资产增值来源，既有基金投资收益的贡献，也有资源拍卖所得、各种拨款。而在 1980 年成立之初，阿拉斯加永久基金的基金规模只有 9 亿美元，主要来自矿产资源的拍卖等各种收入所得。这样的制度设计，使得阿拉斯加公民能够分享公有资产（资源）带来的收益，而不仅仅是让那些获得资源开采权的企业独享收益。作为阿拉斯加州政府独立运作的国有企业和世世代代阿拉斯加公民的代表，阿拉斯加永久基金公司是阿拉斯加永久基金的实际管理者，它管理和运营着阿拉斯加永久基金等多个市场实体。作为阿拉斯加和美国的著名国有企业，阿拉斯加永久基金公司的独立运作也颠覆了对美国市场经济完全私有化运营的图景。

第二，无条件的社会分红。阿拉斯加永久基金是归全州公民所有，永久基金收入也归全州公民所有。从 1982 年至今，美国阿拉斯加州通过市场化运作的永久基金，给连续居住 6 个月以上的本州公民无条件发放社会分红，每人每年几百甚至上千美元不等。从 1982 至 2018 年的三十多年里，阿拉斯加永久基金已经累计发放社会分红 278 亿美元。而阿拉斯加州直接给全体公民平等地分配该州的资源收入所得的制度安排，一方面使得公有资产与公民福利发生了直接的联系，发挥了公有资产的福利增进作用；另一方面，公有资产尤其是自然资源资产的高效管理，为破解“资源诅咒”之类的难题提供了现实、可行的参考方案。因为通过将现有的自然资源资产收益进行存储、投资，阿拉斯加州可以降低由自身产业单一、资源枯竭或通货膨胀等带来的不利影响。同时，社会分红的理念，也提醒我们思考现有的“功能财政”，尤其是那种花光用光的思想，为管好用好政府的各种收入提供了现实的参照。

第三，市场化的运作机制。阿拉斯加永久基金的所有权和经营权是截然分离的。阿拉斯加永久基金在成立之初就是一个独立于州政府、外来运营的国有企业，而不是隶属于州政府税务部门的机构。阿拉斯加永久基金，需要接受州议会、审计机构和公民的监督。作为公共利益的代表，公众理事可以参与到阿拉斯加永久基金的管理中来。接受监督的同时，理事会被授权负责阿拉斯加永久基金的独立运营。阿拉斯加永久基金会选聘专业的职业经理人负责基金的日常投资运营。阿拉斯加永久基金的投资事项和利润分配权被截然分开，使得它有足够的独立性来做专业化的运营。如果不计算美国社会保障信托基金（Social Security Trust Funds）之类的养老金基金巨擘，663 亿美元市值的阿拉斯加永久基金现在算是美国规模最大的主权财富基金。

第四，可持续的发展理念。永久基金的设立，就是突破了那种财政收入花光用光的制度设计，着眼于阿拉斯加的长远可持续发展和世世代代阿拉斯加人的利益，以避免资源耗竭和资源价格波动对阿拉斯加的不利影响。基金成立之后，阿拉斯加永久基金遵循州议会确定的“审慎投资原则”，确保基金本金的安全和可持续。同时，为了基金的可持续，阿拉斯加州政府要将各类资源收入的至少 25% 划拨到这个永久基金之中，这也是阿拉斯加永久基金资产规模自成立以来不断增长的原因。具体而言，阿拉斯加永久基金设立了主账户（The Principal）和收入储备账户（The Earnings Reserve Account），这两个账户是彼此独立的。除了社会分红，阿拉斯加永久基金公司要负责对阿拉斯加州的环境进行投资，要对阿拉斯加州的新兴产业进行投资，使得经济、环境和人的发展都是可持续的。

第五，公民的有序参与。在终极所有权意义上，阿拉斯加永久基金属于阿拉斯加州全体公民。公民对于公有资产这样的重要经济事务的有序参与，也是阿拉斯加永久基金尤其是其社会分红制度能够持续的重要原因。成立近四十年来，阿拉斯加公民是阿拉斯加永久基金的直接受益者，也是阿拉斯加永久基金的忠实守护者。直接存入公民个人银行账户的社会分红，是阿拉斯加公民与阿拉斯加永久基金的纽带和桥梁。阿拉斯加永久基金的成立、运营、社会分红方案，永久基金成立相关的州宪法修订，经过了阿拉斯加州公民的广泛讨论和投票支持，最终通过州议会决议的方式确定下来。在哈蒙德（Hammond）州长的支持下，各行各业公民的广泛参与（包括经济学家对于社会分红的较早呼吁），对阿拉斯加永久基金的成立和运行起到了重要作用。

时至今日，阿拉斯加永久基金已经运行了将近四十年，阶段性地实现了基金设立的初衷。当然，阿拉斯加永久基金模式不是完美的。比如，从财务投资者的角度，阿拉斯加永久基金也面临着受被投资对象影响收益的问题。尽管如此，阿拉斯加永久基金模式仍然为我们思考自然资源的可持续开发和利用提供了现实可行的参照样本，也对我们思考公有资产尤其是社会主义市场经济体中的公有资产如何造福全民有着一般意义上的启发。

下　篇

产业升级赶超的路径比较

下篇导言

作为一个仍处于产业升级赶超阶段的后发经济体，如何改善和提升自身的产业竞争力，是所有中国本土企业必须要面对的重要现实课题。时处国际政治经济环境的变革期和转折点，身处这个高度全球化和日新月异的新时代，世界面临的不稳定性和不确定性突出。深入了解世界经济和全球产业体系的现状和趋势，尤其是美国这样的国家的历史和现状，对我们研究思考产业升级和经济赶超尤为重要。

从政府和市场、垄断和竞争、半导体赶超、知识产权制度、去产能和去杠杆等问题入手，这部分研究就美国产业政策对技术创新和并购重组的影响、知识产权制度对于技术创新的影响、半导体产业赶超路径、全球产业集中和垄断趋势、供给侧改革的微观机制和宏观政策等进行了国际比较研究，提出了重视产业政策在实现规模经济和技术创新中的积极作用，构建“发展”导向而非“寻租”导向的知识产权制度，在全球“商业革命”背景下推动中国产业集中和有序竞争，通过多种形式的并购重组实现半导体产业的规模经济和技术创新，统筹做好供给侧改革加减法等政策建议。

这些研究分别刊发于《经济社会体制比较》、《光明日报》（理论版）、《国际经济评论》、《学习与探索》、《中共中央党校学报》以及国家社科基金《成果要报》、国家发改委《“十三五”规划工作简报》、工业和信息化部《工业和信息化部简报》等，其中有关美国产业政策、半导体赶超、产业集中、去杠杆等文章被人大复印报刊资料转载 5 篇次、美国产业政策文被《中国社会科学文摘》转载 1 篇次。

美国产业政策的政治经济学：从产业技术政策到产业组织政策[①]

理论和历史反复昭示，产业政策既存在于历史和当下的时间轴，也存在于发达国家和发展中国家的空间轴，任何一个经济体都不能置身于产业政策之外。关于产业政策的必要性和重要性，即使比尔·盖茨这样全球最富有的私人企业家也不否认。从18世纪建国伊始的初级制造业到20世纪的互联网、半导体、高温超导、核能、HDTV等高科技产业，美国的多种产业政策一直发挥着重要的作用。在过去60多年里，美国联邦政府投入4万多亿美元用于研发。除了产业技术政策，美国的产业组织政策也为企业实现“规模经济”与“技术创新”的目标创造条件，推动着美国的市场结构和产业组织变革。

无论是产业技术政策还是产业组织政策或是其他形式的产业政策，都构成了美国产业政策在经济活动中的积极存在。就政府和市

① 本文发表于中央编译局《经济社会体制比较》2017年第1期，转载于人大复印报刊资料《世界经济导刊》2017年第5期和《中国社会科学文摘》2017年第8期。作者感谢哥伦比亚大学政策对话倡议组织（Initiative for Policy Dialogue）主席斯蒂格利茨教授的学术指导，感谢哥伦比亚大学政策对话倡议组织提供的一流的学术环境，让作者有机会更多地了解真实的美国和世界，文责自负。

场关系而言，美国政府不仅充当着市场的“修理者”角色，而且充当着市场的“塑造者”角色。

经济学家们围绕产业政策已经做了不少理论研究；而关于涉及政府市场关系这一永恒主题的产业政策的经济学研究，仍然是没有定论的。从历史和事实的角度来看，产业政策在众多的发达国家和发展中国家，都发挥过重要作用。关于这一点，即使质疑和反对产业政策的人士，也不应否认。从历史和事实的角度研究梳理美国这类被视为自由放任经济体制的产业政策，也符合斯蒂格利茨对发展中国家选择发展政策的忠告——“按我们做的做，别按我们说的做”。鉴于此，本文将以美国为研究对象，从历史与当下、产业技术政策与产业组织政策等多个维度，研究剖析美国产业政策的历史、现状及其发展演变，梳理还原美国产业政策的政治经济逻辑。

一、产业政策的内涵与争议

产业政策作为一种文字修辞，最早出自何处，已经不易考证。美国学者的研究显示，“产业政策”一词至少在1876年就出现在美国出版的经济学著作《大英帝国与美国的产业政策》中。[①] 但产业政策作为一种推动经济发展的政策工具，至少从民族国家诞生以来，就不同程度地存在着。就产业政策本身的意涵和内容而言，无论是政府机构、职业经济学家还是社会大众，都有着不同的理解。美国与欧盟政府对于产业政策就有着不同的解释。

---

① William Nester, *A Short History of American Industrial Policies*, New York: Palgrave Macmillan, 1998, p.7.

根据日本学者小宫隆太郎的定义和分类，产业政策包括一般性的基础设施政策、产业间的资源分配政策、各领域的内部组织有关的政策和中小企业政策等。[①] 刘鹤等对产业政策的定义和分类，也涵盖了产业结构政策、产业组织政策、产业技术政策和地区产业政策等方面。[②] 沃里克则在 OECD 报告中对产业政策的定义和内容做了详尽的研究综述，将产业政策定义为任何企图改善经济环境或者变革经济活动结构的干预或者政府政策，并从通用的产业政策与有选择性的产业政策两个层次，从产品市场、劳动力、资本市场、土地、技术与制度等多个维度做了分类介绍。[③] 这个意义上，本文所讨论的产业政策是一种广义的产业政策，即政府为了实现产业发展目标对经济活动进行干预的总和；它既包括狭义的产业政策，也包括产业组织政策等广义的产业政策；既包括政府等行政机关对经济活动的引导和扶持，也包括法院等司法机关对经济活动的判决和解释。

表 1　广义的产业政策的措施分类

领域	通用政策	选择性政策
产品市场	竞争政策和反垄断政策、间接税、产品市场管制、汇率政策	国家领军企业、国有化/私有化、产出补贴、国家援助、出口促进、价格管制（如药品）、政府采购、贸易政策、车辆报废
劳动力/技能	技能和教育政策、培训补贴、工资补贴、收入、收入和雇佣税、管理顾问服务、劳工市场监管	目标技能政策、学徒政策 具体产业的顾问服务

---

① ［日］小宫隆太郎、奥野正宽、铃村兴太郎编，《日本的产业政策》，黄晓勇译，北京：国际文化出版公司，1988 年，第 3 页。

② 刘鹤、杨伟民，《中国的产业政策——理念与实践》，北京：中国经济出版社，1999 年，第 41 页。

③ Ken Warwick, “Beyond Industrial Policy: Emerging Issues and New Trends,” *OECD Science, Technology and Industry Policy Papers,* No.2, 2013.

（续表）

领域	通用政策	选择性政策
资本市场	贷款担保、公司税 / 资本免税额、宏观 / 金融稳定、资本市场监管、	战略投资基金、紧急贷款、国家投资银行、国内投资促进
土地	土地规划监管、土地规划	企业开发区、基于地域的产业集群政策 基础设施
技术	研发税抵免、科学预算、知识产权制度	绿色技术、引导市场、支持创新的政府采购、专利盒、有选择的技术资助、专业技术中心
系统 / 制度	创业政策、情景规划、信息分配、总体竞争力战略	指导性规划、产业的前瞻性倡议、甄别战略产业、产业竞争战略、产业集群政策

资料来源：Ken Warwick，2013

产业政策作为一种日渐成型的理论，至少可以追溯到近代的汉密尔顿（Hamilton）、李斯特（List）、格申克龙（Gerchenkron）等经济学家的研究。产业政策的提倡者们以汉密尔顿、李斯特、格申克龙、约翰逊（Johnson）、斯蒂格利茨、阿姆斯登（Amsden）、张夏准（Chang）、高柏、罗德里克（Rodrik）、林毅夫、马祖卡托（Mazzucato）为代表，分别以美国、英国、日本、韩国等为研究对象，研究论述了产业政策在发达国家与发展中国家经济发展过程中的重要作用。而以克鲁格（Krueger）、克利缅科（Klimenko）、鲍威尔（Powell）、威廉姆森（Williamson）为代表的产业政策批评者们却认为，市场可以自我运行良好，即便市场会失灵，政府也会常常失灵，并不一定具有挑选胜者的能力，而政府的作用主要是提供公共品。针对学术界仍停留在"要不要产业政策"、"产业政策存在实施困难"等问题，斯蒂格利茨、罗德里克等回应指出，有意义的讨论应该超越要不要产业政策，聚焦于要实施什么样的产业政策；而每个成功的经济体都有相应的产业政策去推动经济增长、实现转型升级。[①]

尤其是，从信息获得、行动能力与是否腐败的角度对政府的产业政策的质疑，既不能被事先先验地假定，也不能构成产业政策失灵的充分理由。而产业政策的存在，正是基于市场的弱小或不存在、私人投资的不足、协调的失灵等问题。包括美国在内的发达国家，也存在重要产业和领域的私人投资不足的问题，需要政府的产业政策支持和引导。关于产业政策的必要性和重要性，即使全世界最富有的私人企业家之一、美国微软公司创始人比尔·盖茨也不否认。在2015年11月的美国《大西洋月刊》上，盖茨公开呼吁美国政府增加对新能源领域的投资，并以互联网、芯片、美国国防部先进研究计划署和其他基础研究等为例对美国长期以来的产业政策效果给予了高度评价。[②] 诚如比尔·盖茨所提倡和肯定的，以明确的或者不明确的方式使用产业政策，正是美国等发达国家的真实历史和现状。

---

① Joseph Stiglitz & Bruce Greenwald, *Creating a Learning Society: A New Approach to Growth, Development and Social Progress*, New York: Columbia University Press, 2014. Dani Rodrik, "Normalizing Industrial Policy," *Commission on Growth and Development Working Paper*, No.3, 2008.

② 在2015年11月的美国《大西洋月刊》上，盖茨以能源创新的投资为例指出，私人投资的成本与收益不能匹配，导致在能源创新方面的研发支出并不充分。美国政府在医疗研究方面的资金支持达到了每年300亿美元，由此推动了美国医疗保健在全世界的领先地位，美国政府也应该增加能源创新的基础研究投入。从产业政策的效果来看，盖茨认为，美国国防部先进研究计划署与其他基础研究的资金支出都是富有成效的，最初的互联网、最初的芯片制造等也来源于美国政府。美国在政府研发方面的总体成绩是非常非常优秀的。James Bennet, "'We need an energy miracle': Bill Gates has committed his intellect, his influence, and his personal fortune to propelling the world beyond fossil fuels fast enough to outrace potentially cataclysmic climate change." *The Atlantic,* November, 2015.

二、历史视角的美国产业政策

从 18 世纪建国到现在，美国政府的各类产业政策一直不同程度地存在着，并由美国立法机构、行政机构和司法机构共同实施，对美国经济发展发挥了重要的作用。尽管美国政府一些高官不喜欢使用“产业政策”这个词，里根和老布什执政的美国政府更是声称不喜欢产业政策，但是产业政策一直伴随着美国两百多年的经济发展史。在 1789 年华盛顿正式组建美国政府之后，美国首任财政部部长汉密尔顿于 1791 年向美国国会提交了涵盖钢铁、铜、煤、谷物、棉花、玻璃、火药、书籍等众多产业的制造业发展计划，开启了美国政府通过产业政策推动工业化的正式篇章。从对特定产业的政府补贴、保护性关税和进出口配额，到鼓励外国先进技术的进口、禁止创新的工具和机器的出口以及制造业投入的税收减免，再到改善国家的道路和隧道网络（降低商品的交通成本），汉密尔顿的产业政策都涉及了。①

为了建设一个世界领先的国家，汉密尔顿和杰斐逊等美国开国元勋可谓不遗余力。尤其是，汉密尔顿将建设一个强大的中央政府作为他的施政理想，他希望一个强大的政府能为国家的工业化提供支撑（比如国家银行体系、公路和铁路等基础设施）和保护（关税等）。即使杰斐逊等美国政府领导人与汉密尔顿就政府在经济活动中的角色有不同意见，1806 年，时任总统杰斐逊还是建议用国会财政盈余来改善美国的道路、隧道、河流、教育以及其他有助于繁荣和

① Richard Bingham, *Industrial Policy American Style*, New York: M. E. Sharp, Inc. 1998, pp.21–22.

统一的重要根基。[①]

如上从金融信贷、基础设施、关税保护、公民教育到工业制造的产业政策，为19世纪美国产业的快速发展创造了前提和条件，尽管汉密尔顿的制造业发展计划并没有在他的任期马上实施。以美国的幼稚产业保护为例，正是由于美国政府实施的关税保护——1820—1931年的美国平均关税税率达到了35%~50%，才使得美国的幼稚产业得以生存、战略产业得以不断发展起来。[②] 而关于美国幼稚产业的关税保护的必要性，于19世纪20年代任职的美国前国务卿亨利·克莱曾这样解释："我们必须给某些产业进行方向调整。我们必须尽快采取这个货真价实的美国（关税）政策。让我们在打造本国市场的同时，也培育一个外国市场，使得美国工业品的消费规模能进一步扩充。本国市场的打造，不仅对促进我国农业劳动力的公正的报酬而言是必要的，而且对我们的必需品的供应而言也是不可或缺的。如果我们不能销售生产的商品，我们也就无法获得我们想买的商品。"[③]

---

① William Nester, *A Short History of American Industrial Policies,* New York: Palgrave Macmillan, 1998, p.96.

② 关于美国关税的税率，可以参见：William R. Nester, *A Short History of American Indus-trial Policies*, New York: Palgrave Macmillan, 1998, p.106. F. M. Scherer, *Competition Policies for an Integrated World Economy,* Washington: The Brookings Institution Press, 1994, p.21.［英］张夏准，《富国陷阱：发达国家为何踢开梯子》，黄飞君译，北京：社科文献出版社，2007年，第17页。以锡为例，美国经济学家Irwin对美国19世纪的关税保护与产业发展问题做了研究。Irwin的实证研究显示，美国政府对锡产业的关税保护，加快了美国锡产业的建立与发展，尽管关税保护给锡产业的下游带来了负面影响。参见：Douglas Irwin, "Did Late-Nineteenth-Century U.S. Tariffs Promote Infant Industries? Evidence from the Tinplate Industry," *The Journal of Economic History,* Vol. 60, Issue 02, 2000, pp.335–360。

③ Guy Callender, *Selections from the Economic History of the United States 1765-1860: With Introductory Essays*, Augustus M Kelley Pubs, March 1, 1965, p.502.

而基于对幼稚产业的保护性关税、国家银行、国家基础设施投资的国家经济发展模式，被后世的经济史学家们称为“美国体系”（American System）。[①] 关于美国经济起飞阶段的关税保护的重要性，美国前总统威廉·麦金利（1897—1901 年任职）并不否认，他这样指出：“我们成了世界第一大农业国，我们成了世界第一大矿产国，我们也成了世界第一大工业生产国。这一切都源于我们坚持了几十年的关税保护制度。”[②] 事实上，不仅仅在美国，以高关税（尽管工业制成品与原材料的关税率有所区别）为代表的产业政策，在英国、意大利、德国、法国、丹麦、俄罗斯、日本、西班牙等发达国家的不同历史发展阶段也普遍存在过。

在林肯当政的 19 世纪中叶，美国也一直以促进经济增长的“美国体系”推动经济增长；在这种经济体系下，美国政府用高关税保护战略产业，用联邦土地划拨、政府采购来安定市场，用补贴来推动基础设施发展。基于美国政治精英们这样的认知，美国的高关税制度一直实施了近百年的时间，直到美国的本土产业逐渐变得具备全球竞争力，美国政府才逐渐降低关税税率。受益于美国的关税政策，美国的贸易逆差在 19 世纪下半叶开始逐渐减少。19 世纪 80 年代到 20 世纪 20 年代，美国基本上保持了贸易顺差。受益于美国的产业政策，19 世纪的美国工业实现了史无前例的大发展。到 1890 年美国政府成立 100 年时，美国已经成为世界上最大的工农业生产国。到 1914 年第一次世界大战之前，美国的工业生产已经超过了英

---

① Michael Lind, *Land of Promise: An Economic History of the United States*, New York: Harper Paperbacks, 2013, p.16.

② ［美］托马斯·麦格劳编，《现代资本主义——三次工业革命中的成功者》，赵文书、肖锁章译，南京：江苏人民出版社，2000 年，第 345 页。

国、法国和德国的总和。1914 年第一次世界大战爆发之后，凭借自身在工业生产等领域的优势，美国抵消了战争的短暂影响，完成了负债国到借债国的转变。美国经济的繁荣，一直保持到 1929 年“大萧条”之前。

从“大萧条”的应对到“二战”后美国经济的全面复苏，美国产业政策的边界和角色大大地扩充了。1929 年到 1932 年的美国“大萧条”，多少年以后仍旧让美国人记忆犹新。彼时执政的胡佛政府，做了不少工作阻止“大萧条”的蔓延，但屡屡未能奏效。直到罗斯福新政乃至第二次世界大战之后，美国经济才彻底走出“大萧条”的阴影。在此期间，美国政府对经济活动的干预大大增加，美国的产业政策边界也大大地扩充了。美国存款联邦保险公司（FDIC）、美国重组融资公司（RFC）、《美国农业调整法》（AAA）、《美国产业复苏法》（NIRA）、《劳工进步管理法》（WPA）等一大批政府机构或法案被建立或批准，用于风险防范、贫困削减、帮扶就业和经济振兴。随着第二次世界大战的爆发，罗斯福重组或建立了美国国防顾问委员会（NDAC）、美国国防生产公司（DPC）、美国国家生产管理办公室（OPM）、美国战时生产委员会（WPB）等，以促进美国经济复苏和振兴。第二次世界大战期间，美国政府建立了价值数百亿美元的新军事工厂，建立了包括覆盖全美的石油天然气管道、炼油厂、电厂和军事基地等大量基础设施。第二次世界大战期间，通过对劳动力的广泛动员，美国实现了充分就业。

或许是巧合，也或许是某种程度的必然，美国历史上几位重要的总统——从建国伊始的华盛顿、力推南北统一的林肯到实现全面振兴的罗斯福，无一不是在重要历史节点推动美国独立、统一和崛起的政治强人，也无一不是汉密尔顿的产业政策传统的坚定践行者。

除了两次世界大战，在20世纪的多数时间，美国政府通过补贴、税收减免、直接贷款和保险、风险投资、政府的建设合同和采购[①]、研究开发的推动、标准设置、价格控制、准入许可和生产限制等产业政策来推动经济发展。具体而言，这些产业政策包括美国联邦政府给予的土地补贴、用来保护或者促进国内产业的关税减免、通过设立银行给私有企业发放贷款、政府提供的保险（如对私有银行的存款保险）、政府出资建设的产业设施（如数千家产业工厂）、政府对研发活动的支持等。在20世纪，美国政府直接或间接主导了互联网、半导体、高温超导、核能、HDTV等一系列重要科技产品的研发，甚至推动了硅谷的创新与繁荣。

以半导体为例，美国政府以直接或者间接的方式支持了半导体的技术开发。在20世纪50年代后期，美国政府直接资助了美国半导体企业研发支出的25%以上。美国政府对半导体企业的额外支持，通过军事采购项目的形式来实现。在1965年，美国军方的市场需求占美国整个半导体产业的28%、整个集成电路产业的72%。军方的高价支付承担了新技术开发的大部分风险和成本。20世纪70年代以后，军方的市场重要性下降了，但20世纪60年代军事采购的初始阶段确保了美国企业在半导体产业的技术领先地位。[②]同时，在20世纪50年代到60年代，美国的国内企业是美国研发投资的主要受益者。美国半导体产业的研发支出，从1959年的7000万美元飙升到了20世纪70年代末的8亿美元、20世纪80年代末期的40亿美元。

---

① 1933年，美国国会还通过了一个《购买美国产品法》（Buy American Act），要求美国政府优先采购本国产品。

② David Angel, *Restructuring for Innovation: the Remaking of the U.S. Semiconductor Industry*, New York: The Guilford Press, 1994, p.34.

这些研发支出是美国政府和美国的私营企业一起资助的。[①]

在对半导体企业的研发资助的同时，继美国企业在 1982 年联合成立半导体研究公司（SRC）之后，美国政府在 1987 年拨款 1 亿美元，引导 10 多家半导体企业组建了半导体制造技术战略联盟（Semiconductor Manufacturing Technology），促进企业之间的开发援助、研发合作、技术标准规范统一等。美国国防部和国防部先进研究计划署（Defense Advanced Research Projects Agency）先后参与组建了半导体制造技术战略联盟。在研发经费资助的同时，美国国防部先进研究计划署与相关企业一道推动半导体技术的研究、开发和推广等。1987 年到 1992 年，半导体制造技术战略联盟花费了 3.7 亿美元（全部预算的 37%），用于半导体设备改进和设备供应相关的外部研发项目支出。[②] 为应对外国企业的竞争和并购威胁，促进美国半导体企业的合作研究，美国政府甚至倡议放松美国反垄断法，允许美国企业开展更大范围的合作研究。[③] 而美国半导体产业协会甚至号召美国半导体企业合资生产（Production Joint Ventures），以达到技术协同和强强联合的目的。从 1989 年到 1999 年，美国半导体产业共发生并购 111 起，成立合资项目 244 个。1991 年，美国政府还与日本政府签订了《半导体贸易协议》，以保护美国企业在市场竞争中的利益。受益于美国政府对半导体产业的研发支持、产品采购、技术合作和强强联合等多种形式的产业政策，美国半导体产业才能不

---

① David Angel, *Restructuring for Innovation: the Remaking of the U.S. Semiconductor Industry*, New York: The Guilford Press, 1994, pp.2–36.

② Ibid., pp.166–171.

③ Ibid., p.165.

断发展壮大、延续繁荣。[①]

与半导体产业发展密切相关，作为军用技术转民用技术的极好典范，硅谷一直被世人称赞为私人创业的乐园，硅谷的模式也一度被描述为市场完好运作的典型模式。然而，对硅谷百年历史的详尽考察发现，无论是技术研发资助、风险投资、产品采购还是对美国本土企业的保护，美国政府都在硅谷企业的成长中发挥了重要的作用。如果没有美国政府的产业政策起作用，硅谷的历史可能会是另一番景象，也很难想象苹果或者英特尔是否会有今天这样的辉煌。从 20 世纪 50 年代前后，硅谷地区的企业就成为美国国防部的重要采购来源。作为美国的高新技术领军企业，英特尔公司从美国政府的采购、研发支出和贸易保护中受益，苹果公司的计算机、iPod、iPhone 等都从美国政府资助的多项基础研发和美国政府的国际贸易政策中受益。[②] 针对那些关于硅谷的企业创新和风险投资的神话，硅谷历史研究学者阿伦 · 拉奥和皮埃罗 · 斯加鲁菲就指出，硅谷的体制实际上是一种长于开发、短于研究的体制；而美国政府才是硅谷最

---

① 关于产业政策在半导体产业发展中的重要作用，美国政府并不隐晦。在 2017 年 1 月，美国总统行政办公室、美国总统科技顾问委员会等机构发布《向总统报告：确保美国半导体产业的领导者地位》的报告，明确指出“全球半导体市场从来不是完全自由的……常常是国家产业政策的目标”。在肯定市场作用的同时，这份报告肯定了美国政府在支持半导体研发、采购、产业保护等产业政策的作用，号召美国政府增加半导体产业的研发支出，尤其是竞争前研发（Pre-competitive R&D）的支持力度，加大对“半导体登月计划”（Semiconductor Moonshots）之类大项目的产业、政府和学术界间的协调，建立半导体产业的激励奖励制度、政府资助的研究员（Fellowship）项目、合作研究机构、风险投资基金等。参见：Executive Office of the President and President’s Council of Advisors on Science and Technology, *REPORT TO THE PRESIDENT Ensuring Long-Term U.S. Leadership in Semiconductors*, 2017. https://www.whitehouse.gov。

② Mariana Mazzucato, *The Entrepreneurial State: Debunking Public vs. Private Sector Myths*, New York: Public Affairs, 2015, pp.93–119.

大的风险投资者和最有力的战略设计者。①

三、当下的美国产业政策

在21世纪的美国，美国的产业政策至少包括产业技术政策、产业组织政策和其他改善经济环境、推动产业发展的政策。产业技术政策，重在提升企业的研发能力、确保美国的全球创新领导者地位，由国防部、国立卫生研究院、能源部、国家航空航天局、国家科学基金、农业部、商务部等实施。产业组织政策，重在优化市场结构、改善美国企业的竞争力，由联邦贸易委员会、司法部、各级司法机构等来实施。此外，还有一些产业政策，或推动经济发展，或用来改善经济发展环境，分别由联邦小企业管理局、经济发展局、农业部、住房和城市发展部等不同的部门来实施。美国总统和美国国会、美国联邦政府机构和美国州政府机构、公共部门和私营部门，都有参与制定产业政策的权力或机会，并彼此互动。

表2　美国现有的产业政策及实施机构

产业政策内容	产业政策实施机构
产业技术政策	国防部、国立卫生研究院、能源部、国家航空航天局、国家科学基金、农业部、商务部等
产业组织政策	联邦贸易委员会、司法部、各级司法机构等
其他产业政策	联邦小企业管理局、经济发展局、农业部、住房和城市发展部等

资料来源：根据Ketels以及公开资料整理

就美国当下的产业技术政策而言，美国联邦政府的研发支出就

① ［美］阿伦·拉奥、皮埃罗·斯加鲁菲,《硅谷百年史——伟大的科技创新与创业历程》，闫景立、谈锋译，北京：人民邮电出版社，2014年，第449~453页。

是产业政策积极介入经济活动的最好例证。2015 年，根据美国国家科学基金（The National Science Foundation）的公开数据，美国联邦政府层面的研发支出高达 1323 亿美元。这些研发项目分别由国防、卫生、能源、农业、商业、国家航空航天、国家科学基金等部门或机构管理，其中研发预算最大的国防部门的研发支出达到 641 亿美元，卫生部门的研发预算支出达到了 305 亿美元。这样来看，美国政府于 2008 年金融危机之后提出的备受关注的每年 5~10 亿美元的“先进制造业国家战略计划”（强调优化、增加对先进制造的研发投入等），只是美国政府庞大的研发支出中微不足道的一部分。

从更长的历史区间来看，从 1953 年到 2012 年的 60 年时间里，美国联邦政府的研发支出累计达到了 42790 亿美元（按 2005 年美元价格计算）。这些研发支出项目涵盖了国防、卫生、空间飞行、资源环境、农业、交通等多个领域，包括计算机、数学、工程、生命科学、物理学、心理学、社会科学等多个学科方向，涉及基础研究、应用研究、开发、研发设备等多个环节，动员了州政府、地方政府、企业、大学、非营利性机构、FFDRC（美国联邦政府资助的研发机构）等参与其中，为美国的经济社会发展起到了重要的技术引领和产业振兴作用。

图 1 根据美国《研究与开发》杂志（R&D Magazine）关于美国创新项目的评奖统计，从 1971 年到 2006 年，公立或者准公立项目（Public and Quasi-Public）在美国“R&D100”的 100 家获奖项目中，呈现总体上升的势头；在 1988 年到 2006 年的 7 次评奖中，公立或者准公立项目有 6 次在美国“R&D100”的评奖项目中超过了 50 家（每次“R&D100”的获奖项目总共 100 家），即项目获奖比例超过 50%。在 1997 年和 2006 年，公立或者准公立项目在美国“R&D100”

的评奖中，获奖项目分别达到了 63 家和 61 家，即项目获奖比例达到 63% 和 61%。公立或者准公立项目在“R&D100”的高获奖比例，充分说明了美国政府在高水平研发方面的重要作用和影响。[①]

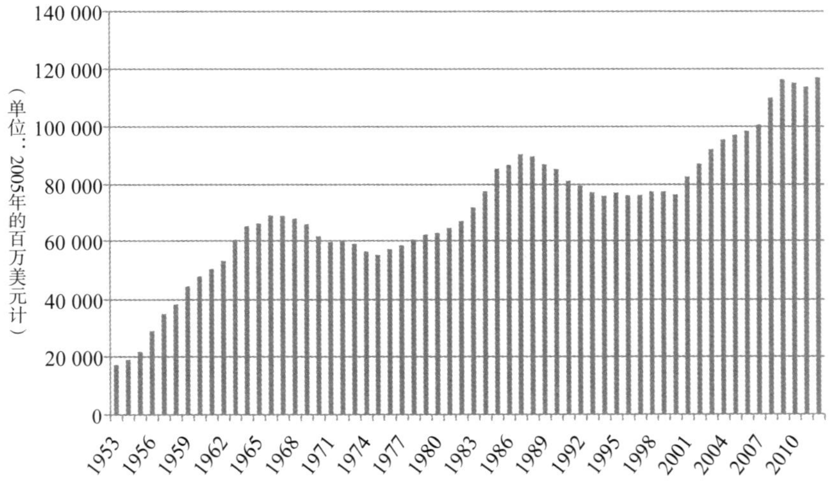

图 1　美国联邦政府的研发支出（1953—2012 年）

资料来源：The National Science Foundation

表 3　美国研发获奖的来源（1971—2006 年）

	1971	1975	1979	1982	1984	1988	1991	1995	1997	2002	2004	2006
所有奖项	102	98	100	100	100	100	98	101	100	97	94	100
所有国外奖项	5	12	10	14	14	11	13	12	12	14	10	12
所有国内奖项	97	86	90	86	86	89	85	89	88	83	84	88
所有国内奖项中												
私营												
1. 仅《财富》500 强	38	40	29	37	26	14	9	11	7	5	5	2

① Fred Block & Mattew Keller, “Where do Innovations Come From? Transformations in the U.S. Economy, 1970-2006,” *Working Papers in Technology Governance and Economic Dynamics,* No. *35*, May 2011.

（续表）

	1971	1975	1979	1982	1984	1988	1991	1995	1997	2002	2004	2006
2. 其他企业	42	25	28	18	23	18	20	20	15	34	24	20
3. 私营合作企业	3	8	6	4	3	5	4	7	3	11	1	5
包括《财富》500 强	1	2	4	3	1	4	1	4	1	7	1	0
私营总计	83	73	63	59	52	37	33	38	25	50	30	27
公立或准公立												
4. 资助的分拆	4	1	2	1	1	5	4	5	8	4	8	11
5. 政府实验室	4	8	15	15	24	38	44	38	42	26	38	42
6. 大学	3	0	4	4	1	1	1	5	6	2	4	2
7. 其他公立机构	3	4	6	7	8	8	3	3	7	1	4	6
总计	14	13	27	27	34	52	52	51	63	33	54	61
所有《财富》500 强	41	47	35	41	31	22	14	18	15	13	9	6

注：资助的分拆，英文为 supported spin-offs。

资料来源：Block & Keller

除了直接的研发投入，美国企业可以通过信贷、风险投资等方式获得美国政府的支持。例如，全球瞩目的特斯拉电动汽车项目，就得到了美国政府的重要支持：在 2010 年特斯拉项目的启动阶段，特斯拉从美国能源部获得了 4.65 亿美元贷款支持。[①] 当下著名的苹果、英特尔、联邦快递也都曾是美国政府风险投资的受益者。特斯拉、苹果、英特尔、联邦快递等，只是美国政府进行风险投资的众多案例之一。据有关统计，自 1958 年美国联邦小企业管理局成立以来，通过对 300 余家小企业投资公司（Small Business Investment Companies）的贷款提供担保支持（而非联邦小企业管理局直接的现金支持），美国的小企业投资公司平均每年都会对数

① ［美］彼得·蒂尔，《从 0 到 1：开启商业与未来的秘密》，高玉芳译，北京：中信出版社，2015 年，第 225 页。

百家公司投资 10 亿美元左右，以扶持有潜力的企业发展壮大。很明显，美国的产业技术政策在美国创新活动中仍旧扮演了不可或缺的重要角色。对本国企业或明或暗的研发补助、资金信贷、风险投资等其他形式的产业技术政策，都是当下美国产业政策的重要组成部分。

同样重要的是，美国的产业政策需要从更宏大的意义和背景方面来理解；除了产业技术类政策，美国还有很多重在优化市场结构和改善美国企业竞争力的产业组织政策，以及旨在改善经济发展环境和推动经济发展的其他产业政策。微观经济竞争力（Micro-economic Competitiveness）被证明是一种更有用的工具。它侧重于美国政府在打造经济发展环境的不同方面的具体作用，从要素条件（可获得的技能）到战略和竞争环境（例如反垄断立法），再到产业集群的存在（跨区域竞争）以及需求的复杂性（国防、航天项目等）。[①] 作为对美国经济环境的维护，20 世纪 60 年代的洛克希德公司破产案、1970 年宾夕法尼亚—纽约中央运输公司（Penn Central）的破产案、1979 年的克莱斯勒破产案、2008 年的通用汽车破产案，美国政府无一例外地施以援手，掏巨资拯救美国的企业。作为对美国经济发展环境的维护，美国政府重视基础设施的投资建设。2015 年，美国政府就制定了《道路交通修缮法案》，以确保美国在未来十多年时间里道路修缮所需的资金来源。根据这个法案，美国政府在未来十年的时间里对道路修缮的投资将达到至少三千亿美元。如上这些旨在打造微观经济竞争力、改善经济发展环境的政策，大量存在于美国各级行政机构和司法机构之中，是产业政策的重要组成

① Christian Ketels, "Industrial Policy in the United States, Special Issue on The Future of Industrial Policy," *Journal of Industry, Competition and Trade,*7. No. 3-4, 2007.

部分。

四、产业组织政策在美国

在过去的一百多年里，围绕反垄断、并购重组的产业组织政策，作为广义的产业政策的重要组成部分，构成了美国立法机构、司法机构和行政机构指导美国产业进行并购重组、提升美国企业竞争力的重要指南。美国产业经济学家谢泼德甚至认为，“反托拉斯（即反垄断）不管是无力还是强硬，它依然是美国主要的产业政策，深深扎根于美国经济之中”。[①] 美国的产业组织政策，不仅来自美国联邦贸易委员会等政府行政机构的决定或解释，也来自美国最高法院、各级地方州法院等司法机构的案件判决，还受美国国会等政治党派的力量对比的影响。而发达国家的产业组织政策，无论从历史起源还是影响力来看，都以美国最为典型。

自《谢尔曼法》出台到美国《横向并购指南》2010 年的最新修订以来，美国的法律、法规和政策对并购重组发挥了重要且不可替代的作用，也自然成了美国产业组织政策的重要组成部分。而围绕《谢尔曼法》等并购相关的司法判决和《横向并购指南》的行政解释，就成了美国政府（包括立法机构、行政机构和司法机构）干预和影响市场结构、产业规模、企业行为的重要方式，在美国的并购重组中始终扮演着“胡萝卜加大棒”的角色。

对美国并购重组的产业政策的历史回顾，至少要追溯到 19 世纪末的第一次大并购时期。1890 年，为减少和限制对公用事业之外的

① ［美］威廉·谢泼德等，《产业组织经济学》（第五版），张志奇等译，北京：中国人民大学出版社，2009 年，第 394 页。

其他部门的垄断，美国国会经来自俄亥俄州的参议员约翰·谢尔曼（John Sherman）提议，制定了第一部反垄断法《谢尔曼法》，对共谋和垄断等行为做出了原则性规定，这也为美国一个多世纪以来的反垄断执法奠定了基本准则。此后，伴随着大规模并购在美国的兴起及《谢尔曼法》在执行过程中衍生出来的各种问题，美国先后制定了《克莱顿法》、《联邦贸易委员会法》、《横向并购指南》等法律法规。

自 19 世纪 90 年代一系列反垄断的法律通过以来，美国政府机构的确发动过一些针对大公司的反垄断案件。例如，1899 年，美国安第斯通管道公司被指使用固定价格行为，在管道公司之间进行共谋。1911 年，美国烟草公司和美国标准石油公司被指垄断，因此被拆分。1950 年，美国第一大钢铁公司和第六大钢铁公司的并购遭到美国政府的反对。1962 年，美国第四大鞋业制造公司布朗鞋业与美国第二十大鞋业制造商金尼鞋业的并购，也遭到了美国政府的反对。20 世纪 50 年代以后，从杜鲁门、艾森豪威尔、肯尼迪到约翰逊，甚至一直到尼克松执政的前半期，这段时期的美国政府比较倾向于阻止增加的产业集中度。

从 20 世纪 70 年代尼克松执政的后半期开始，美国政府的政策开始发生变化。尼克松任职期间，倾向于任命对企业并购持同情态度的法官到美国最高法院任职。1972 年，美国最高法院宣布不再接受美国政府部门针对《克莱顿法》第七章的解释。（美国）反垄断案件以前更多地关注增加的产品集中的潜在效应方面，而不是增加的产品集中的真实、反竞争的效应方面。1973 年和 1974 年，美国最高法院限制《塞勒－凯弗维尔反兼并法》（Celler-Kefauver Act）在产品相关并购与产品不相关并购中的使用，甚至限制《塞勒－凯弗维尔反兼并法》在横向并购和纵向并购案中的使用。[①]

20世纪80年代前后，在经济全球化和新经济意识形态变革的大背景之下，卡特政府和里根政府期间的反垄断进一步放松。尤其是在里根政府期间，美国政府主张积极看待企业的并购行为。从国内市场的角度，美国政府提出“可竞争理论”（Contestability Theory），其隐含的意思是政府对垄断的管制是不必要的；从国际市场的角度，美国政府提出了国际竞争力的新关注点，意在压缩国内的反垄断空间。美国政府关于反垄断政策的系列变化，也正如管理学家波特所指出的，一方面，竞争的作用是通过提高生产率来提升国家的生活水平和消费者的长期福利水平；另一方面，反垄断的新标准应该是生产率提高，而不是边际价格、边际成本和利润率。[②]

美国司法部、美国商务部、美国联邦贸易委员会和美国最高法院，逐渐达成了比较一致的反垄断政策修改建议共识。美国司法部时任反垄断负责官员百克斯特（Baxter）声称：“产业集中趋势将不会被视为（反垄断的）因素。”[③] 美国时任总检察长米斯（Meese）声称：“公司合并将使得美国更有竞争力。”[④] 美国另一时任总检察长声称：“大不意味着是坏事。”[⑤] 美国时任商务部部长鲍特里奇（Baldridge）声称，“《克莱顿法》第七章的废除将有助于增加美国企

① Neil Fligstein, *The Transformation of Corporate Control*, Cambridge: Harvard University Press, 1990, p.31.

② Michael Porter, “Competition and Antitrust: A Productivity-Based Approach to Evaluating Mergers and Joint Ventures,” *Antitrust Bulletin* 46, No. 4, 2002.

③ Rudolph Peritz, *Competition Policy in America: History, Rhetoric, Law*, Oxford: Oxford University Press, 2000, p.278.

④ Rudolph Peritz, *Competition Policy in America: History, Rhetoric, Law*, Oxford: Oxford University Press, 2000, p.278.

⑤ Ibid., p.280.

业的效率，增强美国企业在世界市场中的竞争力”。[①] 而针对围绕并购得失成败的讨论，《美国总统经济报告》则公开表示“并购需要被总体评估，而不能只评估个案的成败”。[②] 很明显，美国司法部、美国商务部、美国联邦贸易委员会和《美国总统经济报告》的各种表态代表了美国政府的反垄断政策对于产业集中和并购重组的支持，尽管这一政策是“胡萝卜加大棒”的混合产物，在执行过程中还存在着不同程度的差异。20 世纪 80 年代之后，无论是民主党还是共和党执政，包括老布什政府、克林顿政府、小布什政府甚至奥巴马政府在内，美国的反垄断都没有明显收紧的迹象。

基于如上事实，托马斯 · K. 麦格劳就认为，在早期的工业化国家中，反垄断法和其他的反垄断措施很少能够控制大企业的增长，除非政府准备采取非常坚决的措施，但这样一来往往会引起国民经济衰退。市场的力量如此之强，以至于像《谢尔曼法》这样强有力的反垄断法也无法阻止大企业的发展。这些措施有时会戏剧性地产生促进大公司相互合并的效果。[③] 也就是说，反垄断式的强制手法（更重要的是来自它的威胁）有时反而促成了企业规模的扩大。还有学者认为，即使（20 世纪 50 年代前后的）美国法院也通常不会将一个寡头企业拆分成更小的多个企业，以使企业能够在产业中存活；垄断不是自发产生或自然选择的结果。简而言之，政府经常是支持而不是反对集中和垄断的力量。美国政府事实上扮演着垄断的

---

① Rudolph Peritz, *Competition Policy in America: History, Rhetoric, Law*, Oxford: Oxford University Press, 2000, p.278.

② D. J. Ravenscraft & F. M. Scherer, *Mergers, Sell-offs, and Economic Efficiency,* Washington: The Brookings Institution, 1987, p.216.

③ ［美］A.D. 钱德勒主编，《大企业与国民财富》，柳卸林等译，北京：北京大学出版社，2004 年，第 550~552 页。

促进者角色。[①]1965 年一项针对美国最大的 500 家企业高管的调查，为上述看法提供了某种程度的支持。这个调查显示，89% 的被调查美国企业认为，美国的法律并没有阻止所有的并购，最积极的企业甚至声称它们会把并购作为战略增长的工具。[②]着眼于私有资本主导的并购重组和产业集中的消极影响，在区分好的托拉斯（以降低成本为基础）与坏的托拉斯（以暗中勾结为基础）的同时，时任美国总统西奥多·罗斯福就指出了大型企业“社会化”（Socialize Big Business）的必要性。[③]

在上述大背景下，作为美国政府反垄断政策的重要规章，《并购指南》和《横向并购指南》在 1982 年、1984 年和 2010 年被重新修订。受一系列政策影响，被美国政府反对的并购案件明显减少。从企业的实际并购数字来看，即使在反垄断政策偏紧的时代（20 世纪 50 年代至 20 世纪 70 年代），美国的大型企业并购也没有明显放缓。《横向并购指南》（2010 年版），提高了对市场集中度的 HHI 指数（赫芬达尔 – 赫希指数）的标准，一些并购重组的案例不会被视为集中或垄断；没有以市场份额来判定一切，指出即使一个高集中度的市场也可能具有很高的竞争性；考量了市场结构与创新的复杂关系的影响，当评估并购对创新的影响时，当局考虑的是并购企业更有效地进行研发的能力。

---

① Walter Adams & Horace Gray, *Monopoly in America: The Government as Promoter,* New York: Macmillan, 1955, p.397.

② Neil Fligstein, *The Transformation of Corporate Control*, Cambridge: Harvard University Press, 1990, p.219.

③ F. M. Scherer, *Competition Policies for an Integrated World Economy,* Washington: The Brookings Institution, 1994, p.20。此外，为应对产业集中可能带来的各种消极影响，收益限制、价格管制、公司所有权的公众化（包括国有企业）等手段被不同程度地采用。

与此同时，为促进创新和提升美国企业在全世界的竞争力，在借鉴日本和欧盟关于合作创新相关法规[①]的基础上，美国在1984年制定了《国家合作研究法》，提出联合研究和开发的合资项目不必然是非法的。在2000年，美国司法部和美国联邦贸易委员会联合发布了《竞争者之间合作的反垄断指南》（Antitrust Guidelines for Collaborations Among Competitors），在对合作可能产生的负面影响做出预测的同时，企业竞争者之间合作的必要性和正面意义被加以强调，对企业合作促进生产、研发、营销和采购的可能途径做了很多全新的、突破性的规定和解释，为企业之间开展各种形式的合作进一步扫清了障碍。

表4 《横向并购指南》（2010年版）关于市场集中标准的变化

	1984年和1992年标准	2010年标准
低集中度市场	HHI指数低于1000	HHI指数低于1500
适度集中度市场	HHI指数在1000~1800之间	HHI指数在1500~2500之间
高集中度市场	HHI指数高于1800	HHI指数高于2500

资料来源：根据美国政府的公开资料整理

总体上，在过去一百多年里，美国政府的反垄断政策扮演了“胡萝卜加大棒”的角色：一方面，“胡萝卜”政策始终存在，而且对美国的并购重组起到了重要的推动作用；另一方面，美国政府的反垄断政策并未能切实削弱企业推动并购重组的内在动力，有些时

① 20世纪80年代以前，日本和欧盟对企业战略联盟和合作创新的态度，比美国更友好。日本人认为，联合研发活动是促进竞争的，因此不应该被反垄断法起诉。在1968年，欧盟委员会制定了《企业间合作通知》（Notice of Cooperation between Enterprises），明确企业之间旨在进行研究开发的横向合作，将不被纳入反垄断的范围。参见：Thomas Jorde & David Teece, “Innovation and Cooperation: Implications for Competition and Antitrust,” *28 J. Reprints Antitrust L. & Econ,* 735 (1998), pp.87–89。

候甚至是那些“大棒”政策适得其反地推动了企业的并购重组。这种以“胡萝卜加大棒”为特点的反垄断政策，经由美国国会、政府和法院的执行或解释，事实上就成了美国企业并购重组、推动产业组织变革的指挥棒和推动剂。

无论是 HHI 反垄断指数的提高，还是生产、研发、营销和采购环节合作的允许，或是在特定领域的豁免，都使得美国企业旨在实现规模经济与技术创新的并购重组在更大程度上成为可能。受益于这些政策变化，美国企业开展生产、研发、营销和采购等方面的合作，也变得相对容易。美国的产业组织政策，并没有停留在美国政府（包括立法和行政等）制定的法律文件中，而是变成了这些政策在美国半导体产业、飞机制造业和微软公司被控垄断案中实实在在的有力行动，影响和塑造着美国的产业组织和市场结构。

五、结论与启示

流行的经济学理论认为，政府仅仅能扮演市场失灵的“修理者”角色，以弥补市场自身的缺陷和盲点。美国的历史和现实则表明，政府的角色不仅仅体现在政府对企业研发方面每年 1000 多亿美元的直接支出、通过风险投资支持中小企业发展等（产业技术政策）方面，也体现在政府对企业旨在实现“规模经济”与“技术创新”的并购重组活动的支持和引导（产业组织政策）上。一方面，美国政府通过每年 1000 多亿美元的直接支出，填补了美国企业在研发领域的投资不足，带动了美国经济的产业结构升级；另一方面，美国政府通过修改、制定涉及企业并购重组活动的法律法规，甚至直接介入美国经济中的并购重组，为美国企业实现“规模经济”与“技术创新”创造条件，推动着美国的市场结构和产业组织变革。无论是产业技术政策还是产业组织政策或是其他形式的产业政策，都构成了美国产业政策在经济活动中的积极存在，而不仅仅是防御或被动的存在。①

产业政策在美国政治经济活动中的积极存在，表明了美国的经济体制并非外界盛传的自由放任经济体制那么简单，即使美国的市场经济体制被归结为盎格鲁－撒克逊模式，以区别于法国的莱茵模式、北欧的福利国家模式或者东亚国家模式。很明显，美国政府不仅在经济活动中充当着市场的“修理者”角色，而且充当着市场的“塑造者”角色。基于对美国政治经济发展的历史和事实的研究判断，美国学者布洛克和马祖卡托分别将美国政府称为“隐形的发展型政府”（Hidden Developmental State）和“企业家型政府”（Entrepreneurial State），而不是哈耶克所说的“守夜人政府”。②这个意义上，美国政府或许就是一个按照杰斐逊的修辞说、按照汉密尔

① 《剑桥美国经济史》（第 3 卷）第 7 章的作者林德特（Lindert），就将美国的产业政策描述成“防御型”（defensive）和“被动型”（reactive）。参见：Stanley Engerman & Robert Gallman, eds., *The Cambridge Economic History of the United States, Volume 3: the Twentieth Century*, Cambridge: Cambridge University Press, 2000, p.449.

② 布洛克认为，尽管美国被普遍认为是一个市场原教旨主义思潮占主流的国家，但过去 30 年的美国政治，事实上存在着一个隐形的发展型政府。而隐形的发展型政府在美国的存在表明了发展中国家比想象中有更大的产业政策使用空间；隐形的发展型政府的存在，对美国国内、国外都有着重要的政治意义。美国经济学家麦格劳甚至将美国的政府—市场关系视为“对自由市场进行经常性、随意性的干预”的类型。参见：Fred Block，“Swimming Against the Current：The Rise of a Hidden Developmental State in the United States,” *Politics & Society,* 36(2), 2008, pp.169–206。［美］托马斯·麦格劳编，《现代资本主义——三次工业革命中的成功者》，赵文书、肖锁章译，南京：江苏人民出版社，2000 年，第 351 页。

顿的政策做的政府。[①]

理论和历史反复昭示，产业政策既存在于历史和当下的时间轴，也存在于发达国家和发展中国家的空间轴，任何一个经济体都未能置身于产业政策之外。重要的是，积极的产业政策意味着政府并不仅仅在经济活动中充当一个被动的“守夜人”的角色，而且要在技术创新、产业升级、结构调整和企业培育等方面扮演更加积极的角色，以实现政府和市场角色的良性互动。简而言之，政府不能仅仅充当市场的“修理者”角色，而应当发挥市场的“塑造者”角色，尽管政府的产业政策存在失败的风险，也存在着巨大的改善空间。

① 汉密尔顿主张国家对经济活动的积极干预，杰斐逊则主张国家有限地介入经济活动。他们的政策主张和价值观念对日后美国的民主党、共和党乃至整个美国社会都有着重要的影响。

构建“发展”导向的知识产权制度[①]

知识产权制度与技术创新、经济发展的关系，并非单一的线性关系。这既是《斯蒂格利茨报告》的研究结论，也是世界知识产权组织等国际组织报告的观点。贝尔实验室的成功经验、既有的互联网、云计算和机器人为代表的开源模式发展、德国的开放专利制度，都与开放的知识产权体系有着密切的关系。而当下的美国知识产权制度也面临着专利丛林、专利流氓、专利“常青化”等各种问题。一个“发展”导向而非“寻租”导向的、真正鼓励创新、符合中国发展阶段和产业特点的知识产权制度，需要审慎地设计。

经济发展与知识进步密切关联、相互影响。知识在后发国家的经济赶超过程中扮演着重要的角色。知识产权制度既是一个国家产业政策的重要内容，也是一个国家学习能力建设的重要组成部分。知识产权制度影响着知识的生产和传播，影响着技术创新的成效和质量，影响着后发国家经济赶超的成败。尤其是，在现有 WTO 框架和国际经贸摩擦的背景下，知识产权议题备受关注。作为一个发展中国家，在

① 本文部分观点发表于《光明日报》理论版（2019 年 9 月 10 日），全文发表于《上海对外经贸大学学报》2019 年第 6 期。

新形势下，中国如何维护自己的正当权益并设计好适合自己发展阶段的知识产权制度和政策细则，也有着现实而紧迫的意义。而研究和了解发达国家主导的全球知识产权制度的历史和现状，广泛借鉴包括斯蒂格利茨在内的主流经济学家和联合国、世界知识产权组织等国际组织的研究成果，深入考察知识产权制度与技术创新的多元影响（专利丛林、专利流氓、专利常青化等问题）、开放的知识产权制度的各种有益尝试（贝尔实验室、开源软件、专利开放制度等），进而提出健全完善中国的知识产权制度的可行方案和实施细则，就成了当下思考和应对知识产权问题的重要环节。

一、现行知识产权制度的问题及出路：斯蒂格利茨的解释[①]

诺贝尔经济学奖得主、哥伦比亚大学政策对话倡议组织主席斯蒂格利茨，以其在经济学各个领域的前瞻性原创研究和对国际政治经济秩序的公正立场，为人所熟知。作为有世界影响力的经济学家，斯蒂格利茨曾担任世界银行副行长和首席经济学家、美国总统经济顾问委员会主席、联合国货币体系改革委员会主席等重要职务，直接参加过1994年世界贸易组织乌拉圭回合关于知识产权的《与贸易有关的知识产权协定》（TRIPS）评估，并与美国总统科技政策办公室一起反对TRIPS在美国落地。

基于近年来关于技术创新和知识产权的既有理论研究，斯蒂格利茨和贝克、贾亚德福于2017年4月共同完成发布了《创新、知

---

① 此节内容主要源自《斯蒂格利茨报告》。迪恩·贝克、阿尔琼·贾亚德福、约瑟夫·斯蒂格利茨，《创新、知识产权与发展：面向21世纪的改良战略》，周建军、施蒙译，北京：社科文献出版社，《政治经济学季刊》，2019第1期。

识产权与发展：面向21世纪的改良战略》的研究报告（简称《斯蒂格利茨报告》）。这份研究报告，立足于发达国家和发展中国家的不同发展阶段，分析了全球现行知识产权制度中存在的问题及改革方向，对处于国际经贸摩擦下的发展中国家的知识产权制度积极建言。

（一）既有的专利制度解释及问题

设立专利和版权保护等知识产权制度的流行解释是，创新活动需要获得知识产权垄断带来的相应回报，否则激励不足就会面临创新的供给不足问题。但是，这种解释忽略了如下重要事实，即以专利来授予专利持有人一定时期的垄断，是以现有知识的低效甚至无效使用为代价的，因为现行知识产权制度的某些规定，限制了技术的广泛传播和使用。尤其是，当技术创新程度越来越复杂时（即技术进步带有“累积”特征时），这种制约和影响就越大。

客观来看，以美国为代表的发达国家的知识产权制度并没有那么完美，还面临着“弱专利”泛滥、专利过度保护等诸多问题，制约着知识的流动，影响着技术创新，因为“弱专利”并不代表真正的技术进步，而复杂的知识产权许可对后续的创新是一种阻碍。在制药、集成电路等技术密集型产业，专利丛林、专利流氓和专利常青特权等各种问题，表现得非常明显。①

① 根据公开的解释，专利丛林是指知识产权的相互重叠，阻碍了知识的扩散和技术创新。专利流氓是指自身不专注于研发，靠法律诉讼来生存的企业。专利常青特权是指专利权人通过既有专利来策略性地提交相关的专利申请，以利用专利法延长相应的专利垄断权的行为。

（二）发达国家和成功赶超的后发国家的知识产权历史

流行观点认为，发展中国家应该提高现有知识产权保护的层级和严格程度，才更有助于技术的传播和转移。然而，《斯蒂格利茨报告》研究认为，这样的说法缺乏充分的依据。事实上，按照当下的知识产权标准，每个发达国家都在发展早期侵犯了知识产权。对欧洲和美国的历史研究表明，法律一度对外国知识产权仅提供微弱的保护；而很多专利法在检查发明原创性方面是非常宽松的。[①] 作为“二战”后实现成功赶超的后发国家，韩国和日本正是通过执行一套弱化的知识产权制度和广泛采用“创造性模仿”，才实现了对众多前沿技术产业的成功追赶。[②] 即使在印度这样的后发国家，仿制药的快速发展也得益于其较弱的知识产权保护制度。受益于此，印度已经成为全世界最重要的非专利药制药中心之一。

（三）发展中国家选择符合自身的知识产权制度的必要性

发展中国家所处的经济发展阶段的追赶特征，决定了发展中国家应该实施不同于发达国家的知识产权制度及政策细则。《斯蒂格利茨报告》强调，缩小知识方面的差距是发展中国家赶超发达国家的最重要因素；发展中国家的总体政策应该倾向于较少的知识产权限制，而不应是现在这样较多的知识产权限制。如果发展中国家实施较严格的知识产权制度，会导致更多的财富以专利费的形式从发展

---

① 例如，英国（1852 年改革前）、法国、挪威和奥地利等国曾明确允许本国公民引进发明、申请专利。马斯克斯（Maskus）等研究显示，韩国和日本的前沿技术发展，也受益于弱化的知识产权制度和“创造性模仿”。即使在印度这样的发展中国家，仿制药的快速发展也得益于其在药品之类的关键产业采取了较弱的知识产权保护制度。

② 这既是马斯克斯等的研究结论，也是韩国学者李根的研究结论。马斯克斯的研究，详见《斯蒂格利茨报告》。

中国家转移到发达国家。但是，并没有确切的证据表明知识产权和技术转移之间存在必然的联系。

二、历史与事实：知识产权与技术创新的再审视

《斯蒂格利茨报告》展现了一幅不同于流行理念的知识产权制度图景。总体上，知识产权保护与技术创新、经济发展的关系，并非单一的线性关系。对应于多样化的产业、不同的企业能力和国家经济发展阶段，知识产权制度的相应影响是非常不同的。做好知识产权制度的设计，既要考虑如何更好地推动企业和个人积极地实施技术创新，还要考虑如何平衡知识产权创造者和社会利益的关系。知识产权制度的设计，既要实施好知识产权的合理保护，也要看到现实中开放性的知识产权制度的发展要求。知识产权制度的设计，既要看到企业和个人在科学研究和技术创新中的重要作用，也要看到政府在科学研究和技术创新中的重要作用。作为发展中国家，既要看到发达国家主导的全球知识产权制度的现状，也要了解发达国家知识产权制度的历史。从更广泛和多元的视角，来研究和审视知识产权制度与技术创新的影响，是很有必要的。

（一）知识产权保护与技术创新的非线性关系

知识产权制度的设计是重要的。但是，应当客观看到，一个运转良好、有效激励的知识产权制度的设计本身并不容易，这正如知识产权制度的历史和国际比较研究所显示的。现实中，既面临资源使用过度的问题（所谓“公地悲剧”），又面临资源利用不足的问题（所谓“反公地悲剧”）。从斯蒂格利茨、李根等经济学研究来看，更

严格的知识产权保护并不一定带来更多的创新，而知识产权也不是唯一的鼓励创新的方式，知识产权制度的设计必须考虑相应的发展阶段和具体情况。[①] 从以席勒为代表的法学研究看，排他性的、彼此分割的、个体属性的专利权属，作为知识生产、传播和进一步利用的障碍，影响了相关企业的技术创新，尤其是复杂的技术创新活动，造成了事实上的“反公地悲剧”，即资源利用的不足。[②] 这种个体利益和整体利益的矛盾，不仅影响资源配置的静态效率，也影响技术创新的动态路径。这种专利制度设计不当导致的影响和矛盾，既体现于发达国家和发展中国家之间的“技术鸿沟”，也体现于发达国家内部甚至大型企业之间的“专利战争”。

在美国的历史上，专利丛林问题一度影响其飞机制造，直到美国政府建立了一个“专利池”才解决了这个问题。在 20 世纪 80 年代新一轮全球化下，美国专利制度的边界和影响力有了大幅度的扩展。在当下的美国，恶性专利诉讼的年度费用达到 300 亿美元之巨，诉讼相关的支出却没有转变为相应的研发投入。苹果、三星等高技术企业围绕知识产权进行了旷日持久的诉讼。为避免知识产权纠纷带来的影响或获得相关的知识产权，有的企业选择了收购、合并的方式。从知识产权和技术创新的角度，世界知识产权组织 2015 年的年度报

① 韩国经济学家李根（Keun Lee）等也认为，发达国家主导的知识产权制度是发展中国家的赶超障碍。他们的计量回归研究显示，知识产权保护越强，出口产品科技水平对出口的贡献越低。参见：韩国首尔大学教授李根在北京大学新结构经济学研究院夏令营中的演讲。

② 席勒（Heller）的研究，系统阐述了专利持有人目无大局、漫天要价导致的创新停滞和市场瘫痪，以及个人产权拥有者对公共利益的熟视无睹导致的公共基础设施的影响（如钉子户）等。Michael Heller, *The Gridlock Economy: How Too Much Ownership Wrecks Markets, Stops Innovation, and Costs Lives,* New York: Basic Books, 2008.

告也承认，专利保护（知识产权制度）与技术传播的关系实际是非线性的，技术的“吸收能力”构成了技术传播是否有效的关键一环；而知识产权制度本身也会随着新兴技术进行适当调整，在保护和开放之间进行权衡，支持不同的知识共享机制。① 明显地，在同一个知识产权保护的口号下，因应于不同的经济发展阶段、企业的技术能力，知识产权制度在全球各国的实施会导致非常差异化的结果。

（二）知识产权保护与社会利益的平衡

对于知识产权的个体利益和公众利益的平衡，一直是联合国、世界知识产权组织（WIPO）、世界卫生组织、世界贸易组织等国际组织关注的焦点。着眼于公共利益、专利滥用或者专利权人对于发明的不充分使用，《巴黎公约》等一直主张对某些专利的强制许可。联合国经社理事会、联合国经济、社会和文化权利委员会等强调，知识产权创造者的科学、文学和艺术作品所产生的精神和物质利益，享受保护的权利也要受到一些限制，这些权利必须与（联合国）公约所承认的其他权利相平衡。② 世界卫生组织、世界知识产权组织、世界贸易组织的联合报告也强调，不能过度鼓吹知识产权创造者的私人利益，需要在确保知识产权创造者的利益与公众广泛应用其产品之间促成充分的平衡。③ 此外，世界贸易组织的前身（关贸总协定）曾将知识产权与货物贸易的规则区别开来。④

---

① 世界知识产权组织，《2015 年度世界知识产权报告（中译版）》，第 38 和 90 页。

② 联合国经社理事会，联合国经济、社会、文化权利委员会的第 17 号《一般性意见》，文号 UN Doc.E/C.12/GC/17，2006 年。

③ 世界卫生组织、世界知识产权组织、世界贸易组织，《促进医药技术和创新的应用：公共卫生、知识产权和贸易之间的融合》，卢森堡，2013 年，第 41 页。

④ 何隽，《创新驱动的知识产权政策》，北京：知识产权出版社，2018 年，第 23 和 29 页。

就当下而言，发达国家现在针对关键产业（比如涉及公共健康、全球气候变化等）的强制许可也依然存在。例如，美国正在讨论是否赋予政府部门和医疗保险机构更大的权力以实施生物药品强制许可，并在国会提出了《医疗保险谈判与竞争许可法案》。[①]从历史来看，根据世界卫生组织等披露的信息，青霉素、磺胺等对人类健康有过重要影响的药品，甚至都没有申请过专利。

（三）专利开放：美国贝尔实验室和德国的经验

应该说，美国的创新体系，至少包括DAPAR（美国国防部先进研究计划署）和贝尔实验室分别代表的典型模式；前者是政府主导，后者是企业主导。尤其是，作为20世纪美国最成功的创新企业，贝尔实验室一度以开放性的知识产权和专利制度著称。出于避免政府的反垄断审查等原因，贝尔实验室将其美国专利对社会开放，通过各种学术渠道来促进技术专利的传播和转化等，这也是贝尔实验室不同于多数私人垄断企业的重要特点。1956年前后，约8600个AT&T（贝尔实验室）的美国专利被免费（或适度付费）开放给相应

---

① 最近，美国国会正在拟定的《医疗保险谈判与竞争许可法案》（Medicare Negotiation and Competitive License Act），试图赋予美国政府部门和医疗保险机构更大的权力，使得它们能够与掌握药品专利权的制药公司进行有效的谈判，并有权视这些制药公司的药品价格来决定是否授予同行业的其他制药公司以"竞争许可证"（Competitive License），以免制药公司因垄断相应的专利而高价售药，导致社会的福利损失。详见：Natasha Daughtrey and Khurram Naik, "Medicare Negotiation And Competitive Licensing Act: An Ambitious Challenge To Biologic Patents," *Life Science Leader*, https://www.lifescienceleader.com/doc/medicare-negotiation-and-competitive-licensing-act-an-ambitious-challenge-to-biologic-patents-0001, 2019-09-16。

的美国专利申请者，是美国技术创新的重要来源。[①] 根据各种公开资料，贝尔实验室诞生了至少 11 位诺贝尔奖得主，产生了晶体管、激光、硅太阳能电池、通信卫星、光纤电缆系统、Unix 系统、C 语言和互联网等一系列重大发明。[②] 即使比尔·盖茨这样的当代著名企业家也认为历史上的贝尔实验室是美国企业创新的典范。

此外，受长久以来的社会市场经济传统的影响，德国还形成了历史悠久、影响广泛的专利（自愿）开放许可制度，以推动专利技术的扩散和实施。根据这种专利开放许可制度的研究介绍，任何人都有权“对提出开放许可声明的专利”获得许可，专利权拥有人则可享有专利年费减半的优惠。[③] 如果说贝尔实验室的专利开放是出于各种外部因素影响的企业个体行为，德国的专利开放许可制度则是一种专利权人主动和自愿开放专利、专利实施者自由申请专利（付费即可获得专利许可）、议会负责制定规则并监督实施的机制，德国的专利开放许可制度比单个企业的个体行为有着更大的制度示范意义。这样的面向所有专利申请人的、非排他性的制度安排，将有助于提高专利的使用效率，促进技术的扩散和转化。

（四）开源模式与互联网、云计算、机器人产业的发展

以软件行业为例，不同于以 Windows 操作系统为代表的传统软件研发模式对于源代码和专利的过度保护和限制，以 Linux 操作系

① Jon Gertner, *The Idea Factory: The Bell Labs and The Great Age of American Innovation,* New York: Penguin Press, 2013, pp.162–182.

② 周建军，《寡头竞合与并购重组：全球半导体产业的赶超逻辑》，《国际经济评论》，2018 年第 5 期。

③ 罗莉，《我国〈专利法〉修改草案中开放许可制度设计之完善》，《政治与法律》，2019 年第 5 期。

统为代表的开源模式在软件开发和技术创新中发挥着重要作用。以Linux操作系统为代表的开源模式的主要特点：一是源代码的开放性，既有的源代码可以被学习和不断改进，这意味着既有的知识能够较好地流动和扩散，既有的技术进步能被后来者充分利用；二是平台的开放性，这意味着企业在技术创新过程中基于平台的相互协作更加容易，使得企业的技术创新和共同发展成为可能。[①]从实践来看，开源软件为当今互联网的运行提供了重要支撑，大多数的云计算服务提供商也是通过开源软件平台来开发的。[②]此外，世界知识产权组织披露，机器人操作系统也采取了越来越开放的、基于开源软件的平台模式；甚至在近年来的机器人技术发展史上，只有一笔较大的专利许可的案例。[③]

明显地，尽管开源并不意味着放弃知识产权，但开源模式下企业对于公共利益的部分让渡、企业或个人出于更好发展而进行的自愿合作、开放而非封闭的整体平台模式，有效地降低了企业创新的成本，鼓励了企业之间的合作，推动了参与企业的更好创新，仍然值得鼓励和期待。中国工程院院士倪光南认为，互联网的蓬勃发展对既有的软件知识产权保护制度提出了挑战。因为开源软件为当今互联网的运行提供了重要支撑，而大多数云计算服务提供商也是通过开源软件平台开发的，而对于软件专利的过度保护将限制知识的流动，对软件的创新产生影响。[④]从制度实践来看，美国模式的软

---

① 开源模式的详细论述，可参考：王东宾、崔之元，《开放协作与自主创新：特斯拉开源与中国电动汽车产业的战略机遇》，《经济社会体制比较》，2015年第3期。

② 倪光南，《嚼不烂的专利问题》，《中国经济与信息化》，2011年第18期。

③ 世界知识产权组织，《2015年度世界知识产权报告（中译版）》，第129~130页。

④ 倪光南，《嚼不烂的专利问题》，《中国经济与信息化》，2011年第18期。

件专利制度，并没有被包括欧盟在内的发达国家全盘接受，也不应该成为衡量其他发展中国家知识产权制度的标尺。

（五）产业政策是发达国家企业创新的重要来源

应该看到，除了企业和个人在技术创新中的重要作用，政府及其所属的机构也在公共知识的创造、科学研究、技术创新中发挥着非常重要的作用。一方面，政府是研发活动的重要资金来源，承担着出资人的角色；另一方面，政府及其所属机构也直接加入到研发活动中，承担着研发的任务。以美国为例，美国政府对他国的产业政策和国有企业指指点点，却对自身的产业政策和国有企业视而不见。从历史和当下来看，美国政府有大量显性或隐性的产业政策，这是美国大型跨国公司研发和创新的重要根源。[①]

在过去 60 多年里，美国联邦政府投入 4 万多亿美元用于研究和开发。美国联邦政府最近几年的年度研发支出都在千亿美元以上，是世界上研发支出最多的政府，也是世界上政府研发支出占全社会研发支出比例最高的政府之一（近年来占比都在 25% 左右）。事实上，从 18 世纪建国伊始的初级制造业到 20 世纪的互联网、半导体、高温超导、核能、HDTV 等高科技产业，美国的多种产业政策一直

① 就新药申请而言，美国政府资助的公共部门研究可能比私营部门资助的研究更有效。世界卫生组织、世界知识产权组织和世界贸易组织的联合研究报告披露，1990 年至 2007 年期间美国食品药品管理局（FDA）审批的 1541 项药品项目，总共有 143 个（占比 9.3%）相关药品是由公共部门研究机构开发的；但重要的是，在美国食品药品管理局的 348 个优先审查项目中，有 66 个（占比 19%）药品来自公共部门研究机构。这意味着，美国公共部门资助的药品的优先审查率是药品的整体优先审查率的 2 倍左右；而 46.2% 的新药申请来自获得优先审查的公共部门研究机构。参见：世界卫生组织、世界知识产权组织、世界贸易组织，《促进医药技术和创新的应用：公共卫生、知识产权和贸易之间的融合》，卢森堡，2013 年，第 107 页。

发挥着重要的作用。[1] 此外，美国政府有国家铁路乘客运输公司、田纳西河域管理局、国家邮政局等不同功能和类型的国有企业，尽管其数量不多、占比不大。

（六）以美国为首的发达国家主导的全球知识产权体系

根据美国《科学与工程指标报告 2018》的统计，2016 年，美国发明人仍旧占了美国专利和商标办公室授予的专利总数（超过 30 万件）的近 50%。这些被美国专利及商标局（USPTO）授予的 30 多万件专利，尤其集中在信息和通信技术、测量控制、医药卫生、材料和纳米技术等技术密集型产业。而美国、欧盟和日本构成了 2016 年全球知识产权（付费使用）的最大出口地，分别高达 1220 亿美元、660 亿美元和 390 亿美元；美国、欧盟和日本的知识产权出口（付费使用）占了全球知识产权出口（付费使用）的 84% 左右。尤其是，美国一个国家的知识产权出口（付费使用）占到了全球知识产权出口（付费使用）的 45% 左右。英国《经济学人》杂志报道，美国企业市值的 80%，来源于专利、品牌等无形资产，而非实物资产。

很明显，美国专利持有者是美国主导的知识产权制度的最大受益者。这些专利持有者包括了高通、微软、苹果、英特尔等全球跨国公司，尤其是在技术密集型产业的全球跨国公司。可以说，现有的全球知识产权体系，无论是游戏规则的制定者还是游戏的主要玩家，都是以美国为首的发达国家及其跨国企业。作为后发国家，中国还没有完全融入发达国家主导的知识产权体系。根据世界知识产权组织（WIPO）的《2017 年世界知识产权报告》，中国光伏的全球

---

① 周建军，《美国产业政策的政治经济学：从产业技术政策到产业组织政策》，《经济社会体制比较》，2017 年第 1 期。

市场占有率很高，但中国光伏专利申请国际化率总体上很低，中国申请人往往不在其他市场寻求光伏技术的专利保护。作为后发国家的企业，中国高技术企业在海外市场遭遇了大量的知识产权诉讼。

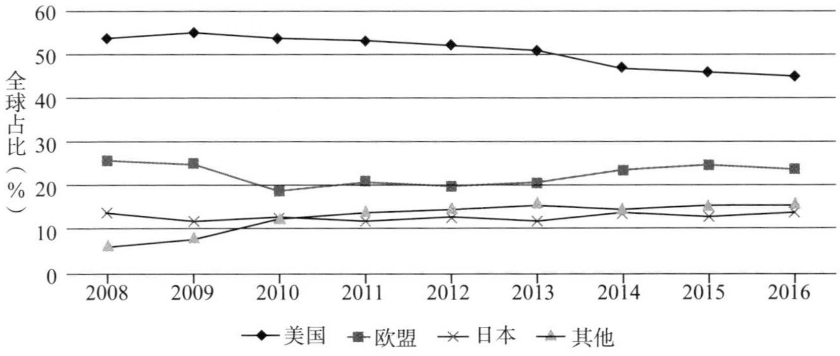

图 1　全球知识产权（付费使用）的出口情况（2008—2016 年）

资料来源：Science & Engineering Indicators 2018

三、审慎设计并确保知识产权制度的“发展”导向

就当下的中国经济而言，一方面，要逐步健全完善“发展”导向而不是“寻租”导向的知识产权体系，使得设计合理的知识产权制度能促进知识的流动、企业或个人之间的合作，真正激励创新并带来社会福利的最大化；另一方面，知识产权制度的设计及实施细则，必须要考虑中国特定的发展阶段、具体的产业特点等相关因素，尽可能避免“弱专利”泛滥、专利过度保护之类的负面影响。

（一）客观看待全球知识产权制度的既有差异

各国国情和发展阶段不同，决定了知识产权制度的多样性和差异性。知识产权制度的差异，既存在于发展中国家和发达国家之间，也存在于发达国家之间，即使欧盟和美国对于知识产权制度也有各自的政策细则和差异，这个意义上，对于美国、欧盟等国家或地区的知识产权制度的现状和历史要有深入的了解。而中国这样的发展中国家应该制定适合自身发展阶段的知识产权制度。

（二）辩证处理技术创新和知识产权制度的关系

知识产权制度设计的目的是推动技术扩散，继而推动技术创新。在这个终极目的下，知识产权制度的设计必须妥善地、辩证地处理知识产权保护和技术扩散（创新）之间的关系，使得知识产权保护与技术的消化吸收相适应，使得制度设计更好地推动技术创新，体现知识产权的“发展”导向而不是“寻租”导向。同时，应该认识到，当下以互联网、云计算、机器人产业为代表的新型产业兴起，历史上的贝尔实验室和德国专利开放许可制度，都与开放的知识产权有着密切的联系。开放而不是封闭的知识产权制度，有助于更好地推动技术创新，尤其对于中国这样处于追赶阶段的后发国家而言。

（三）审慎设计知识产权制度的细则，避免政策设计的“一刀切”

鉴于各个产业对于技术创新的多样性和差异性，现行知识产权制度存在各种问题（如弱专利、专利丛林、专利流氓、专利“常青化”等），知识产权制度的设计应该避免政策设计的“一刀切”，注重知识产权政策的制定应该注重与其他产业政策的关联性。尤其是，在一些关键产业和领域，知识产权的政策细则，尤其是专利的范围、期限和标准等，应该被审慎地设计。知识产权制度与社会利益、个体利益的关系，必须予以全面地考虑。

对于某些常规创新，并不一定要授予长期专利。对于专利保护期，也应根据产业特点区别对待。对于人的生命、安全有重大影响的产业，专利的强制许可等政策选项应该被积极考虑，甚至对于某些领域的专利许可应该禁止。① 对于制药、集成电路之类技术密集型产业的创新，专利的制度和政策制定应该特别谨慎。对一些关键创新的专利许可，也应该非常审慎甚至加以某种程度的限制。而一些对专利发明的奖励机制、对于既有发明创造的补偿—责任机制（即对专利持有者给予补偿，但专利持有人不阻碍后续的创新）、基于开源的知识产权的知识共同体的建设、德国那样的专利开放许可制度、非专利非版权的机制等替代性方案，都是值得参考借鉴的。②

（四）注重发挥公共机构及公共资助的研究的作用

技术创新的链条非常长，涉及基础研究、应用研究和开发应用的多个环节。企业在技术开发应用环节比较积极，而政府需要在基础研究和应用研究方面发挥更积极的作用。尤其是在私人投资不足的基础研究和应用研究、涉及创新链条的通用技术研发等方面，政府的产业政策可以发挥积极的作用。政府资助的各类研究机构和研究项目（包括国有科研机构和政府资助的私人研究），都应该保持研究成果的公共属性（避免专利许可的“寻租”导向），发挥这些机构

---

① 根据国家知识产权局张志成的披露，无论哪种强制许可，在中国国内都几无实施先例。张志成，《中国创新经济与知识产权严格保护》，《文化纵横》，2018 年第 6 期。

② 更多建议的讨论，参见：[美] 迪恩·贝克、阿尔琼·贾亚德福、约瑟夫·斯蒂格利茨，《创新、知识产权与发展：面向 21 世纪的改良战略》，周建军、施蒙译，北京：社科文献出版社，《政治经济学季刊》，2019 年第 1 期。

和项目对于技术创新的带动和影响作用。保持政府资助的研究成果的公共属性，也是美国《拜杜法案》一度坚持的原则。[①] 这意味着，政府资助的研究应该被授予非排他性专利。当然，除了政府资助的研究，多种形式的研究激励和资助的替代方案也是存在的，并不仅是专利创造私人垄断这一种模式。

（五）注重促进本土企业的竞争—合作机制，而不仅仅是竞争本身

碎片化的市场结构和产权关系对于技术创新有着非常不利的影响，与开放合作的技术创新要求是相违背的。应该认识到，多种形式的并购重组是实现产业更加集中、减少知识产权羁绊、推动企业打造竞争—合作机制（而不仅是竞争）的有效形式。尤其是，在全球激烈竞争的大背景之下，对于后发国家正在赶超的技术密集型产业而言，本土企业之间的相对集中、相互合作是非常必要的，多种形式的并购重组有助于更好地实现规模经济和技术创新。[②]

（六）注重运用现行国际规则的灵活性，最大程度上维护中国企业的合法权益

尽管全球知识产权体系受到以美国为首的发达国家的影响，但是既有的知识产权体系对于发展中国家而言仍旧存在相应的空间。一方面，《与贸易有关的知识产权协定》内设的灵活性条款，仍旧没

---

① 沈健，《中美贸易战背景下，〈拜杜法案〉对科技成果权属改革问题的启示》，《知识分子》微信公众号，2019 年 6 月 8 日。

② 周建军，《寡头竞争与并购重组：全球半导体产业的赶超逻辑》，《国际经济评论》，2018 年第 5 期。

有被充分地应用；另一方面，发展中国家在阻止“弱专利”、挑战既有专利方面，也应该更加努力。[①] 对中国而言，构建开放包容、平衡有效的知识产权国际秩序，也应该积极利用现有的规则并挖掘可能的空间，为本土企业的成长创造有利的国内外制度环境。对于那些滥用知识产权的跨国公司，应通过反垄断在内的各种竞争政策加以规制。作为发展中国家，中国应该与其他发展中国家一道推动公正合理的世界知识产权体系的建立。

总之，知识是一种外部性很强的公共品。从基础研究、应用研究到技术开发试验、大规模产业化，技术创新的链条是非常冗长的，影响技术创新的因素也是非常多元的。技术创新的长链条和复杂性，决定了政府、企业和个人在技术创新过程中的多元角色，决定了影响技术创新的诸多因素的相互影响和彼此依赖。建设一个“发展”导向的知识产权制度和创新驱动的“学习型社会”，中国应该立足本国国情、发展阶段和产业特点，参考借鉴世界各国知识产权制度的经验得失，审慎设计知识产权制度，避免政策设计的“一刀切”，在做好知识产权的合理保护的同时，注重防止现行专利制度的各种问题。某种程度上，这也符合联合国、世界知识产权组织等国际组织报告的观点，而不仅是《斯蒂格利茨报告》的观点。

---

① ［美］迪恩·贝克、阿尔琼·贾亚德福、约瑟夫·斯蒂格利茨，《创新、知识产权与发展：面向21世纪的改良战略》，周建军、施蒙译，北京：社科文献出版社，《政治经济学季刊》，2019年第1期。

寡头竞合与并购重组：全球半导体产业的赶超逻辑①

后发国家的产业组织体系，以日本和韩国最为典型。作为企业并购重组的重要形式，产业政策协调下的大型寡头企业联合投资的研发联合体，对日本的技术创新发挥了重要作用。基于研发联合体进行联合投资、合作研究的日本半导体——超大规模集成电路的研发，就是最为成功的案例之一。类似日本，韩国大企业始终以寡头竞合的方式参与市场竞争，推动韩国半导体产业的规模经济和技术创新。日本半导体企业的技术赶超也引发了美日半导体企业的全球贸易战和并购重组。因应日本半导体产业的赶超，美国在1990年前后通过政府的产业政策引导、对企业多种形式的并购重组等，从生产制造、研究开发、市场竞争等方面入手，拯救衰败中的美国半导体产业。半导体产业赶超的历史表明，只要与产业发展的规模经济特点和技术创新要求相趋同，以产业政策推动和领军企业共同投资

---

① 本文发表于中国社科院《国际经济评论》2018年第5期，人大复印报刊资料《产业经济》2019年第3期全文转载。感谢余永定、林毅夫、丁宁宁、陈小洪、高柏等社科专家和倪光南、叶甜春、吴玲、闫江、纪军、李智勇等半导体专家及匿名审稿人的意见，感谢半导体制造、设计、封测、设备相关企业和政府部门的调研支持。

组织的研发联合体、技术收购、企业合并等并购重组形式，是非常有效的。

根据格申克龙关于后发优势的理论，相对于那些发达国家而言，后发国家可以充分利用国际现存的技术储备快速实现工业化。格申克龙的后发优势理论的确对很多后发国家实施工业化有很多启发，但是现实的经济发展状况却远远没有格申克龙说得那么乐观。根据世界银行增长委员会的研究统计，自20世纪50年代至今，只有日本、韩国这两个人口超千万的国家，跨越了“中等收入陷阱”，真正实现经济赶超。[①] 而这两个国家的共同经济特征，除了政府领衔的产业政策外，就是以寡头大企业领衔的、产业相对集中、竞争合作并重的方式参与全球竞争的产业组织体系。除了美国这样的发达国家，后发国家以日本、韩国的产业组织体系最为典型。正如半导体产业赶超过程中显现的，这种寡头大企业领衔、产业相对集中、竞争合作为特色的产业组织体系，强调防止过度竞争或者有组织的竞争，倡导和鼓励企业之间的并购重组，尤其是大企业领衔的并购重组，来推动企业的规模经济和技术创新。

一、寡头竞合与日韩的产业赶超

历史地看，全球大规模的并购重组始于19世纪末的美国。19世纪末以美国钢铁、铁路、石油产业为代表的并购重组，催生了洛克

---

① 霍米·卡拉斯，《中国向高收入国家转型：避免中等收入陷阱的因应之道》，载［美］斯宾塞、林重庚编著：《中国经济：中长期发展和转型》，余江等译，北京：中信出版社，2011年7月，第470~501页。

菲勒标准石油、美国钢铁公司、美国通用电气等一大批大型工业企业。多方数据显示，从19世纪末到20世纪60年代的三次大规模并购重组，波及的采掘业和制造业企业总数分别达到2600家、8000家和12000家左右。在美国20世纪90年代中期《财富》500强中，有247家企业成立于1880—1930年间；而铁路、通信、金属、石油、食品、化工、橡胶、造纸、电子设备等行业的相当一部分公司是通过大规模并购和纵向整合才发展壮大的。[①] 这个意义上，钱德勒认为，作为美国工业企业成长的四种重要方式中的两种（另外两种是地理扩张和新产品开发），横向合并与纵向合并确立了美国新型资本密集型的产业结构，促进了美国产业的合理化，推动了美国现代工业企业的发展演变。[②]

（一）寡头竞合与并购重组

伴随着美国这种大规模的并购重组和产业集中，世界经济日益从自由竞争的资本主义过渡到了垄断资本主义。而以日本、韩国为代表的后发国家也经历了大企业领衔、寡头竞争、竞争合作为特征的经济发展过程。尤其是日本作为“二战”后首先实现产业赶超的后发国家，其发展模式和特点非常值得关注和研究。在“二战”以后，日本企业之间的过度竞争问题就已经逐渐显现，给日本企业的规模经济带来负面的影响，非常不利于日本企业参与国际竞争。这是“二战”后日本推动企业实施大规模并购重组的背景和原因

---

① ［美］托马斯·麦克劳著，《现代资本主义——三次工业革命中的成功者》，赵文书、肖锁章译，南京：江苏人民出版社，2000年，第355页。

② ［美］小艾尔弗雷德·钱德勒，《规模与范围：工业资本主义的原动力》，张逸人等译，北京：华夏出版社，2006年，第33和77页。

所在。

为了限制市场的过度竞争、增强规模经济，与美国、欧洲的西方公司竞争，日本政府的通商产业省（MITI）鼓励寡头竞争，[①]鼓励包括银行在内的大公司开展并购重组以扩大规模、推动彼此之间的生产研发合作，并协调好产业内部的分配关系。这些产业重组的举措与日本的《反垄断法》相抵触，但是在日本通商产业省及相关政府部门的支持或默许下，企业之间的并购重组还是被付诸实施。对本土企业并购重组的支持政策在日本持续了很长时间，甚至持续到了21世纪。受益于通商产业省等政府部门的支持或默许，从20世纪50年代后半期到20世纪80年代初，日本每年都有成百上千个企业合并的案例，对日本的市场结构和产业发展都产生了很大的影响。在推动企业并购重组培育本土大企业的同时，日本也重视中小企业的发展，大中小企业相互带动、相互支持。当然，尽管有各种协调机制，日本企业并不总是服从于日本政府的产业重组意愿，这也导致了日本企业之间的激烈竞争仍旧存在。

“二战”后，日本在驻日美军的推动下进行了经济民主化等方面的改革，日本战前的财阀体制被大大地弱化了。而在韩国，在政府产业政策的扶持下，韩国企业的发展模式从一开始就打上了大企业主导的烙印。在实现韩国经济赶超的同时，基于其在国民经济中的巨大份额以及企业内部的高额交叉持股比例，大型财阀企业对韩国经济有着很大的影响。[②]而韩国财阀在国民经济中的巨大份额，意味着韩国财阀自身产业的多元化和庞杂。比较日本与韩国在20世纪

---

① 也有学者将寡头竞争称为“寡占竞争”。

② 周建军，《经济增长作为不稳定力量：基于韩国财阀模式的考察》，《经济社会体制比较》，2011年第2期。

七八十年代的产业集中程度，韩国的市场结构明显属于更加集中的类型。在韩国，规模导向的寡头竞争模式也得到了韩国政府的鼓励，但是韩国企业之间的竞争是激烈的。在20世纪80年代，韩国曾推动过大规模的产业重组；造船等产业的企业数量被削减，重型电气设备产业也进行了合并。随着20世纪80年代后期的经济自由化改革，韩国的产业集中度也进一步升高。[①] 为避免彼此之间的过度竞争，韩国的财阀企业在政府的引导下，在共同研发、技术共享、海外营销等方面开展合作。[②]

（二）产业赶超的经济意识形态

尽管日本和韩国作为后发国家的赶超实践并不完美，但是这种寡头竞合或“有组织的竞争”的背后显示了日本、韩国有别于西方主流经济学的独特发展理念。就战后日本的经济学，尤其是产业发展而言，马克思的生产力理论、熊彼特的创新理论和凯恩斯的需求管理理论有着更大的影响，而不是宣扬自由竞争的经济学。日本具有代表性的经济学家则这样解释他们对防止过度竞争或者有组织的竞争的理解，以强调后发国家在产业赶超过程中市场结构的独特性、并购重组的重要性。例如，有泽广已强调大企业在创新中的作用，而不是视大企业为垄断资本的代表；村上泰亮不同意新古典经济学关于边际成本递增的理论假设，强调区分技术进步状态下的垄断和几乎没有技术进步的垄断；两角良彦强调竞争不是日本经济最有效

① Alice Amsden, *Asia's Next Giant: South Korea and Late Industrialization*, London: Oxford University Press, 1989, pp.123–133.

② ［美］A. D. 钱德勒主编，《大企业与国民财富》，柳卸林等译，北京：北京大学出版社，2004年，第349~374页。

的生产体系，过度竞争会带来严重的问题；鹤田俊正就过度竞争问题提出了并购重组、企业规模化、放松反垄断法律等建议。①

日本经济学家关于防止过度竞争的解释，听起来与西方主流经济学的流行解释格格不入。但是，这并不代表日本经济学家的观点是个别和孤立的。日本问题专家约翰逊就认为，类似解释与日本通商产业省提出的“产业结构”概念不谋而合，即日本产业要想在国际上竞争，其结构就必须改变；参与竞争的产业部门，其企业数目就必须减少，保存下来的企业必须扩大，通过企业集团体制形成的抢先投资和过剩生产能力必须加以控制。② 类似日本经济学家强调的“有组织的竞争”，韩国时任总统朴正熙很早就认识到现代经济的“集中倾向”和大企业在经济振兴过程中的重要性。朴正熙在《我国发展之路》一书中写道：“现代经济的本质之一是它的强烈的集中倾向。巨大的企业——此刻对我们国家而言是绝对不可缺少的——不仅充当着发展经济和提高生活水平的决定性角色，还能带来社会和经济结构的改变……因此，面对自由经济政策的关键问题是由国家来对巨大的经济力量进行协调和优势引导。”③

而有美国“创新之父”之称的彼得·蒂尔也有着与村上泰亮等日本经济学家类似的看法。彼得·蒂尔强调，创造性垄断（Creative Monopoly）就是产品既让大众受益，又可以给创造者带来长期利

① 高柏，《经济意识形态与日本产业政策》，安佳译，上海：上海人民出版社，2008 年，第 41、50、186 页。［日］村上泰亮，《反古典的政治经济学》，张季风、丁红卫译，北京：北京大学出版社，2013 年，第 309 页。

② ［美］查尔斯·约翰逊，《通产省与日本奇迹》，戴汉笠等译，北京：中共中央党校出版社，1992 年，第 259 页。

③ ［美］A. D. 钱德勒主编，《大企业与国民财富》，柳卸林等译，北京：北京大学出版社，2004 年，第 372 页。

润，而进步的历史就是一部更好的垄断企业去替代现有垄断企业的历史。[①] 研究贝尔实验室创新的美国学者格特纳（Jon Gertner）也认为，谷歌、苹果、微软、Facebook 与贝尔实验室，这些技术巨擘有很多共同之处，即所有这些公司，在各种电子硬件或计算机软件市场，都打造了一个近乎垄断（Near-monopoly）的地位，储备了大量的资金用于研发、控制或主导市场。[②]

应该说，东西方的学者们从不同的角度认识到了规模经济和大企业在经济发展中的重要作用。日本和韩国在产业赶超过程中所采用的寡头竞争、竞争合作的市场结构及其经济意识形态，为理解后发国家的产业赶超提供了新的佐证，为后发国家通过并购重组来实现规模经济和技术创新提供了新的参照。当然，无论是日本经济学家的“有组织的竞争”，还是彼得·蒂尔的“创造性垄断”，都没有太多涉及集中和垄断可能带来的负面影响和应对之道。如何发挥有组织的竞争给规模经济和技术创新带来的正面效应，并规避集中和垄断可能带来的负面影响，也是一个需要认真应对的重要问题。

二、寡头竞合与并购重组：日本半导体产业的赶超

（一）基于研发联合体的并购重组

计算机和半导体等信息产业，都是在美国政府和企业领衔推动下产生和快速发展的。无论是计算机、半导体还是一些其他电子产

---

① ［美］彼得·蒂尔，《从 0 到 1：开启商业与未来的秘密》，高玉芳译，北京：中信出版社，2015 年，第 40~41 页。

② Jon Gertner, *The Idea Factory: The Bell Labs and The Great Age of American Innovation,* New York: Penguin Press, 2013, p.353.

品，日本和韩国企业都属于成功赶超的后来居上者，通过赶超，和美国半导体尤其是存储半导体产业处在同一竞争方阵，尽管后来日本半导体产业遇到了挑战和挫折。作为产业赶超的成功案例，日本和韩国推动本国企业参与计算机和半导体等信息产业国际竞争的做法，尤其是大企业领衔、竞争合作、并购重组为特点的竞争模式，对后发国家有着重要的启发。如前所指出的，并购并不仅仅是合并、收购，还有合资生产、合资研发等形式。在日本，这种在政府产业政策协调下的大型企业联合投资的研发联合体（R&D Consortia），也被称为合资研发企业或研发联盟。从 20 世纪 50 年代到 90 年代，日本至少发起或成立了 200 多个研发联合体。这样的研发联合体或合资研发企业，是日本企业实施并购重组、产业集中的重要形式，对日本的技术创新起到了重要作用。

在 20 世纪 70 年代到 90 年代，就计算机、集成电路、基础软件、激光制造、软件自动化、电子元件等高技术研发项目，日本通商产业省选择富士、日立、东芝、三菱、三洋、日本电气（NEC）、夏普、松下等大型寡头企业进行联合技术攻关。就研发联合体的运作方式而言，大部分都采取了政府和大型寡头企业联合投资、共同派人参与研发的方式。通常，这些大型寡头企业是由日本通商产业省来选择的，尽管企业也会有不同的看法。被选择参与联合研发的企业，鉴于通商产业省的支持，通常可以免于合资研发导致的反垄断诉讼以及项目研发成功后产业化的风险。而通商产业省通常会以日本的国家利益为由组织这样的研发联合体。日本通商产业省的官员们坚信这样的研发联合体将使日本成为先进的技术开发者，果断地开展了多个这样的研发联合体。研发联合体的产业范围相对广泛，涉及信息、电子、材料、交通设备等。受益于研发联合体这样的集中联合研究，日本在高性能计算机、半导体等一系列高技术项目研发上都取得了重大进展。

表 1　日本通商产业省组织的半导体和计算机研发联合体（1966—1980 年）

项目研究领域	起止时间（年）	资金数额[a]	参与企业
第 2 代和第 5 代计算机	1972—1976	8700（29.4）	富士、日立、三菱电子、NEC、Oki 电器公司、东芝
第 4 代超大规模集成项目	1976—1981	30000（132.3）	富士、日立、三菱电子、NEC、东芝
开发第 4 代基础软件和相关的外围设备	1979—1983	47000（102.3）	富士、日立、松下电子、三菱电子、NEC、Oki 电器公司、夏普、东芝
模式信息处理系统（PIPS）	1971—1980	22073（82.7）	富士、日立、松下、三菱、NEC、Oki 电器、三洋、东芝、Koya Glass
高速科学计算机	1981—1989	22073	富士、东芝、NEC、三菱电子、三洋、松下电子、Konishirku、本田玻璃
采用激光的灵活制造系统	1977—1983	13000	无
软件自动化	1976—1981	6600（30）	100 多个软件公司
开发第 5 代计算机	1979—1991	11375（45.5）	富士、日立、三菱电子、NEC、Oki 电器公司、东芝
超栅极元件	1981—1990	8000（36.4）	富士、日立、Sumitomo Denko
三维元件（ICs）	1981—1990	9000（40.9）	NEC、Oki 电器公司、东芝、三菱电子、三洋电子、松下电子、夏普
抗环境干扰元件	1981—1988	8000（36.4）	东芝、日立、三菱电子

注 a：资金数量单位为百万日元（百万美元）。

资料来源：数据是根据美国国际贸易委员会出版的 *Foreign Industrial Targeting and Its Effects on U.S. Industries Phase I: Japan*，*USITC Publication 1437*（1983 年 10 月）中附录 G、表 G-2 整理。转引自：山村光三，《警惕：日本的产业政策》，载［美］保罗 · 克鲁格曼主编，《战略性国际贸易与国际经济》，海闻等译，北京：中信出版社，2016 年，第 232 页

（二）超大规模集成电路的赶超

尤其是，基于研发联合体进行联合投资、合作研究的日本半导体——超大规模集成电路（VLSI）的研发成功，既实现了日本半导体企业的技术突破，也赶超了其美国半导体同行，更是引发了美国半导体企业与日本半导体企业世界范围内的贸易战和半导体产业的并购重组。从技术起源的角度，日本的半导体技术部分来自其日后的竞争对手——美国半导体同行。这种半导体技术的学习和积累是日本政府和日本企业共同作用的结果。为谋求半导体产业的未来发展，在本土产业发展之初，日本政府就拒绝所有外国独资子公司和外国厂商拥有多数所有权的合资企业的申请，也不允许外国人购买日本半导体企业的股票；同时，日本政府还采取高关税、限制性配额和高档集成电路设备的许可登记等要求，限制外国产品向本国市场渗透。①

作为和日本政府讨价还价的结果，直到 1968 年，美国德州仪器公司才获准在日本设立与索尼公司的合资公司。之后，日本索尼公司的股份被德州仪器公司收购。直到 1980 年，德州仪器公司仍然是为数不多的在日本投资设厂的外资半导体企业。可以说，为了获得谈判的筹码，日本对于外资半导体企业的投资发展设置了较高的门槛。而这个与外资企业讨价还价的过程，就是日本要求外资企业向日本本土企业进行技术许可的过程。日本通商产业省要求将技术的进口与技术开发后产品的再出口挂起钩来，要求本土企业向日本的其他厂商扩散技术，使得日本本土企业由此获得技术。此外，日本本土半导体企业也或明或暗地受益于采购，尤其是日本国有电

① 米歇尔·博鲁斯、劳拉·泰森、约翰·齐斯曼，《创新优势：政府政策如何影响半导体产业的国际贸易》，载［美］保罗·克鲁格曼主编，《战略性国际贸易与国际经济》，海闻等译，北京：中信出版社，2016 年，第 119 页。

话公司（NTT）的采购。根据相关统计，日本10家最大的半导体企业一度几乎垄断了日本半导体的全部生产，占日本半导体消费总量的60%。①

政府引领的推动本土企业发展的产业政策、大企业领衔的寡头垄断的市场结构，是理解日本半导体产业发展的主线。技术的部分引进和模仿固然重要，但更重要的是日本政府和企业对半导体技术研发的高度重视，正如日本超大规模集成电路的研发联合体项目所显示的。20世纪70年代中期，在美国IBM公司等世界领军企业着手开发超大规模集成电路的竞争压力下，日本发起了自己的超大规模集成电路研发联合体。日本企业在通商产业省的统筹安排之下，发起成立了由富士、日立、三菱电子、日本电气、东芝这5家大型寡头企业和日本工业技术研究院参加的超大规模集成电路研发联合体。而通商产业省选择日本企业参与超大规模集成电路研发联合体的标准是"以能制造并销售与IBM的未来系统（Future System）相抗衡的下一代电子计算机的企业集团为基础，进行组织调配"。②这样的研发企业选择，既是为了技术研发，也是为了将来的生产和销售；而这种方式是日本典型的寡头竞合模式与政府产业政策的结合。

项目启动之后，超大规模集成电路研发联合体由日本通商产业省和富士、日立、三菱电子、日本电气、东芝这5家企业代表来管理。在项目的研发活动中，研发联合体的联合实验室和成员企业实验室

---

① 米歇尔·博鲁斯、劳拉·泰森、约翰·齐斯曼，《创新优势：政府政策如何影响半导体产业的国际贸易》，载［美］保罗·克鲁格曼主编，《战略性国际贸易与国际经济》，海闻等译，北京：中信出版社，2016年，第122页。

② 日本通商产业政策史编纂委员会著，《日本通商产业政策史》第14卷，中国日本通商产业政策史编译委员会译，北京：中国青年出版社，1996年，第315页。

分别承担相应的任务。研发联合体联合实验室主要负责通用的基础技术，研发人员由通商产业省和成员企业共同派出。成员企业的实验室负责研发应用性技术，这 5 个大企业被分成两个小组予以实施，一个小组是由富士通、日立和三菱公司组成的计算机开发实验室，另一个小组是由日本电气和东芝公司组成的日本电气—东芝信息系统实验室。作为对项目研发的要求，通商产业省要求参与研发联合体的每个企业都必须指派最顶尖的科研人员。就研究成果形式而言，研发联合体的研究项目本身更关注通用性的基础技术而不是应用性技术。作为对项目研究结果的要求，研发联合体希望开发出 0.1~1 微米的微细集成电路制造技术（电子束曝光技术、X 线曝光技术等），以用于计算机的逻辑和存储器件的制造。就工作关系而言，科研人员之间既是合作的也是竞争的；尽管通商产业省要求参与项目的科研人员从国家整体利益的角度，实行合作开发。就研发资金而言，超大规模集成电路研发联合体耗资 700 亿日元左右，由日本政府拨款 300 亿日元左右，参与企业联合出资 400 亿日元左右。[①] 700 亿日元对于当时的日本半导体产业来说是一笔不小的数字，分别占到 1976 年至 1979 年间日本半导体产业年度研发经费的 20%~60%。

超大规模集成电路研发联合体的研发成功带来的直接和间接的收益，都是非常显著的。在 5 家大型寡头企业的联合研发攻关下，研发联合体在短短几年内取得了上千项专利、发表了数百篇论文。参与研发联合体的成员企业在超大规模集成电路方面的制造技术得到了提高。1980 年，日本率先在全世界成功研发 64K 规格的动态随机存储器（DRAM）；其后，日本又宣布成功研发了 256K 规格的动

① 山村光山，《警惕：日本的产业政策》，载［美］保罗·克鲁格曼主编，《战略性国际贸易与国际经济》，海闻等译，北京：中信出版社，2016 年，第 234 页。

态随机存储器。动态随机存储器是集成电路最重要的部分之一，而集成电路是半导体最重要的产品之一。技术的研发成功使得日本企业在短短几年时间里一跃成为半导体技术的领先者、市场份额的最大占有者，在很多方面赶超了它的美国同行。即使美国人自己也认为，日本半导体制造企业在规模方面优势明显，对市场的反应也是非常灵敏的。尤其是，当新的半导体设备技术成本增加的时候，那些小规模的美国半导体制造企业感到很难与日本企业竞争，这也进一步导致日本半导体企业在制造生产方面的优势地位。[①] 到 1988 年，全球最大的 10 家半导体企业中，有 6 家是日本企业，包括日本电气、东芝、日立等。

关于美国半导体产业在 20 世纪 80 年代遭遇重挫的原因，有很多从日本产业政策方面的讨论。不用问，日本的产业技术政策和产业组织政策，即对超大规模集成电路研发联合体的研发投入、对大型寡头企业的组织研发、对寡头竞争和竞争合作的鼓励，都是非常重要的。就超大规模集成电路研发联合体而言，日本的产业政策和企业的表现都是非常值得称道的。就日本政府的投入而言，按照研发联合体的联合研发协议，专利收入将优先偿还日本政府的研发补贴，日本政府投入的 300 亿日元几乎可以不久就收回。而针对关于日本政府的补贴之类的产业政策制胜说，有美国学者就客观地承认，即使没有来自日本政府的补贴，在某些产业和领域，美国硅谷的那种创业型企业也不是日本“系列”或韩国财阀的对手。美国硅谷的创业型企业经常为其创新动力和增长潜力而骄傲；然而，面对日本企业的有力竞争，美国的创业型企业才强烈意识到产业碎片化

① David Angel, *Restructuring for Innovation: the Remaking of the U.S. Semiconductor Industry,* New York: The Guilford Press,1994, p.76.

（Industrial Fragmentation）与资源浪费（Resource Dissipation）正在破坏美国高技术产品部门的竞争力。[①] 即使对日本竞争模式批评甚多的《日本还有竞争力吗？》一书作者迈克尔·波特，也对日本在超大规模集成电路研发联合体方面的效果赞誉有加。[②]

三、寡头竞合与并购重组：韩国半导体产业的赶超

（一）基于研发联合体的并购重组

就市场结构或产业组织模式而言，韩国诸多产业都是大型财阀企业领衔的寡头竞争主导的。就半导体产业而言，韩国是与日本一样的赶超优等生，在很短的时间内实现了对半导体发达国家的成功赶超，和美国企业处在同一竞争方阵。

20 世纪 70 年代，摩托罗拉、仙童公司等美国半导体企业先后在韩国设立半导体集成电路的组装工厂。韩国半导体产业的真正快速发展，是从韩国政府制定半导体发展的产业政策、韩国本土企业 20 世纪 80 年代大规模投资半导体工厂并自主开展研发活动开始的。在 20 世纪 80 年代经济自由化政策之前，韩国一直通过对半导体产品加收高关税等措施来保护本土市场。类似日本的合资研发，韩国也以政府出资和几家大型企业联合出资的方式，发起了超大规模集成电路研发联合体。以三星、现代、大宇等寡头企业联合投资的研发联合体，得到了韩国政府的共同投资。这样的研发联合体也是比较

---

① David Angel, *Restructuring for Innovation: the Remaking of the U.S. Semiconductor Industry,* New York: The Guilford Press, 1994, pp.1–2.

② [美] 迈克尔·波特，《日本还有竞争力吗？》，陈小悦等译，北京：中信出版社，2002 年，第 67 页。

侧重于通用性技术，参与研发联合体的企业既有合作又有竞争。这种既有合作又有竞争的关系，也出现在企业内部。在研发 64K 规格的动态随机存储器过程中，三星公司就将研发分为美国硅谷和韩国国内两个小组，分头研发。紧紧跟随日本企业的研发步伐，三星公司在 1983 年率先在韩国研发出了 64K 规格的动态随机存储器。

在 1986 年，韩国政府再度出面组织三星、现代和 LG 共同投资另一个研发联合体，研发 4M 规格的动态随机存储器，以避免重复研发投入造成的浪费。在近三年时间里，韩国政府和 3 家企业共同投资了 1 亿多美元用于技术的联合研发。但是，企业对于技术路线的认识是不一致的，在联合研发的同时，3 家企业就开始了自己的研发。作为市场竞争主体，任何一家企业都想尽快研发出 4M 规格的动态随机存储器。作为既有合作又有竞争的对手，三星和 LG 率先研发成功，而现代选择了另外的技术方向继续攻关。需要注意的是，尽管日本和韩国都组成了这种研发联合体，但联合研发的合作水平和知识共享程度是不同的。相对韩国企业而言，日本企业投资的研发联合体的参与领域、项目经费、项目企业数更多；相应地，日本企业的合作水平和知识共享程度也是更高的（见表 2）。

表 2　日本和韩国政府资助的研发联合体的比较

国家	日本	韩国	日本
时期（年）	1959—1992	1982—1997	1959—1969
研发联合体的数量	237	190	19
参与企业的数量	1181	349（含大学和公立研究所）	206
项目的平均总支出（1985 年美元计）	60.7（百万美元）	4.2（百万美元）	19.8（百万美元）

（续表）

国家	日本	韩国	日本
项目的平均参与企业数	14.8	3.41（含大学和公立研究所）	12.3
每个企业平均参与项目数	3.0	1.8	1.1
每个企业参与最多的项目数	75	16	5
项目平均年限	6.9	3.8	9.6
项目平均的政府拨款占比	66%	40%	44%

资料来源：Mariko Sakakibara & Cho Dong-Sung,“Cooperative R&D in Japan and Korea: a Comparison of Industrial Policy,” *Research Policy*, No.31, 2002.

在 16M 和 256M 规格的动态随机存储器研发过程中，韩国政府也采取了类似的研发联合体机制。即使在合作的名义下，寡头企业之间的竞争是非常激烈的。为了抢得市场先机，三星公司有的产品还未开发出来，就已经在投巨资建半导体生产线。为不落在三星的后面，几家半导体企业对半导体产业投下巨额资金，动辄就是几亿甚至几十亿美元。在 1994 年，三星公司率先研发成功 256M 规格的动态随机存储器，这比其美国、日本同行的速度都要快。用一般的想象力想象韩国大企业在 20 世纪 80 年代和 20 世纪 90 年代的研发能力进步是不合适的，三星、现代和 LG 等韩国大企业的研发投入和进步使得它们逐步具备了与美国、日本企业同台竞争的能力。

（二）多种形式的并购重组

同时，作为后发国家赶超的重要手段，为弥补自己的研发能力不足，韩国大企业也通过并购、技术贸易、开设研发分支机构等来提升自己的研发能力。比如，三星公司收购了 LSI 半导体公司，从美国微米技术公司购买了 64K 规格的动态随机存储器的设计技术许可，从 ITT 公司购买了电信集成电路技术许可，从夏普公司购买了互补金属氧化物半导体（CMOS）工艺技术许可，从 Zytrex 公司购买了高速的互补金属氧化物半导体工艺技术许可，从 Zilog 公司购买了 8B 规格的微处理器技术许可，从 Intergraph 公司购买了 32B 规格的微处理器技术许可，从 Exel Micro 公司购买了 16K 规格的电可擦除只读存储器（EEPROM）技术许可。[①] 而现代公司则从 WDC 公司购买了 8B 规格的 6502 微处理器（MPU）技术许可，从 Vitelie 公司购买了 256K 规格的动态随机存储器的技术许可等；LG 公司从美国高级微米仪器公司和齐洛格公司那里获得了动态随机存储器设计等相关技术。[②] 除了国内的联合研发投资，技术上日益进步的三星公司还与美国、日本等国的顶尖半导体企业组成新的国际层面的联合研发团队，进行半导体技术研发。在直接的并购和联合研发的同时，三星、现代和 LG 等韩国企业也在美国、欧洲、日本等地开设分支机构、聘请高技术人才，以获得世界前沿技术外溢的好处。

当然，仅仅依靠领衔的研发能力并不足以让三星这样的后发国家企业成功赶超。对三星公司这样的后来者而言，能在动态随机存

---

① John Mattews & Dong-Sung Cho, Combinative "Capabilities and Organizational Learning in Latecomer Firms: The Case of the Korean Semiconductor Industry," *Journal of World Business*, 34(2), 1999, p.148.

此外，在计算机方面，三星公司也并购过美国最大的个人计算机制造商之一的虹志研究中心的控股权。三星公司还并购过日本联合光学公司和德国禄莱公司的大部分股权，以提高其在照相机和光学仪器制造方面的竞争力。参见：[韩] 金麟洙，《从模仿到创新：韩国技术学习的动力》，刘小梅、刘鸿基译，北京：新华出版社，1988 年，第 159 页。

② [韩] 金麟洙，《从模仿到创新：韩国技术学习的动力》，刘小梅、刘鸿基译，北京：新华出版社，1988 年，第 170~173 页。

John Mattews & Cho Dong-Sung, "Combinative Capabilities and Organizational Learning in Latecomer Firms: The Case of the Korean Semiconductor Industry," *Journal of World Business,* 34(2), 1999, p.148.

储器市场站稳脚跟，与其研发能力、上市能力（缩短设计和生产时间）、成本优势（包括生产设备采购和生产产品的成本）、质量优势（在开发设计阶段就测知产品的良率）等，都有着不可分割的联系。而这种快速的研发能力、上市能力、成本领先优势、质量优势，极大地受益于三星公司的大批量产品生产能力，以此应对动态随机存储器产品生命周期越来越短、基于成本的价格竞争等市场挑战；而这种基于规模经济的大批量产品生产能力甚至被三星公司视作能够赶超世界领先半导体企业的重要原因。[①] 时至今日，以三星公司领衔的韩国大企业已经成了世界半导体产业的领先企业，三星公司更是成了从动态随机存储器到晶圆制造设计一体的多元化领先企业，半导体业务的年度营收近六百亿美元、研发支出过百亿美元，是全球半导体产业的风向标。

总之，作为产业组织特色，也是市场竞争的结果，韩国的大企业始终以寡头竞争方式在半导体市场上竞争，加上多种形式的并购重组，推动着韩国半导体产业的规模经济和技术创新，来成功赶超美国、日本等国家最领先的半导体企业。

四、对赶超的应对：美国半导体产业的并购重组

（一）受监管的垄断：半导体技术的起源

对日本半导体产业的赶超，有必要简要回顾一下美国半导体产业的起源——通过并购产生的寡头垄断企业美国电话电报公司（AT&T）及其贝尔实验室（Bell Laboratories）。在 1947 年，最初的半导体晶

① ［韩］李娟姝，《韩国半导体产业技术赶超的模式（三星公司案例分析）》，清华大学管理学硕士学位论文，2009 年 6 月，第 37~38 页。

体管就诞生于贝尔实验室。贝尔实验室是AT&T公司于1925年前后成立的，而AT&T公司建立在对美国多家电话公司并购重组的基础之上。AT&T公司一度是作为美国电信业最大的寡头垄断企业存在的。受益于电话垄断的专用服务费、政府资助的研究等各种充足的经费，贝尔实验室成立之初的预算就超过了上亿美元（按可比价格计）。AT&T充足的经费保证，AT&T与贝尔实验室在生产、运营和研究开发上的相互配合、优势互补，是贝尔实验室能够持续大规模研发创新的重要基础。到20世纪60年代前后，AT&T公司、贝尔实验室分别发展成为世界上规模最大的电信公司和最大的产业实验室。AT&T公司的成功，并不仅仅在于寡头垄断企业的经营业绩，也在于贝尔实验室这样源源不断的创新成果。

就研发业务而言，AT&T公司参与了大量的军事和政府事务，贝尔实验室的研发工作一度有75%左右跟美国军事相关。AT&T公司参与的军事相关的研发工作，在获得充足经费支持的同时，也使得AT&T公司的寡头垄断得到了来自美国政府某种程度的默许。只要AT&T公司将其业务限制在公共通信服务或者军事领域，AT&T公司的垄断问题就不会被美国政府提起。当然，美国政府在给予AT&T公司宽松的发展环境的同时，AT&T公司也需要做出相应的妥协或让步，使得AT&T（贝尔实验室）的研究成果产生更大的社会效应。这些妥协或让步包括：AT&T对自己不进入计算机或消费电子领域的承诺，AT&T将其美国专利开放（给所有的美国专利申请者），AT&T通过各种学术渠道来促进技术专利的传播和转化等；这样的做法，直接导致当时（1956年左右）8600个AT&T（贝尔实验室）的美国专利被免费开放给相应的美国专利申请者。[①] 根据各种公开资料，在 AT&T 被拆分之前，[②] 贝尔实验室共诞生了至少 11 位诺贝尔奖得主；产生了晶体管、激光、硅太阳能电池、通信卫星、光纤电缆系统、Unix 系统、C 语言和互联网等一系列重大发明。作为对创新成果产业化的直接推动，贝尔实验室也走出了美国半导体产业最早的企业家，比如晶体管发明人之一、1956 年诺贝尔物理学奖得主威廉·肖克利（William Shockley）及其团队在硅谷创立实验室，并创立了包括仙童（Fairchild）、英特尔、超微半导体（AMD）在内的美国半导体领军企业。仙童公司和德州仪器在 1958 年率先成功研制出了半导体集成电路。

表 3　贝尔实验室的部分重大发明

时间	项　目
1939 年	二进制数字计算机
1947 年	晶体管（获 1956 年诺贝尔奖）
1954 年	太阳能电池
1958 年	激光
1962 年	示范蜂窝技术，发光二极管，通信卫星：电星 1 号（Telstar 1）

① Jon Gertner, *The Idea Factory: The Bell Labs and The Great Age of American Innovation,* New York: Penguin Press, 2013, pp.162–182.

② AT&T 在美国电信市场的“垄断”地位，一直保持到 20 世纪 90 年代被拆分之前。1984 年，AT&T 被一分为八，从此走上了不断被拆分的道路。这种拆分与 AT&T 在发展之初通过并购而不断发展壮大，似乎是完全相反的路径。到 2001 年，朗讯却不得不关掉贝尔实验室的绝大多数研发部门。朗讯最终也被法国的阿尔卡特所并购。前谷歌研究院研究员吴军认为，20 世纪 90 年代对朗讯 – 贝尔实验室的拆分，体现出了以华尔街和朗讯高管为代表的公司治理团队的短期逐利性，并最终造成了 AT&T 和朗讯的衰落。这些拆分包括单独将亚美亚（Avaya）分拆、香农实验室被毁，与纵向并购所达成的产业链优势反向而行。更详细的内容参见：吴军，《浪潮之巅》，北京：人民邮电出版社，2011 年，第 1~14 页。

（续表）

时间	项　目
1965 年	微波背景辐射（获 1978 年诺贝尔奖）
1969 年	UNIX 操作系统
1979 年	数字信号处理器
1980 年	数字蜂窝电话技术

资料来源：Linda Johnson, "Bell Labs' History of Inventions," November 30, 2006. www.washingtonpost.com (2018-06-30)

因其对新的、基础的科学理念矢志不渝的追寻，而不是侧重于产品开发，贝尔实验室被称为"创意工厂"（Factory of Ideas）。[①] 作为"受监管的垄断"，远离竞争的贝尔实验室甚至被认为是 20 世纪美国最成功的创新企业。[②] 回顾既往，贝尔实验室成功创新的原因至少包括两个方面：一方面，作为远避竞争的企业，研究、开发、制造和运营的一体化，AT&T 通过并购形成的寡头垄断地位为贝尔实验室创新所需的研发经费提供了良好的外部条件；另一方面，如果说并购通过企业产权关系变更实现了知识和专利的共享，作为受监管的垄断企业，AT&T 则以开放性的知识产权和专利制度推动了整个社会的合作创新。从历史的视角来看，作为受监管的垄断企业，除了远避竞争，AT&T 开放性的知识产权和专利制度是其不同于多数私人垄断企业的重要特点。受监管的垄断，促进了企业对于整个经济社会的利益的最大化，而不仅是某个企业私人垄断本身。

---

① 格特纳认为，相比贝尔实验室作为"创意工厂"（Factory of Ideas），今天的硅谷更像是一个创意的地场（Geography of Ideas）。而就贝尔实验室的管理而言，也是侧重于对理念和创意的管理，而不是研发人员本身。Jon Gertner, *The Idea Factory: The Bell Labs and The Great Age of American Innovation,* New York: Penguin Press, 2013, pp.346–348.

② Joseph Stiglitz, "Leaders and Followers: Perspectives on the Nordic Model and the Economics of Innovation," *NBER Working Paper* 20493, September 2014, p.15.

（二）对日本半导体赶超的应对

如此领先的技术起源，一度使美国在半导体技术的研发和应用方面走在全世界的最前沿。但是，在半导体产业技术和市场占有率全球领先 30 年之后，美国半导体企业在 20 世纪 80 年代后半期遭遇了日本企业的激烈竞争。1986 年，日本超越美国成为全球最大的半导体生产国。1988 年，日本企业占有了全球半导体市场 50% 以上的市场份额。综合来看，日本的半导体企业在生产技术、产品质量等方面，都比美国企业领先。[①] 日本企业的出现，一度使得美国半导体产业处于亏损甚至溃败的边缘。在与日本半导体企业竞争的过程中，众多美国新兴企业纷纷改旗易帜，甚至与日本半导体企业结成市场联盟。仅 1988—1991 年的四年时间里，就有数十家美国半导体企业（包括半导体设备和材料供应商）被日本企业并购或部分参股。包括仙童公司在内的美国半导体领军企业，也差点被日本企业并购。直到 30 年以后，美国半导体产业协会的 2016 年度报告仍对美国企业当年与日本半导体企业的竞争失利念念不忘。[②]

而美国半导体产业溃败的原因，并不仅仅来自日本企业的竞争，更来自美国半导体企业本身在生产规模、生产模式、生产效率、产

① 日本在战后生产能力的提高与其高度重视质量问题有着密切的关系，森川（Morikawa）做了这方面的研究。而日本产品的高质量源于其独特的技术生产体系，这种生产体系贯穿于生产的全过程。相比需要个性的创造性突破，日本的生产体系在需要技能合作的产业领域具备优势，如钢铁、半导体、空调、汽车、电力设备等。参见：Hidemasa Morikawa，日本：大型工业企业日益增强的组织能力（1880—1980），[美] A. D. 钱德勒主编，《大企业与国民财富》，柳卸林等译，北京：北京大学出版社，2004 年，第 337~338 页。

② The Semiconductor Industry Association, *2016 SIA Factbook*, https: //www.semiconductors.org/main/resources, 2017-01-01.

品产量等多方面的因素。[①]尤其是，美国半导体企业采用了序列模式（Sequential Model）将生产过程分成了基础研究、产品开发、生产、营销等互不连接的若干道生产工序；在这种分解的生产流程下，生产过程中的每个环节，不同的工人，被分配以各自的生产任务，被认为影响了生产的稳定和产量。[②]受各种因素影响，美国半导体企业在设备、生产、企业规模、上下游产业链等方面，都与日本企业存在差距。就企业规模而言，在 1990 年，只有 6% 的美国半导体设备和材料供应商的销售收入超过 1 亿美元，绝大多数是销售收入小于 2500 万美元的小型企业。[③]基于这样的规模，这些半导体设备和材料供应商的研发投入严重不足，也不足以对付来自其他国家大型企业的竞争。此外，许多美国的新兴半导体企业，选择通过价格战的办法来获得生存。这种过度竞争的做法，影响了美国半导体企业的整体利益，即使美国的大型半导体企业也连年亏损。这样的情况也影响到了美国半导体产业的新工厂建设和生产线的再投资。到 20 世纪 90 年代初，美国的半导体产业全球销售额连续下滑，半导体从业人数也减少到不到 2.5 万人。

为了改变被动的不利局面，在 1990 年前后，美国通过政府的产业政策引导、对企业多种形式的并购重组等，在半导体产业的生产制造、研究开发、市场竞争等方面入手，改变了美国半导体产业的不利局面，拯救了衰败中的美国半导体产业。针对产品生产制造环

---

① 这方面的研究，可参考：R. L. Florida & M. Kenney, *The Breakthrough Illusion: Corporate America's Failure To Move From Innovation To Mass Production,* New York: Basic Books, 1990.

② David Angel, *Restructuring for Innovation: the Remaking of the U.S. Semiconductor Industry,* New York: The Guilford Press, 1994, pp.56–57.

③ Ibid., p.170.

节存在的问题，美国企业建设了领先的产品生产线，实现了技术开发与生产的一体化，也进一步密切了生产企业的上下游关系。针对半导体产业的研发投资不足和开发风险较高等问题，美国政府通过对半导体产业的研发资助和政府的采购，直接或间接地资助美国半导体企业的研发。针对市场竞争环节存在的问题，美国政府通过公开的外交渠道，与日本政府强力谈判，征收关税、给日本企业施压，引导本国企业的价格竞争限制，允许美国企业加强联合，以维护美国半导体产业的市场秩序、保护美国本土企业的利益。

为应对半导体生产研发方面存在的问题，类似日本研发联合体的合资研发项目的机制，美国政府在 1987 年拨款 1 亿美元，引导 IBM、AT&T、英特尔、摩托罗拉、德州仪器等 14 家半导体领军企业出资 1 亿美元（每家企业几百万到上千万美元不等），共同投资设立了半导体制造技术联合体（Semiconductor Manufacturing Technology，也译为半导体制造技术战略联盟）。美国国防部和国防部先进研究计划署（Defense Advanced Research Projects Agency）先后参与组建了半导体制造技术联合体。在对半导体企业给予数亿美元年度直接研发资助的同时，美国国防部先进研究计划署与相关企业一道推动半导体技术的研究、开发和推广等。从 1987 年到 1992 年，半导体制造技术联合体花费了 3.7 亿美元（全部预算的 37%），用于半导体设备改进、与设备供应相关的外部研发项目支出。[①] 在半导体制造技术联合体的共同研发推动下，美国半导体企业在研发管理、研发融合、相互技术溢出等方面受益良多，半导体研发的重复投资也相应减少。美国半导体设备企业的经营情况也有了很大的改

① David Angel, *Restructuring for Innovation: the Remaking of the U.S. Semiconductor Industry,* New York: The Guilford Press, 1994, p.171.

变，与半导体制造企业的关系也得以改进。[①]

表4　美国半导体相关产业的并购与合资企业数（1989—1999年）

年度	半导体		存储器		微组件		企业数	收入（百万美元）
	合资	并购	合资	并购	合资	并购		
1989	13	4	2	2	7	0	132	52751
1990	20	5	6	2	8	3	140	54578
1991	35	4	5	0	5	2	132	59341
1992	29	10	7	3	15	3	157	64774
1993	36	4	8	2	11	2	153	85328
1994	39	7	11	5	10	5	154	109402
1995	24	12	10	4	0	6	172	152875
1996	17	7	3	0	2	2	158	143402
1997	18	11	3	1	1	7	172	150911
1998	13	19	2	5	4	10	188	138747
1999	0	28	0	10	0	13	167	169311
1989—1999	244（合计）	111（合计）	57（合计）	34（合计）	63（合计）	53（合计）	157（平均）	107402（平均）

资料来源：Klaus Gugler & Ralph Siebert, " Market Power versus Efficiency Effects of Mergers and Research Joint Ventures: Evidence from the Semiconductor Industry," *The Review of Economics and Statistics*, Cambridge: MIT Press, Vol. 89(4), November 2007.

为促进美国半导体企业的合资合作，美国国会和司法部开始倡议放松美国反垄断法，允许美国企业开展更大范围的研发联合体。1984年前后，美国国会制定了《国家合作研究法》(后修订为《国家合作研究与生产法》)等法律，开始逐渐为美国企业之间的合作研发（包

① 具体而言，半导体制造技术联合体建立了实验室和生产线，其在得克萨斯州的工厂就有员工700人左右，1/3来自成员企业。受益于成员企业的技术溢出，比如IBM捐赠的4M规格的动态随机存储器设计和生产技术、AT&T捐赠的1M规格的静态随机存储器等，一些技术在联合体成员企业之间能够相互补充。参见：[美] F. M. 谢勒著，《产业结构、战略与公共政策》，张东辉等译，北京：经济科学出版社，2010年，第212页。

括研发联合体）之类的活动松绑。在推进半导体企业并购的同时，作为并购的另一种形式，美国半导体企业之间的合资生产被美国半导体产业协会号召实施，以达到合资企业技术协同和强强联合的目的。从1989年到1999年，美国半导体相关产业（包括半导体、存储器和微组件）共发生并购198起，投资成立合资项目363个，半导体企业的规模也不断扩大。根据美国政府统计部门（The U.S. Census Bureau）的数据，到2012年，美国半导体设备的产业集中度指标CR4[①]达到74.6%，美国半导体和相关器件的产业集中度指标CR4达到32.8%。

在推动企业外部合作的同时，在企业内部，美国半导体企业纷纷组建综合性的技术开发团队。综合性的技术开发团队，会涉及研究开发、生产、营销、外部设备和材料供应等人员，会涉及半导体产业链的全过程。而这种综合性的技术开发团队的主要责任是在技术开发的初始阶段，就引入生产和营销的关切，从而使技术开发从初始阶段考虑产品制造和市场销售的可行性。[②] 顺应潮流，IBM、英特尔等美国大公司纷纷建立了这种综合性的技术开发团队。截至1999年，美国半导体产业共有活跃的企业约167家；营业收入1693亿美元，是1989年527亿美元营业收入的3倍多。[③] 2013年，英特尔、高通等8个美国集成电路企业的销售收入就高达1085亿美元，占据了全球集成电路市场3056亿美元中35%以上的市场份额。[④]

---

① 产业集中度指标CR4是指一个产业内最大的4个企业所占的市场份额。

② David Angel, *Restructuring for Innovation: the Remaking of the U.S. Semiconductor Industry,* New York: The Guilford Press, 1994, pp.109–111.

③ Gugler Klaus & Ralph Siebert, “Market Power versus Efficiency Effects of Mergers and Research Joint Ventures: Evidence from the Semiconductor Industry,” *The Review of Economics and Statistics,* Cambridge: MIT Press, vol. 89(4), November 2007, pp.645–659.

④ 根据如下报告数据计算得到：深圳市科技创新委员会，《深圳集成电路产业发展分析研究报告》，http://www.szsti.gov.cn/f/services/softscience/84.pdf，2015年7月22日。

为应对外国企业的竞争和并购威胁，在对内推动企业并购重组的同时，美国政府对外加强对本土企业的保护，以改善美国半导体产业日益不利的局面。20 世纪 80 年代中期，美国半导体企业在美国贸易代表办公室、美国商务部等政府机构的帮助下，发起了针对日本半导体企业的贸易诉讼，指责日本企业在美国进行产品倾销（包括 64K 的动态随机存储器等）并对日本本土市场进行产业保护。美国商务部随后发动了对日本企业 256K 规格和 1M 规格动态随机存储器的反倾销调查。甚至，美国政府施压日本政府签订了《半导体贸易协议》，以保护美国企业在市场竞争中的利益，并要求日本开放半导体市场。值得注意的是，在美国政府的压力下，连日本通商产业省也不得不出面干涉日本半导体企业的出口事宜，在反倾销的名义下向美国政府及时通报日本企业的经营状况。甚至，美国政府还就美国本土半导体企业在日本的市场占有比例写入协议内容（协议中签订的市场占有比例一度是 20%），以确保美国本土半导体企业在日本的利益。① 或许，在日本政府看来，美日关系的重要性已经大大超过日本半导体产业的经济利益。此后，受美国等内外部因素的影响，日本在半导体方面的投资和研发逐渐减少。

经过一系列的并购重组，美国政府与企业的有效互动，美国半导体企业逐渐恢复了其在全世界的霸主地位。美国半导体产业并购重组的历史，显示了多种形式的并购重组对半导体产业的创新和发展的重

① 根据希尔的研究记载，在一份非正式的文件附件中，日本政府同意保证外国产品进入日本半导体市场的相关途径。甚至，日本政府同意保证外国企业在 1991 年末获得日本半导体市场 20% 以上的市场份额，这比 1986 年 8.6% 的半导体市场份额有很大的增长。参见：[美] 查尔斯·希尔，《国际商务（第 5 版）》，周健临等译，北京：中国人民大学出版社，2005 年，第 310~315 页。

要作用。同时，美国半导体产业并购重组的历史也表明：不同国家之间的企业竞争，本质上就是各自国家的企业和产业政策互动的结果，而政府的产业政策能在规模经济、技术创新和产业竞争中发挥重要的作用。没有美国政府对外的产业保护和对内的产业并购重组，美国很难在与日本半导体产业的竞争中取胜。从产业竞争的角度，即使美国半导体企业经历了并购重组，美国半导体产业仍被认为是竞争最为激烈的产业之一。即使美国通过并购重组重新获得竞争优势，相比日本的产业组织模式，美国企业更强调市场和竞争的作用。相比日本大小企业的关系，美国大小企业的关系是比较松散的；日本用大企业领衔的“系列”的形式协调大小企业的关系，美国则靠大企业在产业链中的系统集成角色来推动产业链内企业的行为。

五、赶超背景下的中国半导体产业

从历史来看，中国早在 1965 年就研制出了第一块集成电路，当时与美国研制成功集成电路相差仅七八年时间。但是由于种种原因，中国半导体集成电路产业的发展一直非常滞后。就产业集中度而言，中国半导体产业的布局非常分散。即使改革开放以后，无论是 20 世纪 80 年代初还是 2000 年前后，中国半导体的产业集中度一直都不高，很多企业没有达到生产的规模经济。甚至，中国半导体企业引进的半导体设备的生产线都是二手的，整体实力非常落后。[①] 面对半导体集成电路这样竞争激烈、风险很大、投资很大、技术含量高的产业，市场经验不足的中国企业也不够适应。进入 21 世纪以来，

① 朱贻玮编著,《中国集成电路产业发展论述文集》，北京：新时代出版社，2006 年。

中国集成电路企业的产能在全球的占比，经历了一个快速扩张的过程。在半导体设计、封装等环节，中国本土半导体企业的实力不断提高；但在半导体设备、制造等环节，中国本土半导体企业的实力还有很大差距。近几年来，中国半导体集成电路的进口金额都在两千亿美元以上，严重依赖海外市场。

就产业赶超而言，中国半导体产业的市场结构，至少存在如下几个方面的问题和挑战。一是中国半导体企业的平均规模不够大，研发投入不足，与世界领军企业的不对称竞争问题突出。① 在半导体制造领域，从全球发展趋势来看，先进节点工艺制程的进入门槛越来越高，表现为资本投入大（且需要持续投入）、技术高度密集、尖端人才缺乏、知识产权体系错综复杂。中国半导体制造企业与英特尔、三星等半导体领军企业存在着较大的差距，生产设备高度依赖进口。在半导体设备（如光刻机）这样的关键技术领域，中国半导体企业的规模和技术一直滞后，与欧美的半导体设备差距甚大。在封测领域，中国企业近年来进步较大，但相关的设备和材料高度依赖进口。即使在设计领域，中国企业占据的也只是中低端半导体设计为主的市场。二是中国半导体产业的产业集中度还比较低，产业布局分散。就半导体设备而言，中国半导体设备产业的产业集中度不高，未能有效整合各种资源，实现企业的规模经济水平。就半导体制造而言，最近出现的各个地方推动的半导体生产线投资热潮可能会有局部过剩甚至投资失败的风险，因为很多半导体制造企业

① 中微半导体董事长尹志尧认为，中国新兴的、分散的半导体产业面临着全球半导体产业不断加剧的超级垄断状况，面临着与世界领军企业在企业规模、市场份额等方面的“不对称的竞争”。参见：尹志尧，《认清差距，调整方向，立志赶超！》，《集成电路应用》，2014 年第 12 期。尹志尧，《半导体设备企业要有全球战略》，《集成电路应用》，2016 年第 11 期。

并不一定能达到半导体产业全球竞争的规模经济水平，有的企业没有彻底解决长远发展所需要的人才、资金、技术、知识产权问题。三是中国半导体产业内部的合作机制还不够健全，产业链内部的并购重组也才刚刚开始。而半导体这样的高技术产业的发展需要企业之间的合作、合资甚至并购，并不仅仅是竞争，因为很多高技术难题并非单个企业的力量能够解决。半导体产业链内部的并购重组，正是为了推动企业更好地实现其规模经济和技术创新。

从全球范围来看，半导体集成电路的制造、设计和设备的产业集中度都比较高。根据各种公开数据，以三星、台积电和美光为首的前10大企业，占据了全球晶圆产能的70%左右，英特尔、三星和海力士等前20大企业占据了全球半导体芯片收入的70%左右，以英特尔、三星和台积电为首的三家企业的资本支出就占到全球半导体产业资本支出的40%左右，美国、日本等国企业领衔的前十大集成电路设备企业占据全球80%左右的市场份额。与此同时，全球半导体产业的并购规模再创历史记录，2015和2016年的全球并购金额都在1000亿美元左右，交易在200起左右。而美国企业在全球半导体产业的并购中，占比超过50%。尤其是，美国集成电路设计龙头企业高通公司以470亿美元收购恩智浦（NXP），安华高（Avago）以370亿美元收购博通（Broadcom），西部数据以190亿美元收购闪迪，亚德诺（ADI）以148亿美元收购凌力尔特公司（Linear Technology），三星以80亿美元收购哈曼公司（Harman）等，这样的大规模并购使得已经高度集中的半导体产业更加集中。

日益集中的全球集成电路产业，正在形成由英特尔等大型企业领衔的由“寡头垄断”到“寡头联盟”转变的市场竞争格局，而联盟之外的企业则很难进入其中，进行专利和技术的共享。[①]“要么并购、要么出售”，正成为不少半导体集成电路企业的不二选择。越来越大的最小有效规模、越来越集中的全球市场结构与越来越激烈的全球竞争环境，以及中国企业存在的过度竞争、规模不经济和有待提升的创新能力，是中国半导体企业开展全球产业竞争、产业赶超的现实处境。如果钢铁水泥之类的传统产业的过度竞争、规模不经济意味着环境、能源、安全和质量等方面更多的负外部性和资源浪费，那么集成电路这样高技术产业的过度竞争和规模不经济则意味着中国在全球价值链竞争中更加不利的地位。纵然已经有越来越多的中国本土跨国公司荣登《财富》500强榜单，但是在众多行业和领域，无论从盈利能力、创新能力还是产业的影响力、对中小企业的带动力来看，具备全球竞争优势和创新能力的中国本土大企业仍旧是非常缺乏的，尤其是在半导体产业。

围绕市场结构、并购重组与规模经济、技术创新的关系，以熊彼特和阿罗等为代表的经济学家们进行了长达数十年的研究争论。美国、日本、韩国甚至中国台湾省[②]半导体产业赶超或发展的历史则

---

① 中国工信部赛迪研究院，《集成电路产业发展白皮书（2015版）》，2015年，第42页。

② 由于美国企业的投资设厂，中国台湾省在20世纪60年代开始介入半导体产业的生产活动。但是，半导体产业的大发展，是在20世纪80年代台湾工研院和企业联合投资的联华电子和台积电等大型企业崛起之后。但是与日本、韩国企业不同的是，台湾省的大型企业采取了一种代工发展的模式，而不是一体化的设计制造（Integrated Design Manufacturing）形态，不与行业领军企业直接竞争。这种代工发展模式，对企业的规模有很高的要求，否则根本拿不到大量的订单，也无法跟三星那样的一体化公司争夺订单。产品对制造设备的高要求、市场的激烈竞争，都使得集成电路制造企业对生产和研发进行巨额投资，以保持其尖端竞争优势。台湾省虽然是全球重要的半导体产业基地，但也仅有台积电、联华电子两家大型半导体制造企业可以与三星、英特尔这样级别的企业竞争。在发展壮大过程中，台积电和联华电子也通过研发联合体等并购重组方式来填补其自身的技术和市场不足。详见：陈德智、陈香堂、杨国珩，《亚洲半导体产业技术发展：韩国和中国台湾地区实证研究》，《中国管理科学》，2015年10月。傅如荣，《工研院电子所模式和台湾半导体工业的发展》，《亚太经济》，2009年第1期。

表明，只要与产业发展的规模经济特点和技术创新要求相趋同，以产业政策推动和领军企业共同投资组织起来的研发联合体、技术收购、企业合并等并购重组形式，是非常有效的。即使美国也是采取了产业政策与大企业领衔的并购重组，才重新夺回被赶超的产业地位。而鉴于半导体产业自身的规模经济特点和技术创新要求，大企业的培育、企业之间的竞争合作、包括研发联合体在内的多种形式的并购重组等，都是至关重要的，尤其是对后发国家的企业而言。半导体作为“工业的原油”，不仅关乎中国几千亿美元的GDP，更关乎中国的经济安全。能否像日本、韩国一样走出一条中国自己的半导体产业赶超之路，在更高层次和水平推动半导体产业的规模经济和技术创新，考验着中国政府的产业政策水平，也考验着中国企业的产业重组能力。

积极应对全球范围的产业集中和资本垄断[①]

当今世界经济并不是完全自由的市场经济，而是寡头垄断资本主导的市场经济。全球范围的产业集中和资本垄断创历史新高，表现为以产业集中、并购重组、系统整合为特征的“全球商业革命”。第一，无论传统制造业、新兴产业还是金融业的集中趋势都在加剧。第二，跨国公司对生产、销售、研发、服务等经济活动的控制整合能力及对相关企业的并购重组能力也越来越强。第三，处于主导地位的大型跨国公司不仅对本产业链的业务活动进行直接的并购和重组，而且对产业链上下游成千上万的供应商与合作伙伴进行实质的控制、协调和整合。中国应发挥产业政策和国有企业优势，坚定走集中发展、协同发展、竞争有序的产业化新道路。

产业集中是全球经济发展的内在规律之一。20世纪80年代之后，伴随着全球化、金融化和信息化趋势，资本积累的规模越来越大、速度越来越快，全球范围内的产业集中和垄断趋势不断加剧。从宏观上看，无论传统制造业、新兴产业还是金融业的集中趋势都在加

① 本文发表于黑龙江省社科院《学习与探索》2017年第1期，人大复印报刊资料《国际经济文摘》2017年第2期转载。

剧，寡头垄断程度不断加深；从微观上看，跨国公司对生产、销售、研发、服务等经济活动的控制整合能力及对相关企业的并购重组能力也越来越强。近年来，全球跨国公司产值已经占到世界总产值的40% 以上。英国剑桥大学彼得·诺兰等更是将这一跨国公司领衔的，以产业集中、并购重组、系统整合为特征的巨大经济变革，称为“全球商业革命”。产业集中和资本垄断带来的种种趋势和问题，值得我们高度重视。

一、全球范围的产业集中和资本垄断创历史新高

（一）众多传统产业部门被世界上最大的跨国公司所寡头垄断

产业集中和资本垄断发生在全球经济的众多产业部门，当今世界最大的跨国公司占有了飞机制造、汽车汽配、农用机械、碳酸饮料、软饮料、烟草、制药、农产品、种业等传统产业 50% 以上的全球市场份额。例如，世界前两大公司（全球行业排名，下同）分别占据了全球大型商用飞机 100% 的市场份额和全球 20~90 座小型商用飞机 75% 左右的市场份额，世界前两大公司分别占有了全球碳酸饮料市场的 70% 左右，世界前三大公司分别占有了全球农业机械市场的 70% 左右，世界前五大公司分别占有了全球铝土市场的 45% 和氧化铝市场的 50% 以上，世界前十大汽车公司分别占有了全球汽车产业市场的 77% 左右，世界前十大制药公司分别占有了全球制药市场的近 70% 左右，世界前十大种子公司分别占有了全球主要农作物种子市场的 66% 左右。

这些大型跨国公司的全球主导地位与它们因大规模的研究开发而保持的技术领先地位有着密切的关系。2014 年，根据《全球创新

1000 强》的统计，全球研发支出最多的 20 家公司（无中国本土企业）的研发支出 1653 亿美元（约 10248 亿元），甚至大于中国规模以上工业企业法人单位研发经费支出总和（8318.4 亿元），也远远大于中国规模以上高技术产业（制造业）企业法人单位研发支出总和（2034.3 亿元）。在上述全球研发支出最多的 20 家公司中，最高的是德国大众汽车公司，达 135 亿美元，最低的是美国思科公司，达 59 亿美元。德国大众汽车公司的研发支出超过了中国整个汽车业的研发支出总和（680.2 亿元）。罗氏、诺华、默克、辉瑞、赛诺芬－安万特、葛兰素史克任何一家制药工业的研发投入，都远远超过中国整个医药制造业（347.7 亿元）的研发支出总和。三星和英特尔这两家企业的研发支出就达到了中国整个计算机、通信和其他电子设备制造业的研发支出总和（1252.5 亿元）。容易看出，全球研发支出最多的 20 家公司也是《财富》全球 500 强等大企业排行榜的领衔企业。

（二）以 IT 为代表的新技术产业部门的集中和垄断非常严重

由于需要巨额的资金投入、长期的技术积累和巨大的网络效应，以 IT 为代表的新技术产业很容易产生集中和垄断。以液晶、电脑、数码相机、移动通信为例，世界前三大公司分别占有全球移动通信设备市场的 70% 以上和全球移动终端电话的 65% 左右，世界前三大公司分别占有全球液晶市场的 50% 以上，世界前四大公司分别占有全球数码相机市场的 80% 以上，世界前四大公司分别占有全球电脑市场的 55% 左右。

值得重视的是，来自美国的跨国公司高度垄断了全球范围内的网络核心技术设备。美国微软公司占有全球个人计算机操作系统市场的 85% 左右，美国英特尔公司占有全球中央处理器（CPU）市场的 90% 左右，美国高通公司和苹果公司占有全球智能手机芯片市场的 60% 左右，美国思科公司也占有全球核心交换机和路由器市场的较高份额。

（三）以美国为代表的发达国家的产业集中和垄断尤其突出

一方面，以 IBM 案、美国电报电话公司案为标志，美国反垄断标准不断提高和变化，事实上大大提高了反垄断法的介入门槛；另一方面，美国政府对以往必受禁止的巨型企业合并案大开绿灯。据美国政府统计数据，美国制造业非加权的产业集中度平均值在 40% 左右，远远高于中国制造业多数产业的集中程度。根据时任美国总统经济顾问委员会主席福尔曼的研究，从 1997 年到 2007 年，在交通仓储、零售、金融保险、房地产、公共事业、批发、教育服务、住宿和视频服务、专业科技服务等行业，美国最大的 50 家公司的收入出现了不同程度的上涨，产业集中度持续升高。根据美国国会研究服务中心的调查，从 1972 年到 2002 年，美国 9 个农业类产业中的 8 个，不同程度地出现了产业集中度上涨。

除了耳熟能详的微软、思科和英特尔公司，美国贝尔公司、电力公司、柯达公司、佳得乐公司、特玛捷公司、格柏公司、吉列公司分别占有美国本地电话服务市场的 85%~100%、美国本地电力市场的 85%~100%、美国非专业胶卷市场的 75% 左右、美国运动饮料市场的 85% 左右、美国票务服务市场的 70% 左右、美国婴儿食品市场的 70% 左右、美国剃须刀产品市场的 80% 左右。美国联邦快递和 UPS 公司占有美国包裹快递市场的 75% 左右，美国航空等 5 家航空公司占有美国民航市场的 85%~95%，回声星通信公司和休斯电子公司占有美国卫星转播市场的 90% 左右，沃尔玛等 4 家公司占有美国零售业市场的 70% 以上。[①]

（四）金融部门的产业集中和产融结合的趋势加剧

金融危机前后，JP 摩根、美国银行、富国银行、法国巴黎银行、德国商业银行、野村证券、巴克莱资本等金融业巨头分别并购重组了包括贝尔斯登、华盛顿互惠银行、美林公司、瓦霍维亚银行、富通银行、德累斯顿银行、雷曼兄弟在内的数家有影响力的金融机构，全球金融产业集中的趋势持续加剧。在 1997 年，全球最大的 25 个银行持有全球最大的 1000 家银行资产的 28%；2006 年，这个数字上升到 41%；到 2009 年，这个数字已经进一步扩大到 45%。在美国，1995 年，6 家最大的银行控股公司（摩根大通、美国银行、花旗集团、富国银行、高盛投资公司和摩根士丹利公司）拥有的资产相当于美国 GDP 比重的 17%；到 2006 年底，这个比重上升到了 55%；到 2010 年（第三季度），这个数字则上升到了 64%。金融危机爆发前的 2007 年，美国金融业利润占到美国公司利润的 40% 左右。[②]

同样值得注意的是，伴随着美国金融业利润的高企，不少跨国公司涉足金融领域，开启了产融结合转型的新趋势。在日本、韩国等财阀主导型经济体中，产业资本和金融资本也存在不同程度的相互融合，这既给监管当局带来了新的挑战，也对企业能否做好主业提出了考问。

---

① ［美］威廉·谢泼德等，《产业组织经济学》（第五版），张志奇等译，北京：中国人民大学出版社，2009 年。

② ［美］约翰·贝拉米·福斯特等，《21 世纪资本主义的垄断和竞争》，金建译，《国外理论动态》，2011 年第 9 期和第 10 期。

（五）并购重组成为实现产业集中和企业成长的重要途径

应该看到，为数众多的产业趋向于集中化发展，为数众多的企业借力并购这根杠杆实现自身的跨越式发展。一方面，企业通过并购重组实现自身的规模收益和成本削减；另一方面，企业通过并购以吞并本产业或相关产业的竞争者或潜在竞争者。通过并购实现产业集中和垄断已经成了这些大型跨国公司实现跨越式发展、保持强势市场地位的重要方式，正所谓“为全球竞争而集中”“为全球竞争而垄断”。

从20世纪70年代到2008年，世界500家大企业的年全球并购净值占世界收入的百分比增长了10倍。金融危机爆发前的2007年，全球并购金额上升到了4.2万亿美元（包括跨境并购1.64万亿美元）的历史高位，相当于全球GDP的8%左右。全球并购浪潮一度受到金融危机影响，但在2013年已经重回历史高位。在2013年度全球最大的10宗超100亿美元并购案中，Verizon通信公司以1300亿美元并购交易额排名榜首，1300亿的并购交易也使得这桩并购成了历史上第三大的企业并购交易案。

而以微软、谷歌、苹果、英特尔、IBM等领衔的大型跨国公司，不仅占据了《财富》世界500强和《全球创新1000》中的显赫位置，在全球生产、销售、研发活动中扮演着领导者的角色，而且在全球并购重组活动中表现得异常活跃，引领和推动着全球范围的产业集中与并购重组。应该说，在中国风起云涌的各类国内、国际并购活动只是全球范围大规模并购的一个部分。尽管中国企业境外投资并购呈现较快态势，但是不少中国企业仍面临着外国跨国公司的并购威胁。

表 1 美国代表性 IT 企业的并购

企业	并购数量	发生时间段	代表性并购案例
微软	至少 179 起	1987 年 7 月—2015 年 7 月	72 亿美元并购诺基亚
谷歌	至少 177 起	2001 年 2 月—2015 年 7 月	125 亿美元并购摩托罗拉
IBM	至少 178 起	1889 年 1 月—2015 年 6 月	50 亿美元并购 Cognos
Yahoo!	至少 114 起	1997 年 9 月—2015 年 7 月	57 亿美元并购 Broadcast.com
苹果	至少 69 起	1988 年 3 月—2015 年 7 月	32 亿美元并购 Beats Electronics
Facebook	至少 55 起	2005 年 8 月—2015 年 7 月	195 亿美元并购 WhatsApp

资料来源：根据维基百科等整理

（六）跨国公司对产业链的系统集成整合能力持续加强

处于主导地位的大型跨国公司不仅对本产业链的业务活动进行直接的并购和重组，而且对产业链上下游成千上万的供应商与合作伙伴进行实质的控制、协调和整合。在这种系统集成和整合的巨大压力下，来自发展中国家的企业通常被迫从事惯例化的、低附加值的、几乎没有进入壁垒的和劳动密集型的非核心部件的加工、制造和组装环节。无论是高端的航空制造业还是低端的日用消费品，越来越多的产供销活动以及价格和利润被跨国公司控制和支配。

美国麻省理工学院的研究指出，航空工业终端产品价值的 60%~80% 都来自其产业链条的供应商，这是处于主导地位的大型公司对价值链进行系统集成的结果。[①] 围绕核心设计和组装工作，空中客车通过对来自 20 多个国家或地区的 1500 多家供应商进行计划和协调，波音公司通过对来自 60 多个国家或地区的 10000 多家供应商进行计划和协调。

① ［英］彼得·诺兰等，《全球商业革命、瀑布效应以及中国企业面临的挑战》，《北京大学学报（哲学社会科学版）》，2006 年第 2 期。

二、中国的产业集中度与发达国家相比存在明显差距

整体上，尽管近年来中国政府重视产业散乱小的相关问题，但是中国经济仍然没有形成由优强企业主导的产业发展格局，多数企业缺乏占领产业价值链的制高点，缺乏有国际竞争力和产业整合能力的大型跨国公司。从产业布局来看，产业集中度低的问题，既发生在钢铁、水泥、汽车、造船等传统重工业，也发生在集成电路、婴幼儿奶粉、制药、医疗器械等新兴产业。从空间序列来看，中国在产业集中度方面与美国等发达市场经济国家有着很大的差距。中国不加权的制造业产业集中度 CR4 在 20% 左右，美国不加权的制造业产业集中度 CR4 在 40% 左右。从时间序列上来看，中国的产业集中度近年来呈现出一个逐渐下降的趋势。[①] 就中国这样的后发经济体而言，过低的产业集中度，可能意味着本国企业在劳动密集型产业中的过度竞争、更多的规模不经济活动，从而导致更低的劳动生产率水平甚至更低水平的创新等。有研究甚至将这种后发国家企业规模导致的经济无效率或低效率称为“规模失灵”（Size Failure）。

（一）产业集中度低、企业实力较弱问题普遍存在，影响和制约着中国经济的资源配置效率和人民福利水平的提高

以社会影响较大的婴幼儿配方奶粉产业为例，中国生产婴幼儿

---

① 美国经济学家拉迪（Nicholas Lardy）的最新研究就指出，虽然中国政府尝试在许多行业推动并购重组，但这些努力都以失败告终，许多行业的集中度未升反降。根据拉迪的研究，在 2011 年，中国的煤炭采掘业有 880 家国有资本控制的企业，私有企业数量则有 4420 家；中国的钢铁行业有 312 家企业国资控股，私有企业则有 4246 家。

配方奶粉的企业有130多家，而美国主要有3家，尽管中美两国有着不同的人口和国情。针对婴幼儿配方奶粉业“行业集中度不高、自主品牌竞争力不强、消费者对国产品牌缺乏信心”等问题，工业和信息化部、国家发展改革委等多部门已于2014年6月正式发文清理整顿中国的婴幼儿配方奶粉产业，推动婴幼儿配方奶粉产业的集中有序发展。这份编号为“国办发〔2014〕28号”的文件明确提出“到2015年底，争取形成10家左右年销售收入超过20亿元的大型婴幼儿配方乳粉企业集团，前10家国产品牌企业的行业集中度达到65%；到2018年底，争取形成3到5家年销售收入超过50亿元的大型婴幼儿配方乳粉企业集团，前10家国产品牌企业的行业集中度超过80%”。

（二）即使是那些进入世界500强的中国企业，与发达国家同行业领先企业相比仍有较大的差距

根据美国《财富》杂志2015年公布的世界500强企业排名，[①] 在汽车产业，中国最大的三家汽车企业——上汽、一汽、东风加起来的营业收入才勉强抵得上德国大众一家企业的营业收入；在船运业，中国远洋的营业收入大概相当于丹麦马士基营业收入的50%；在钢铁业，宝山钢铁的收入大概相当于安赛乐米塔尔的61%；在化工业，中化集团的收入大概相当于巴斯夫的42.4%。

同时，在众多行业和领域，中国缺乏世界级的领军企业。在如下行业和领域的《财富》世界500强企业名单中，中国大陆企业则无一上榜。这些行业和领域包括：电子电器设备（17家）、信息技术

---

① 财富中文网，2015年《财富》世界500强各行业子榜单，http://www.fortunechina.com/fortune500/c/2015-07/22/content_244442.htm，2015年7月22日。

服务（4 家）、半导体、电子元件（4 家）、计算机软件（2 家）、保健：医疗设施（2 家）、建筑和农业机械（2 家）、批发：电子、办公设备（3 家）、批发：保健（5 家）、综合商社（7 家）、食品店和杂货店（20 家）、其他专业零售商（4 家）、食品：消费产品（5 家）、食品生产（7 家）、食品店和零售店（20 家）、饮料（3 家）、食品：饮食服务业（3 家）、油气设备与服务（3 家）等。

（三）不少产业的市场和技术都被外资企业所垄断和控制，不少优势企业和著名品牌也被外资企业并购蚕食

根据《中国统计年鉴》历年统计资料的计算，从 2004 年到 2011 年，外商及港澳台商投资工业企业主营业务收入占国内规模以上工业企业主营业务收入的比重都超过 26%。从各行业情况来看，以 2011 年为例，国家统计局现有口径统计的 39 个行业中，有 5 个行业的外资工业企业市场占有率超过 40%，有 15 个行业的外资工业企业市场占有率超过或接近 30%，有 29 个行业的外资工业企业市场占有率超过 20%。[①] 外资工业企业市场占有率最高的行业包括："通信设备、计算机及其他电子设备制造"、"文教体育用品制造业"、"仪器仪表及文化、办公用机械制造业"、"交通运输设备制造业"和"皮革、毛皮、羽毛（绒）及其制品业"，其市场占有率分别是 76%、

① 2011 年，外资工业企业市场占有率超过 30% 的行业包括：食品制造业，饮料制造业，纺织服装，鞋、帽制造业，家具制造业，造纸及纸制品业，化学纤维制造业，橡胶制品业，塑料制品业，电气机械及器材制造业，以及燃气生产和供应业。外资工业企业市场占有率超过 20% 的行业包括：农副食品加工业、纺织业、印刷业和记录媒介业、化学原料及化学制品制造业、医药制造业、金属制品业、通用设备制造业、专用设备制造业、水的生产和供应业。有些研究认为，20% 是国际通行的外资市场占有率警戒线标准。某些产业的外资市场占有率偏高问题应该引起有关部门的高度重视。

51%、47%、44% 和 43%。同时，外资企业“通信设备、计算机及其他电子设备制造”（48043 亿元）和“交通运输设备制造业”（27918 亿元）的主营业务收入分别占到外资工业企业各行业主营业务收入之和（216304 亿元）的 22% 和 13%，共计 35%。

以上数据显示不仅外资企业占据了中国“通信设备、计算机及其他电子设备制造和交通运输设备制造业”等高新技术领域的绝对份额，而且外资企业在上述高新技术领域的经营业务构成了外资企业在中国经营业务中的重要份额。此外，一批本土企业及金融机构的股权被外资企业并购。某种程度上，外资对中国产业的控制程度和本土企业的弱小与分散，存在着某种程度的正相关性。

三、加大政策扶持和引导力度，推动中国产业集中发展

面对激烈的国际竞争和跨国公司强大的实力，改变国内产业的散、乱、小状态，推动国内产业的有序竞争和集中发展仍然有很长的路要走。中国产业集中度偏低与政府政策缺位、企业实力不足、产业布局不合理、地方和部门利益割据、外资的强势等有着密切的关系。积极应对全球范围内的产业集中和资本垄断，必须充分发挥中国的产业政策和国有企业优势，加大产业集中发展的整体规划、扶持引导，推动国内产业优化重组，加快培育中国本土跨国公司和龙头企业，加强对跨国公司的监管力度，走出一条集中发展、协同发展、竞争有序的产业化新道路。

（一）高度重视和科学认识产业集中和资本垄断

政府部门和学术界应该高度重视和科学地认识到，无论是传统

制造产业、新兴技术产业还是金融业，全球范围的产业集中和资本垄断都呈现持续加剧的势头，并购重组已经成为全球经济变革的重要方式。当今世界经济并不是完全自由的市场经济，而是寡头垄断资本主导的市场经济，是跨国公司领衔的经济联盟。从历史来看，无论是先发经济体还是后发经济体，政府的产业政策都对国家经济起飞发挥过重要作用；世界大型跨国公司的成长也离不开政府的扶持和保护。而有力的产业政策和统一的国有产权恰恰是中国引导和推动产业集中发展的优势所在。

（二）以产业规划为纲领，引导和推动产业集中发展

政府部门要从国家全局利益和长远利益出发，打破地方利益、部门利益和企业利益的制约，编制科学规划、成立权威机构、配套有效政策，以全国一盘棋的战略高度推动适宜集中发展和规模收益递增的产业和领域的集中有序发展。要以现有企业兼并重组工作部际协调小组为依托，建立更高级别、更加权威、更有效力的产业集中发展协调领导机制，统筹解决重复建设严重、产能过剩加剧、行业无序竞争等结构不合理问题。在坚持和尊重企业在市场经济主体地位的同时，政府部门要积极制定和完善相关政策，推动各类企业围绕重点产业和领域并购重组、集中发展，坚决制止低水平的产能扩张和重复建设，引导各类产能落后企业有序退出。

（三）以企业并购重组为抓手，培育本土跨国公司和产业集群

本土跨国公司和龙头企业是中国参与全球竞争、维护国家经济安全的支柱力量。要以《财富》500强为目标，全力提升中国本土企业在全球价值链和世界产业分工中的竞争力、影响力和控制力，

培育数百家有国际竞争力的本土跨国公司和若干家区域性龙头企业、隐形冠军。[①]要加大对企业国内并购和国际并购的统筹力度，引导企业结合经营主业有序开展并购重组。注重发挥本土跨国公司和龙头企业的规模优势和产业链整合实力，发挥中小企业的灵活创新优势，推动不同所有制企业和大中小企业之间的并购、重组与产业链整合。鼓励企业在融资、采购、营销、技术、高端人才、知识产权、国际化经营等方面交流合作、协同发展，避免本土企业之间的恶性竞争、无序竞争。

（四）以国有跨国公司为依托，带动产业集中发展

从全球范围来看，大型国有跨国公司仍是各国参与全球竞争、推动经济增长的重要力量。联合国贸发会议 2011 年统计的全球最大的 653 家国有跨国公司中，有 285 家来自发达国家或地区（占比 43.6%），有 345 家来自发展中国家或地区（占比 52.8%），[②]有 23 家来自其他南东欧和独联体国家（占比 3.5%）。要发挥国有企业实

---

① 培育本土跨国公司和区域性龙头企业对中国参与全球竞争、维护国家经济安全而言是重要的；注重对小微企业的扶持则对解决就业、改善民生、提高中国经济发展的包容性有着重要的意义。但是，应该看到，真正创新型的小微企业是为数不多的，众多小微企业缺乏研发投入。正如打造本土跨国公司和龙头企业需要产业政策的引导和扶持，小微企业的发展壮大也同样需要政府产业政策的引导扶持。美国学者斯科特·谢恩就在《小企业经济学》（*Small Business Economics*）杂志上撰文，提醒人们“不要天真地认为所有创业精神都是好的，并制定政策去增加一般的或典型的创业者数量，决策者需要认识到，只有少数杰出的创业者能够创办起带领人们脱贫、鼓励创新、创造就业岗位、降低失业、让市场更具竞争性而且促进经济增长的企业”。“当政府鼓励新企业创建的时候，他们鼓励更多的人集中在竞争性行业开设新公司，这些行业的进入门槛比较低，而失败的比例高。”参见斯科特·谢恩（Scott Shane），《为什么鼓励更多人创业是一项拙劣的公共政策?》，舒萍译，载于《开放时代》2010 年第 10 期。

② 其中，来自发展中国家的 345 家全球最大的国有企业中，有 50 家来自中国。

力雄厚、资源整合能力强、产权属性相同的优势，推动国有企业之间的并购重组和产业链整合。[①]要防止以“反垄断”为名对大型国有企业进行简单拆分和私有化，从而降低中国本土企业的国际竞争力，降低国家对经济的控制力和影响力。在关系国计民生的自然垄断行业，要积极发挥国有企业自身优势和特定义务，有效防范和规避私人垄断带来的消极影响，保持国家对关键行业和领域的有效控制。

（五）以有效监管为后盾，严厉查处不正当竞争

在推动国内产业集中整合的同时，有关部门要对产业的市场结构和企业的具体不正当竞争行为做出科学的区分，要对具备市场支配地位的各类企业进行积极监管，对企业滥用市场支配地位的各种行为进行依法处罚，对占市场支配地位企业的收益所得尤其是过高收入进行合理调节，以保持市场的公平竞争和长久繁荣。立法部门和行政部门要对反不正当竞争相关的法律法规进行及时修订，因为现有的《反垄断法》等法律法规关于反垄断的适用条款及处罚措施等已经严重滞后于监管需要，不能有效震慑和处罚不少企业的不正当竞争行为。从全局角度对占市场支配地位的企业进行有效监管，是提高国内产业集中度、促进市场有序竞争的必要手段，符合中国经济长远繁荣的根本利益。

---

① 2014 年 7 月 18 日，中国移动通信集团有限公司、中国联合网络通信集团有限公司和中国电信集团有限公司共同出资设立中国通信设施服务股份有限公司（俗称为“铁塔公司”），改变之前三大运营商各自为政、各自建设和运营铁塔等电信基础设施的做法，就是国有企业减少基础设施重复建设、实现产业集中的正面案例。

（六）以欧美发达国家为借鉴，切实维护经济利益

目前，不少产业的市场和技术都被外国跨国公司所控制，不少优质企业和著名品牌也被外资企业并购。有关部门要对外国资本在华开展并购、投资等活动进行严格监管，尤其对那些滥用市场支配地位、影响中国经济安全、兴风作浪的外国资本，以维护公平竞争的市场环境和国家经济安全。对外国资本进行严格监管、以各种手段维护本国经济利益、发展壮大本土企业，也是欧美发达资本主义国家政府的通行做法。2013 年 11 月，美国国务院前助理国务卿费尔南德斯就在美国《外交事务》杂志上公开号召美国政府以多种手段支持美国企业参与全球竞争，以维护美国的经济利益。[①] 广为人知地，以美国外资投资委员会（CFIUS）为代表的外资监管机构就对赴美投资企业的国际经营活动进行了诸多不透明的审查，美国《外商投资与国家安全法案》对外来直接投资进入美国有多方面的明确限制。应该说，保护本土资本利益、扶持本国企业做大做强，是美国政府建国两百多年来的一贯传统。在通往全球经济一体化的道路上，中国本土企业在国内外的正当利益，需要中国政府采取有力措施来保驾护航。

---

① Jose Fernandez, “Bridge to Somewhere: Helping U.S. Companies Tap the Global Infrastructure Market,” *Foreign Affairs*, November/December 2013.

去产能中去杠杆：微观机制与宏观政策[①]

产业升级的过程，既是一个新动能创造也是一个新旧动能转换的过程；既涉及产业部门多种形式的优化重组，也涉及金融资源的合理配置和其他的宏观经济政策。在当前条件下，鉴于银行在中国融资体制中的重要角色，在去产能中去杠杆就要把控好银行及相关金融机构的信贷总量和信贷质量，让金融更好地服务于实体经济。在淘汰落后产能的同时，要推动产业优化重组、规避银行业的过度扩张和无序竞争。用政府部门（尤其是中央政府）杠杆率的上升、总需求的扩大对冲企业去杠杆引发的经济下行压力，统筹做好供给侧改革的加减法，可能会进一步推动中国经济企稳向好。诚如斯蒂格利茨、余永定等反复强调指出的，供给侧改革不能忘记总需求，这是改善世界经济的最核心问题之一。

当下的中国经济，既存在着某些高端产能的供给不足问题，也存在着绝对的产能过剩尤其是低端产能过剩的问题，还面临着信贷

① 本文发表于中共中央党校《中共中央党校学报》2017 年第 5 期，人大复印报刊资料《国际经济文摘》2018 年第 1 期转载。作者感谢中国工商银行原行长、中国银监会特邀顾问杨凯生先生的指正。

扩张等原因导致的企业部门高杠杆问题。如何处理好产能过剩及高杠杆问题，避免上述问题引发的宏观经济恶性循环，[①] 关系着全社会资源配置效率的高低，关系着中国经济的健康、可持续发展。

一、中国当前产能过剩的总体情况与比较

无论从改革开放以来的历史还是当前状况来看，产能过剩问题一直伴随着中国经济发展的全过程。产能过剩既是一个总量概念，也是一个相对的概念。在不同的发展阶段，产能过剩矛盾会表现得或是很突出，或是较为缓和。总体上，从最近 20 来年的情况来看，中国经济的产能利用率均值也基本没有超过 80%。应该说，经济始终在发展，产能始终在过剩，20 世纪 90 年代至今已经有 4 次严重的产能过剩。

从国际范围来看，就总体产能利用率而言，美国、欧盟等发达市场经济体也不同程度地存在产能过剩。有分析认为这些发达经济体的总体过剩程度甚至与中国相差无几。根据人民银行学者计算，中国、美国、欧盟、巴西等经济体的总体产能利用率均值都在 80% 左右。[②] 有学者则利用各省数据测算了 2001—2011 年中国工业行业的产能利用率，算出中国平均产能利用率为 69.3%。[③]

---

① 余永定教授认为，中国经济目前面临两个恶性循环：产能过剩—通货紧缩的恶性循环和债务—通货紧缩的恶性循环。产能过剩—通货紧缩的恶性循环是当下的主要危险，而债务—通货紧缩的恶性循环可能是未来的主要危险。参见：[英] 阿代尔·特纳，《债务和魔鬼》，王胜邦、徐惊蛰、朱元倩译，北京：中信出版社，2016 年，第 XXII 页。

② 纪志宏，《我国产能过剩风险及治理》，《新金融评论》，2015 年第 1 期。

③ 董敏杰、梁泳梅、张其仔，《中国工业产能利用率：行业比较、地区差距及影响因素》，《经济研究》，2015 年第 1 期。

这意味着有些产能过剩是由世界经济和中国经济变动的大环境所引发的，有些产能过剩的原因则存在于产业和市场主体内部。全球经济增长连续低迷（IMF、OECD和世界银行等国际组织连续调低增长前景），通货紧缩形势严峻（通货膨胀率连续下降），制造业指数和劳动生产率指标连续下滑，则是我们当前去产能、去杠杆所面临的客观内外部环境。

就中国的产能过剩的原因而言，除了世界经济低迷、市场波动原因外，还有其自身的特点所在，例如，产业集中度低、规模经济效应不明显，技术创新型企业还未成为主流、产能落后企业存在，同质化竞争严重、产能过剩与结构性产能短缺问题同时存在，地方保护主义和局部经济利益、统一有序的市场竞争格局尚未完全形成等。此外，高经济增长目标驱动的金融信贷政策和导向也为产能过剩创造了宽松的外部条件。

伴随着2011年以来中国规模以上工业企业利润率、劳动生产率、制造业指数PPI等指标的下降，新一轮的产能过剩矛盾再次表现出来。产能过剩矛盾突出的行业既包括钢铁、水泥、电解铝、平板玻璃等传统产业，也包括风电设备制造、多晶硅、光伏电池等新兴产业。我们经常讲中国的产能过剩是结构性的，即既存在某些产业和领域的供给过剩，也存在某些产业和领域的供给不足。这也就意味着，供给过剩问题与供给不足问题可能会并存于某个产业和领域。从所有制来看，产能过剩问题在不同所有制企业都存在。

以钢铁这样的传统行业为例，中国既存在着绝对的产能过剩，尤其是低端产能过剩，也存在着某些高端产能供给不足的问题。在一些高新技术产业，也存在着类似产业链条低端重复建设严重，而产业链条高端供给不足的情况。有媒体就报道，现在机器人产业在各地蜂拥上马，机器人产业园区已达40多个，生产企业超过800家，90%左右的企业营收不到1亿元，大部分以组装和代加工为主、处于高新技术产业的产业链低端。任何同质化竞争非常严重、核心技术严重依赖进口的产业（包括高新技术产业），都极容易陷入产能过剩与恶性竞争的循环。

二、金融危机以来的银行信贷和杠杆情况

银行是中国社会融资的主力军。从中国的金融信贷实际情况来看，银行贷款占到中国社会融资规模的70%左右，股票融资只占到中国社会融资规模的5%左右。除了来自银行的贷款，还有一些来自企业短融、中票、债券等，这其中也有不少是银行直接或间接持有的。这样的国情决定了银行在中国社会融资活动中的主体地位，也决定了银行在去产能、去杠杆过程中所能发挥的重要导向作用。

就当前情况来看，伴随着快速的经济增长，中国国家资产负债表的急剧扩张，中国各部门加总的债务总额占GDP的比重（全社会的杠杆率），从2008年的185%上升到了2014年的279%或217%（不包括地方政府投资平台）。[①] 同时，中国非金融企业信贷（来自全部金融机构）已经从2006年的23万亿元猛增至2015年第3季度末的110万亿元，增长了约4倍。同时，近年以来银行贷款增量大幅增加：从2008年的近5万亿元、2009年的近10万亿元，增加到2015年的近12万亿元。

与之相对应地，非金融企业债务与GDP的比重，近年来连续攀

① 具体参见李扬等的研究估算。对杠杆率的估算，存在不同的版本。

升。据不同口径（是否包括地方政府融资平台等因素）的计算，中国非金融企业债务占 GDP 之比在 120% 或 160% 左右（是否含地方城投债），大大高于同口径的美国、日本、英国等经济体，居全球前列。截至 2014 年，中国非金融企业总资产为 337.6 万亿元，总负债为 201.9 万亿元，资产负债率为 60%。[①] 而有些企业在高债务的同时只能借新贷还旧贷，甚至还互联互保，容易引发或加剧企业债务风险。

从风险程度来看，虽然银行业风险总体仍属可控，但不良贷款持续增加的趋势和高杠杆率的问题值得高度重视。而根据央行《中国金融稳定报告 2016》，截至 2015 年末，银行业金融机构不良贷款余额 1.96 万亿元，不良贷款率 1.94%。其中，商业银行不良贷款余额 1.27 万亿元，比上年末增加 4319 亿元，已连续 17 个季度反弹；不良贷款率 1.67%，比上年末增加 0.43 个百分点。2015 年，银行业金融机构信用风险有所上升，银行授信总额 10 亿元以上的企业发生债务风险事件明显增加。其中，制造业的不良贷款率高于同期的房地产贷款、基建贷款和个人贷款，尤为值得关注。

三、当前去产能过程中去杠杆的总体原则

应该说，过去二三十年来，中国经济的重复建设、恶性竞争问题一直没有得到有效解决。基于经济的高增长目标，过剩产能与过度信贷相伴相生；产能急剧扩张与金融机构（包括现在的影子银行）的信贷宽松有着密切的关系。长期以来，我们一方面是资金不够用，但另一方面又

① 李扬等，《中国国家资产负债表2015》，北京：中国社会科学出版社，2016年，第88页。

把大量的资金用于重复建设。考虑到这些企业的资金（无论是固定资产投资还是生产经营中的流动资金）主要来源于银行融资，控制这类企业的重复建设和产能无节制扩张的融资关键在银行。

在日本的历史上，过剩产能与过度放贷问题也非常严重。甚至，某种意义上说，日本经济的高速增长是由日本企业过度借贷和日本银行过度放贷来支撑的。除了经济增长目标的压倒性需要，与企业有密切关系的日本主办银行机制，导致银行对企业无法有效监督，企业也可以轻而易举地获得银行的大量贷款。这既造就了日本经济的过度竞争和产能过剩，也造成了日本银行在信贷上的过度放贷，给日后的金融危机埋下了很大的隐患。

无论从历史还是国际比较来看，过剩产能与过度融资是一个问题的两个方面。要想解决好过剩产能问题，就需要在控制杠杆问题上下功夫。当然，也要辩证地看到，去产能并不仅是简单地去产量，而是要去掉和减少无效供给和低端供给，提升和改进与有效需求相适应的有效供给能力和水平。去杠杆也是要在金融杠杆和风险得到有效控制的同时，让金融更好地服务于实体经济。鉴于银行在社会融资中的重要作用，要解决中国非金融企业的过剩产能，有必要厘清在去产能过程中去杠杆的总体原则，即在把控好银行及相关金融机构的信贷总量和杠杆风险的同时，着力调整优化好银行信贷投放的方向和质量，让金融更好地服务于实体经济、提升有效供给能力和水平。这既是去产能、去杠杆的总体原则，也是统筹需求侧和供给侧、经济社会协调发展的本源所在。

应该认识到：首先，在现有产能严重过剩、企业杠杆率总体已经很高的情况下，一味再靠银行贷款的投放，不仅解决不了企业的可持续发展问题，还会导致一些关联问题积重难返。商业信贷无序增长和杠杆率上升是金融危机发生的重要导火索。就高杠杆率的可能影响而言，国际清算银行前顾问塞切蒂等就研究认为：当信贷相对较低或金融部门就业比例适中时，较高的债务水平推动经济增长；但是这有一个阈值，超过这个阈值，金融就成为经济增长的拖累；现在有大量的证据表明，当一个国家的政府、企业或家庭债务超过 GDP 的 100% 时，生产率增长会变慢。[①] 这是我们分析和思考当前中国企业高杠杆率的基本判断。

其次，也应该认识到，正如去产能不是简单地去产量，把控好银行金融机构的信贷总量也不是单纯地减少信贷投放，要特别注意在总量控制的同时调整优化信贷投放的方向和质量，以推动资本使用效率和企业利润率的提升，这是信贷得以偿还、银行—企业关系良性循环的重要渠道。

最后，我们还应该认识到，当前土地租金、资本利息的高企甚至股市泡沫在某段时间的高涨，对于非金融类实体企业利润本身的吸附作用非常明显。过高的租金、利息及股市泡沫一起加重了实体企业的经营成本，企业只能靠银行借新贷还旧贷、靠贷款还利息，还有的企业靠银行贷款进行投资投机，这都减少了实体企业的资本实际投入，降低了有效供给水平。在信贷宽松的大背景下，不少企业甚至金融机构进行投资投机，共同推动了杠杆率的上升。

四、建立健全企业和银行的可持续发展和风险控制机制

就各类市场主体而言，很重要的一点是要树立理性的融资理念、

---

① Stephen Cecchetti & Enisse Kharroubi, “Why growth in finance is a drag on the real economy?” http: //voxeu.org/article/why-growth-finance-drag-real-economy, 2017-05-01.

履行好自己的契约责任和义务。产权清晰、权责明确、政企分开、管理科学是市场经济中现代企业制度的典型特征和基本要求。二十多年前的“三角债”问题，一度让企业信用失灵、银行受损、经济受困，干扰了市场体系的正常运转。已然建立市场经济体系的今天，企业和银行同为市场经济的独立主体，有责任和义务明确好各自的权责所在、产权归属与政企边界。贷款需要还债、借贷放贷都要理性、长期经营不善可能会破产的基本契约精神和理念，应该为各市场主体严格接受。只有这样才能促进企业和银行良性运转，从而增进经济运行的整体效率。

各类企业都要正确理解银行贷款的作用，“将本求利”、“有多大本钱做多大买卖”应是一个基本的市场准则。各类所有制企业都要将自身发展与资本规模挂起钩来，不应一味靠借贷去“扩大再生产”。当前，对债转股、兼并重组之类的去产能、去杠杆方案，只适用于有市场前景、技术良好的经营不善企业。对于技术落后、无市场前景的僵尸企业，要及时进入破产清算程序。同时，要更加利用市场化、法治化的手段和办法，避免部门和地方保护主义等对落后产能的保护。

就银行而言，在去产能过程中实现去杠杆，就要在全局层面把握信贷总量这个总开关，严控企业和银行的债务比例，也要有效甄别先进和落后的产能项目、降低企业的财务成本。以银行信贷在内的金融工具为手段，有针对性地压缩过剩产能相关产业的信贷投放总量，甄别对待先进产能和落后产能，有差别地对待经营良好企业和高风险企业。有市场发展前景的要继续扶持，杠杆率较高的要严格控制，坚决停止对落后产能的信贷投放，以去杠杆和去产能为抓手推动资本使用效率和企业利润率的提升。

为促进实体企业的长远可持续发展、建立实体企业和银行机构的良性循环，也应该研究切实降低实体企业财务成本的可行之道，让“好企业”能贷得到款、贷得起款，但风险要可控。反之，对“差企业”应该严格控制。

就银行自身而言，要改进对商业银行资本充足率、存贷比的监管要求。办商业银行，既要重视银行自身的资本额度，也要重视银行的稳定存款来源。资本不足办银行是危险的，资产负债的不合理错配也是危险的。[①] 在当前经济增速趋缓、银行业利润持续收窄的背景下，中国商业银行正面临一级其他资本较为匮乏、资本充足率偏低[②]、资产风险度提升等挑战，对商业银行资本充足率、存贷比的监管要求尤有其合理性和针对性。

五、建立健全企业的多种融资渠道，降低对银行借贷的过度依赖

当前，以银行为主的融资渠道是非金融企业融资的主要渠道，各类所有制企业对银行贷款都有很大依赖，融资渠道相对集中也是当前杠杆率高的因素之一。长远来看，各类企业都应该健全完善自身的融资渠道，从债权融资、股权融资等多渠道拓宽融资来源。

目前国有工业企业的杠杆率比规模以上工业企业的平均水平更高，其高杠杆率引发了社会的广泛关注，也有其原因所在。一方面，一些信誉良好的大型国有企业容易获得银行等金融机构贷款，这是

---

① 杨凯生，《金融笔记》，北京：人民出版社，2016 年，第 169 页。

② 截至 2015 年末，中国五家大型商业银行的资本充足率分别为 15.22%、13.40%、14.06%、15.39% 和 13.49%。

市场对企业信誉和经营风险的判断，不全是银行对国有企业的偏爱；另一方面，从历史比较来看，与国有企业密切相关的国有资本经营预算制度、国有企业资本金补充机制尚未充分健全，也使得国有企业严重依赖银行贷款来补充其资本金来源。

20 世纪 80 年代，固定资产拨改贷改革以后，流动资金也由原来的“定额 + 超定额”两部分改为银行统一管理，实际上中断了国有企业的原有资本金补充渠道。2016 年，中央国有资本经营收入预算数只有 1400 亿元，中央本级国有资本经营预算支出 1551.23 亿元，对地方国有资本经营预算转移支付支出 360 亿元，真正用于国有资本金补充预算的只有 408.35 亿元，[①] 杯水车薪根本解决不了中央本级国有企业（一级企业共计 845 户，国有企业至少超过 5 万家）的资本金补充问题。地方层面的国有企业资本金补助，也会面临同样的问题。

研究健全国有资本经营预算机制，力争在国有企业资本金补充改革方面有所突破。从当前去杠杆的角度来看，一方面，国有企业要带头降杠杆，各级国有资产监管机构要加强对国有企业杠杆率的监管，管好国有资本的经营效率；另一方面，在拓宽既有融资渠道的同时，国有企业必须通过建立有效的资本金补充机制（通过可行

① 2016 年，中央财政对国有资本金预算数 408.35 亿元，减少 106.04 亿元，下降 20.6%。其中：国有经济结构调整支出 203 亿元，用于支持装备制造业发展、中央文化企业产业升级与发展等；公益性设施投资支出 25 亿元，用于公益性企业公共服务设施的投资支出；前瞻性战略性产业发展支出 100 亿元，用于支持前瞻性战略性产业发展；支持科技进步支出 12 亿元，用于科学技术方面的支出；对外投资合作支出 52.35 亿元，用于推动中央企业实施国际产能合作，落实“一带一路”倡议等；其他国有企业资本金注入 16 亿元，用于支持中央企业安全生产能力建设。财政部，《关于 2016 年中央国有资本经营预算的说明》，http://yss.mof.gov.cn，2016 年 10 月。

的国有资本经营预算等），为国有企业扩大再生产、落实国家经济社会发展战略建立可持续的发展机制。这样来看，要在国有企业资本金注入方面有大的突破，必须建立可进可退、有收有支、强力有效的国有资本经营预算制度，有关部门和单位有必要对此进行研究。

六、推动国内产业优化重组，规避银行业的无序竞争

无论是中国的实体企业还是银行，都存在着不同程度的过度竞争问题，产业集中度整体不高。就中国这样的后发经济体而言，过低的产业集中度，可能意味着本国企业在劳动密集型产业中的过度竞争、更多的规模不经济活动，从而导致更低的劳动生产率水平甚至更低水平的创新等。

从实体企业来看，中国在产业集中度方面与美国等发达市场经济国家有着很大的差距。中国不加权的制造业产业集中度 CR4 在 20% 左右，美国不加权的制造业产业集中度 CR4 在 40% 左右。近二十年来，中国产业集中度还呈现出一个逐渐下降的趋势。钢铁、水泥、造船等产能过剩产业同时也是产业集中度较低的产业，低产业集中度与产能过剩问题密切相关。而从全球范围来看，当今世界最大的跨国公司垄断了飞机制造、汽车汽配、农用机械、碳酸饮料、软饮料、烟草、制药、农产品、种业、液晶、电脑、数码相机、移动通信、网络核心设备（计算机操作系统及中央处理器、手机芯片、交换机、路由器）等产业 50% 以上的全球市场份额。全球范围的产业集中和垄断趋势不断加剧，无论传统制造业、新兴产业还是金融业的集中趋势都在加剧，寡头垄断程度不断加深，与中国不少产业的“散乱小”形成了鲜明的对比。

去产能和去杠杆并不是供给侧结构性改革的目的，而是供给侧结构性改革提高供给能力和水平的手段和途径。在去产能和去杠杆以淘汰落后产能的同时，要重视通过兼并重组、产业适度集中等来提高中国实体经济的规模经济程度和技术创新水平，从而实现整体产能的“腾笼换鸟”、转型升级，这也是供给侧结构性改革通过“重组整合一批、清理退出一批、创新发展一批”来做优做强做大本土企业的本意所在。

从银行来看，全球银行业的产业集中趋势在持续加剧。中国的银行业集中度与美国等国相比也有很大的差距。据有关计算，截至2010年末，JP摩根大通、美国银行、花旗银行和富国银行的合计资产规模超过5.37万亿美元，在美国前1000家商业银行中占比接近50%，在前10家商业银行中占比超过80%。而中国前五家最大的商业银行在银行业全部资产（三千多家银行）的比重却只有40%左右，[①] 不仅大大低于美国、日本、德国、法国、英国、意大利、加拿大、澳大利亚、西班牙、荷兰等经济排名前十的发达国家水平（约60%），也低于巴西、俄罗斯和南非等“金砖国家”，呈现逐年下降趋势。

银行业的过度扩张和无序竞争，既会助长信贷风险、推升不良贷款率，也会影响企业的融资成本。无论是从国内还是国际来看，银行的贷款成本和银行的规模通常是成反比的。在多数情况下，规模越大的商业银行，其贷款成本往往越低；规模越小的商业银行，

① 根据中国银监会2015年年报，持有银监会金融许可证的银行包括3家政策性银行、5家国有大行、12家股份制银行、133家城商行、5家民营银行、859家农商行、71家农村合作银行、1373家农村信用社、1家邮政储蓄银行、40家外资法人金融机构、1家中德住房储蓄银行和1311家村镇银行。此外，全国共有小额贷款公司8910家。

其贷款成本往往越高。这样来看，办小的商业银行并不一定有助于解决所谓融资贵的问题，不一定有助于把企业的融资成本降下来。

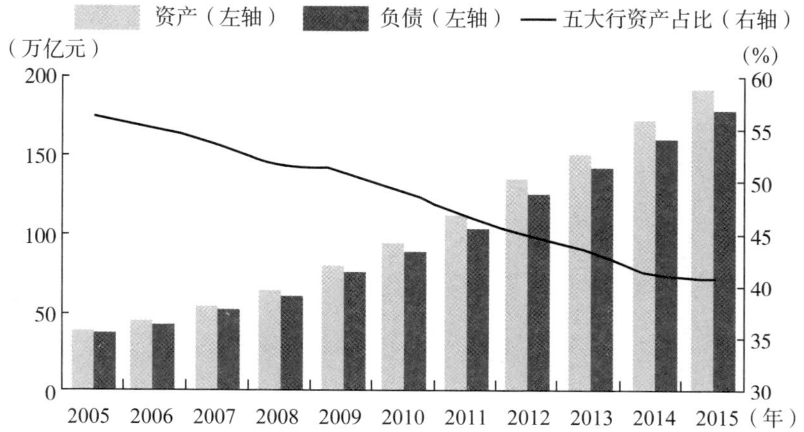

图 1　中国银行业的资产负债和五大银行的资产占比（2005—2015 年）

资料来源：中国人民银行，《中国金融稳定报告 2016》

我们必须要重视和积极应对全球产业集中和资本垄断趋势给中国经济带来的新影响、新变化，更要清醒地认识全球产业发展的趋势和规律，推动产业集中发展的整体规划、扶持引导，推动国内产业优化重组，加快培育本土跨国公司，坚定走集中发展、协同发展、竞争有序的产业化新道路。同时，规避银行业过度扩张和无序竞争带来的消极问题，推动中国银行业有序发展、理性竞争，更好地服务于实体经济。

七、统筹政府债务与企业债务的长短期替代效应

尽管当前中国的过剩产能与非金融企业的杠杆率问题已经比较严重，但问题仍在总体可控范围之内。可以研究考虑，企业的去产

能、去杠杆产生的经济下行压力，由政府部门通过增加杠杆的方式来解决。在20世纪90年代，中国由于保持了较低的利率和较高的经济增长速度，得以有效化解各种短期挑战，成功躲过经济危机。日本则由于担心国债对经济增长的影响，政府采取了过度的紧缩政策，进一步加重了危机。

从中国当前情况来看，中央政府的财政收支和资产负债状况总体良好，以适度增加财政支出的方式来增加杠杆的空间仍然存在，这通常不会导致企业部门的债务上升。截至2014年末，中国的主权资产总计227.3万亿元，主权负债总计124.1万亿元，资产净值为103.2万亿元；政府债务占GDP比重为58%，大大低于非金融企业的债务水平（见下表）。尤其是，考虑到中国经济社会发展仍存在巨大的需求缺口，以财政支出的方式适度加大对基础设施、技术创新、社会保障等方面的投资，对中国经济的供给侧进行结构性改革和需求侧管理是可行的应对之策。

2016年的《美国总统经济报告》就强调指出了基础设施，技术创新和平等对于促进美国经济增长的重要作用：短期改善需求侧、长期有利于供给侧。[①] 在未来十年的时间里，美国政府对道路修缮的投资就将达到至少三千亿美元。事实上，用基础设施等财政支出提振经济总需求，进而带动企业和经济的进一步向好，也是我们正在实施的经济政策。[②] 用政府部门（尤其是中央政府）杠杆率的上

---

① 2016年的《美国总统经济报告》强调了解决不平等问题、基础设施投资、技术创新问题对美国经济长短期的重要作用。具体参见：周建军，《2016年美国总统经济报告分析及启示》，国家社科基金《成果要报》，2016年第31期。

② 根据国家发改委、交通部的《三年基础设施规划》，2016—2018年，公路、水路、机场、城市轨道交通的投资额将达到4.7万亿元左右。

升、总需求的扩大对冲企业部门去杠杆引发的经济下行压力，统筹做好供给侧结构性改革的加减法，可能会进一步推动中国经济企稳向好。

诚如斯蒂格利茨、余永定等著名经济学家反复强调指出的，供给侧改革不能忘记总需求，这是改善世界经济的最核心问题之一。

表 1　中国与主要经济体债务结构的比较（占 GDP 的百分比）

	居民债务占比	非金融企业债务占比	政府债务占比	总债务占比
日本	65%	101%	234%	400%
英国	86%	74%	92%	252%
西班牙	73%	108%	132%	313%
法国	56%	121%	104%	281%
意大利	43%	77%	139%	259%
美国	77%	67%	89%	233%
韩国	81%	105%	44%	231%
加拿大	92%	60%	70%	221%
中国	36.4%	123.1%	57.8%	217.3%
澳大利亚	113%	69%	31%	213%
德国	54%	54%	80%	188%
巴西	25%	38%	65%	128%
印度	9%	45%	66%	120%
俄罗斯	16%	40%	9%	65%

注：中国数据来自课题组估算，截至 2014 年年底；其他数据来自 Mckinesy Global Institute（MGI）（2015），发达经济体截至 2014 年第二季度，其他发展中经济体截至 2013 年。

资料来源：李扬等，《中国国家资产负债表 2015》，第 40 页

延伸阅读 3

斯蒂格利茨视角的中国经济改革[①]

本书的系列研究，多次引用、介绍了斯蒂格利茨教授对于产业政策、国有企业、自然资源、知识产权、供给侧改革等问题的观点和研究。客观地说，作为中国人民的老朋友和诺贝尔经济学奖得主，斯蒂格利茨教授对中国改革开放的关心、支持和建议，得到了中国政府和经济学界的高度重视和肯定。他的经济学观点、方法和情怀，都值得世人了解和学习。

作为诺贝尔经济学奖得主，美国哥伦比亚大学校级教授和政策对话倡议组织（Initiative for Policy Dialogue）主席斯蒂格利茨以其在经济学众多领域的原创性研究成果和在全球若干重要的公共政策倡议，为各界熟知。

2015 年 10 月 16 日，为彰表斯蒂格利茨对经济学教育和美国经济政策研究的重要贡献，哥伦比亚大学校方专门举办“公正社会——斯蒂格利茨从教 50 周年”学术庆典。索洛、阿克罗夫、菲利普斯等诺奖得主，奥坎波、林毅夫、刘遵义等各国学者云集哥伦比亚大学，肯定和赞扬斯蒂格利

---

① 本文发表于新华社《瞭望》周刊（2015 年第 45 期，11 月 9 日），原题为“‘世界教授’斯蒂格利茨”。写作本文时，作者正在哥伦比亚大学政策对话倡议组织学习，参加了斯蒂格利茨教授从教 50 周年学术庆典。

茨对经济学研究、促进世界和平繁荣所做的重要贡献。

就中国而言，除了经济学理论，斯蒂格利茨教授关于中国改革的诸多政策建议、在国际场合为中国正当利益的频频发声，积极地支持和推动了中国的改革开放事业。

获得诺奖的经济学家

1943 年，斯蒂格利茨出生于美国印第安纳州加里市。有强烈的公民与正义感的父亲，教育孩子“金钱不能使人幸福”的母亲，对斯蒂格利茨日后的价值观产生了很大的影响。斯蒂格利茨考取了阿姆赫斯特学院。多年后，斯蒂格利茨对阿姆赫斯特学院培养学生独立思考问题的方式仍然赞誉有加：“重要的是提出正确的问题。”

学习之余，斯蒂格利茨广泛参与各种活动。1963 年，作为学生会主席的他步行到华盛顿，参加马丁·路德·金“我有一个梦想”大游行。大游行 50 年之后，斯蒂格利茨公开撰文缅怀马丁·路德·金，称他影响了自己的经济学研究。

先学物理学、后改学经济学的斯蒂格利茨，大学还没毕业就被推荐去麻省理工学院攻读博士学位。在不完全信息经济学方面的研究，让斯蒂格利茨和阿克罗夫这两个老同学一起收获了 2001 年的诺贝尔经济学奖。此外，作为 IPCC（政府间气候变化组织）1995 年报告的作者，斯蒂格利茨等的重要贡献使得 IPCC 获得了 2007 年度诺贝尔和平奖。

1966 年，博士还没毕业，年仅 23 岁的斯蒂格利茨就开始担任麻省理工学院的助理教授。1967 年，凭借对不平等问题的研究，斯蒂格利茨获得了经济学博士学位。在 1970 年，斯蒂格利茨获得了耶鲁大学教授职位。此后，斯蒂格利茨先后任教于斯坦福大学、普林斯顿大学、牛津大学和哥伦比亚大学。

斯蒂格利茨的研究遍及经济学的各个领域，从效率到公平的各项议题。他是学术论文引用率最高的经济学家之一，被认为是改变世人对世界认知的极少数经济学家之一。

从白宫到世行的政府高官

从学生时代到正式从教，再到美国政府和世界银行，对经济学各领域的前瞻性原创研究，对公共事务积极而忘我的热情参与，对人类社会的美好未来的坚定追寻，对世态冷热与自身得失的乐观淡定，一直是斯蒂格利茨多年来学习、研究和工作的主线与动力。对传统经济学模型和流行的经济学理念的怀疑和挑战，对市场经济的稳定性和平等问题的关切，对政府与市场关系的彼此作用，则是斯蒂格利茨经济学研究的重要内容。

1993 年，当选美国总统的克林顿力邀斯蒂格利茨加盟美国总统经济顾问委员会。先任顾问、后任主席的斯蒂格利茨，成为美国政府经济政策制定的局内人。经济发展的现实案例都曾拉近他对现实经济问题和经典理论模型的距离。

无疑，美国总统经济顾问委员会的任职经历，使斯蒂格利茨的经济学研究有了更大的优势。作为公共经济学教科书的作者，斯蒂格利茨深度介入了各种政策的讨论和制定。斯蒂格利茨日后回忆说，他这段工作的最重要贡献是帮助人们认识到政府在经济活动中的重要作用。

1997 年，对经济发展问题的深度关注，使斯蒂格利茨决定到世界银行担任高级副行长兼首席经济学家。此后，他大量介入了发展中国家的减贫问题，在各种场合为发展中国家说话。他公开批评 IMF（国际货币基金组织）和美国财政部推行的很多政策，认为 IMF 推行的“华盛顿共识”，既不正确也不民主；像中国这样的发展中国家却缺乏代表性。

心怀天下的“世界教授”

2003 年，斯蒂格利茨被聘为哥伦比亚大学校级教授，并在哥伦比亚大学创办政策对话倡议组织。哥伦比亚大学政策对话倡议组织动员了各国上百名学者参与其中，就全球重大发展问题进行政策讨论和学术研究。

在批评“华盛顿共识”这种一刀切的模式，美国经济的过度金融化、去监管化与不平等化的同时，斯蒂格利茨肯定了发展中国家在“华盛顿共识”之外独立探索自己发展道路的重要意义，强调了政府在创新驱动、经济增长、市场经济失灵等方面所扮演的不可替代的角色。

斯蒂格利茨担任了多个国家政府、政党和国际组织的政策顾问。2008 年，应时任法国总统萨科齐之邀，斯蒂格利茨出任“经济表现测量和社会进步委员会”主席。2009 年，联合国大会任命斯蒂格利茨担任联合国国际货币体系改革委员会主席。2011 年到 2014 年，斯蒂格利茨出任国际经济学会主席。从教 50 年来，他被包括牛津、剑桥在内的 40 多所院校授予名誉博士学位，当选美国国家科学院、美国艺术与科学学院、美国哲学学会和计量经济学会的院士，以及英国皇家学会和英国国家学术院的通讯院士等。

哥伦比亚大学的官方通讯称斯蒂格利茨是“世界教授”（The World's Professor），这个头衔或许是对他学术生涯最好的概括。

为中国改革开放建言

自 20 世纪 80 年代首次访华以来，中国的大江南北，都留下了斯蒂格利茨的匆匆脚印。他的《经济学》教科书、七卷本《斯蒂格利茨经济学文集》及其他十几本专著，也在中国广泛传播。中国的巨变和当下的改革，是他的经济学课堂和执教 50 周年庆典的核心话题之一。除了美国经济社会发展的问题，中国的改革开放或许是斯蒂格利茨最为关切的问题。

作为中国人民的老朋友，斯蒂格利茨对中国改革开放的关心、支持和建议，得到了中国政府领导人和经济学界的高度重视和肯定。在担任美国总统经济顾问委员会主席时，斯蒂格利茨积极推动中国以发展中国家的身份加入世界贸易组织。1996 年当中美两国关系处于低谷时，斯蒂格利茨受命担任美国政府代表团团长访问中国，为促进两国关系而努力。1997 年担任世界银行副行长兼首席经济学家后，斯蒂格利茨更加关注中国经济政策的变化。1998 年，斯蒂格利茨在北京大学发表演讲“中国第二代改革战略”，得到时任总理朱镕基的高度评价，并推荐《人民日报》第 2 版全文刊发。

近年来，斯蒂格利茨领导的哥伦比亚大学政策对话倡议组织多次在中国召开学术研讨会，探讨中国和世界经济格局面临的重要问题。他关心和支持中国经济学教育与人才培养，先后获聘北京大学、清华大学、中国人民大学等校名誉教授或讲座教授，与中国经济学界互动频频。

斯蒂格利茨对中国改革开放的政策建议，至少从 20 世纪 80 年代就已开始。在中国经济改革的路径方面，他指出了“华盛顿共识”存在的种种问题，肯定中国自主发展道路和经验的重要性，强调渐进改革而不是休克疗法对于中国经济改革的重要意义。

关于政府和市场关系，斯蒂格利茨指出，市场产生了太多的失灵，市场也不能存在于真空世界里，政府必须设定市场经济的游戏规则；良性的发展机制有赖于政府、市场和公民社会关系的彼此平衡。

关于产业政策，斯蒂格利茨指出，所有国家的政府都不可避免地使用产业政策，区别在于谁主导产业政策的过程。产业政策的制定，要基于战略性、长期性，重要的是动态的比较优势而不是静态的比较优势。斯蒂格利茨回忆，他担任美国总统经济顾问委员会主席时的研究结果表明，政府资助的研究事实上比典型的私有投资回报更大，而产业政策的社会收益远远超过其社会成本。针对产业政策的批评，斯蒂格利茨强调“我们已经从错误中学习了很多，我相信我们有能力制定出更有效的产业政策。”①

关于国有企业改革，斯蒂格利茨指出了以科斯定理为核心的产权至上理论的缺陷，称其为“科斯谬误”，认为在经营权和所有权分离的大型企业中，明晰的产权对企业的效率本身并不重要。

关于金融市场的监管，斯蒂格利茨认为中国政府应对此高度重视，不要重蹈美国因政府监管不足而导致全球金融危机的覆辙，尤其是对资本账户的自由化要审慎，决不能操之过急。

关于不平等问题，斯蒂格利茨认为中国应该在缩小城乡差距、收入差距，提高医保水平、打击寻租腐败等方面一起发力。

关于创新，斯蒂格利茨认为政府和市场应该各自扮演好自身的角色，合力打造一个学习型社会、创新型经济，因为创新不仅仅是个别政策产生的，而是整个经济社会体制运行的结果，包括那些影响社会平等、教育医疗的因素。

斯蒂格利茨还认为，中国应该从美国知识产权制度的缺陷（比如过度的专利化等）中吸取教训，设计一个符合中国国情的知识产权体系。

2015 年初，斯蒂格利茨发表的题为《中国世纪》的文章再次吸引了全世界的广泛关注。他在这篇文章中指出，按照购买力平价指标，中国已经取代美国成为世界第一大经济体；美国应当正视这一事实，放弃零和博弈思维和以遏制为中心的对华外交政策，一起和中国建设国际政治经济新秩序。针对美国政府对中国发起亚洲基础设施投资银行的摇摆态度和霸权思维，斯蒂格利茨公开撰文表达对中国发起亚洲基础设施投资银行的坚定支持，认为这一多边倡议将有助于缓解发展中国家援助资金不足的问题，而

---

① Joseph Stiglitz, “Development Policies in a World of Globalization,” in Kevin P. Gallagher ed., *Putting Development First: The Importance of Policy Space in the WTO and International Financial Institutions,* New York: St Martin’s Press, 2005, pp.15–32.

通过基础设施带动经济发展是中国经济发展的重要经验之一。

多少年来，在涉及中国威胁论、中美贸易赤字、知识产权和人民币汇率等一系列问题上，斯蒂格利茨一次又一次为中国仗义执言，在美国和西方主流社会产生了重要影响。在肯定中国发展道路和成就的同时，斯蒂格利茨也一再强调，“十三五”期间，中国政府应该在环境、创新、平等、健康、教育、社保等方面发挥更大作用。这些都是斯蒂格利茨这位老朋友的知心话，值得中国政府部门和经济学家们认真考量。

“我有一个梦想”

五十多年光阴，弹指一挥间。与自己的名气和成就相比，工作和生活中的斯蒂格利茨只是一位和蔼慈祥的忠厚长者。他的工作日程经常是从早上 9 点排到下午 5 点，在办公室接待一拨又一拨的学生和客人。每次指导我们论文，斯蒂格利茨都精神饱满，引经据典，给出看法，从不言累。

从哥伦比亚大学尤里斯大楼的一楼到斯蒂格利茨的办公室，有一段二十多个高台阶的长楼梯。每次上完课，72 岁的他都会走楼梯，而不是坐电梯。有一次，我看到，大概是为了赶车，他拉着行李箱在校园里小跑。过人的体力和精力让我们这些年轻人感到惊讶。

在经济学领域深耕了 50 多年，坚定乐观、乐于接受挑战的斯蒂格利茨没有丝毫疲倦和懈怠的迹象。他将自己的全部时间和精力都用在了经济学研究、教学，以及全球重要政治经济政策的讨论和倡议上。

我们有理由相信，斯蒂格利茨会像他的父母一样工作到 90 岁，因为“我有一个梦想”，为一个公正的社会。

附　录

“国家发展战略”视角的公共投资和国有企业改革报告[①]

张夏准（文）/ 周建军（译）

剑桥大学发展研究中心主任张夏准教授起草的、联合国经济社会事务部“国家发展战略”系列《政策建议》刊发的这份研究报告强调，公共投资在任何减贫经济战略中都是非常重要的。为数众多的经济体凭借其庞大的国有经济部门取得了经济成功。相反，许多不成功的经济体的国有经济部门却非常之小。国有企业和私有企业面临的问题都非常类似，诸如委托代理、搭便车和软预算约束问题。国有企业不是经济增长的负担，私有化不是解决国有企业问题的出路。

---

① 《政策建议》起草人为剑桥大学经济系教授、剑桥大学发展研究中心主任张夏准（Chang Ha-Joon）博士，哥伦比亚大学教授斯蒂格利茨和其他专家审阅了报告的全部内容，由周建军负责整理和中文译介，题目和内容提要为译者所加，原出处为联合国官网：http://esa.un.org/techcoop/documents/PN_SOEReformNote.pdf。周建军感谢联合国经济社会事务部、时任联合国助理秘书长乔莫（Jomo K. S）博士和张夏准博士对本文译介的授权、支持和建议。本文中文版部分发表于《中共中央党校学报》2010年第3期和《红旗文稿》2010年第12期等。

作为私有化的替代方案，组织改革、增加竞争、政治和行政管理改革都是重要的。自然资源管理有着和国有企业管理类似的特征。自然资源并不必然导致资源诅咒。可再生和不可再生资源可以创造无数上游和下游产业。此外，对自然资源租金收入的合理设计是重要的，以确保财富属于这个国家的每个人，包括子孙后代。

一、公共投资和经济发展

公共投资必须在任何减贫经济发展战略中发挥关键作用，包括联合国千年发展目标的实现。市场是促进经济发展的有力机制，但是市场也常常不能产生可持续发展所需的经济推动力和社会正义。作为一个“一元一票”的体制，市场不可能充分满足穷人的基本需求，例如，全球花在减肥药研发上的钱比花在疟疾研发上的钱多20倍。每年全球有100多万人死于疟疾。如果我们想要一个基础广泛、政治上可持续的发展，我们需要寻找满足每个人基本需求的机制。

此外，有些公共品不可能由个人完全按照市场激励提供。法律和秩序、基本的基础设施、初级保健、基础教育以及科学研究，都属于此类公共品。提供此类公共品的典型机制，通过税收和公共供给来实现。

没有合适的管治，市场会鼓励追逐短期利润，并以对可持续发展必需的长期投资作为代价。伴随着自由化和金融市场的开放，在过去20年里，发展中国家的投资率已经急剧下降。这并非什么机缘巧合。这方面的必要措施，包括审慎的管治、适当的反周期宏观经济政策、不鼓励投机的金融市场规则、税收以及鼓励长期投资的其他政策。

为了纠正市场的缺陷，公共投资能发挥也应该发挥关键作用。在长期发展方面，公共投资尤其应该发挥关键作用。长期发展需要对大量的人力物力进行投资。通过投资资本设备和物质基础设施（诸如交通、通信等），公共投资项目可以增加物质能力。通过对健康、教育、培训和科学研究能力的投资，人的能力能够提高。适当的专项公共投资项目，例如着眼于贫困儿童的教育支出或者帮助一个贫困地区出口产品而修建的基础设施，将有助于减少贫困并因此促进长期的经济和社会发展。

通过“挤入”效应，公共投资也是促进私营部门经济活动的关键措施。但是，在过去的20年里，有一种鼓吹公共投资“挤出”私人投资的趋势。然而，只有当经济接近充分就业的情况下，才会出现这种“挤出”效应。在大多数资源未充分利用或者通过援助增加了资源的国家，我们期望公共投资能“挤入”私人投资。公共投资可以进一步促进经济发展，尤其在一些领域（诸如为出口大宗农产品而修建的道路设施、对新开发产业工程师的训练进行投资、对私有部门而言投资风险太大的基础投资产业），公共投资能补充私有部门的投资。

尽管存在很多潜在的收益，公共投资在很多发展中国家还是下降了。发展中国家公共投资占国内生产总值的比重，从20世纪80年代10%的峰值，下降到了2000年的仅仅5%多。在拉丁美洲，公共投资的下降表现得特别显著，从20世纪70年代末期的8%~9%下降到了2000年的不足3%。这种下降很大程度上是由国际货币基金组织要求的条件约束所致。对宏观稳定压倒其他目标（增长、就业和发展）的过分强调，意味着国家有激励去削减各种投资。与此同时，预算平衡的约束由于没有对日常支出和资本支出加以区分，造成了政府选择削减公共投资而不是日常支出。而日常支出的削减在政治上是相对困难的。

当然，所有我们对下降中的公共投资的关切，并不意味着公共投资是完美无缺的。在许多发展中国家，对公共投资的糟糕管理也是一个严重的问题，改进公共投资管理的方式也是需要的。这份政策建议将突出强调这个问题。

这份政策建议包括公共投资管理的两个主要方面。第一个方面是国有企业的管理，第二个方面是自然资源的管理。本文将提供可操作的政策建议，也有就这些主要政策辩论的理论讨论。这些理论讨论，将会是轻松的。对急于准备做决策的政策制定者而言，理论讨论似乎是不必要的。然而，我们讨论这些问题的原因是，我们坚信对隐藏在政策辩论之后的理论理解才是改进政策能力的最好方式。如果一个决策者理解了隐含的理论，他就能将这些道理应用于不同的情况。

二、管理国有企业

开始这个主要的讨论之前，介绍一些关于国有企业的主要理论和实证成果是有用的。这样做是为了使读者在进入细节之前对这些东西有一个“大致印象”。

第一，没有一个明确的理论例子去支持或反对国有企业。流行的信息不对称和“有限理性”，使“组织层级”安排（例如企业）而不是“契约”安排（例如市场）成为必需。此外，萨平顿–斯蒂格利茨基本私有化理论（Sappington-Stiglitz Fundamental Privatization Theorem）显示，仅仅在严格和不现实的条件下，私有经济部门的业绩才好于国有企业。

第二，需要着重指出的是，大型国有企业面临的问题与大型私有企业面临的问题是非常类似的。由于庞大且复杂的组织具有为数众多、相互交叉的层级，大型国有企业和大型私有企业都会遭受复杂的“代理问题”或者“委托代理问题”的影响。讨论国有企业问题的时候，许多人经常理所当然地假设私有企业被它们的所有者很好地控制着，而不讨论私有企业存在的“代理问题”。如果我们将理想化的私有经济部门与现实中的国有企业做比较，毫不惊讶，前者将优于后者。

第三，即使在逻辑层次，全面私有化——这一被今天的经济正统观点的支持者们所推崇的方案，也只是解决国有企业问题的可能方案之一。政府可以卖掉国有企业的大量股份，但仍旧可以保留国有企业中占多数的股权份额，或者至少保留控股的股份（比如30%~40%）。此外，如后面介绍的，在没有任何股份出售的情况下，通过组织体系的改革、增加竞争及政治行政方面的改革，国有企业的业绩也能得到改善。

第四，即使理论含糊不清，关注真实世界的运作也是重要的。不用问，有很多国有企业效率低下、缺乏活力、腐败丛生。然而，没有清晰和系统的证据表明国有企业是经济的负担。此外，关于国有企业的实证资料存在某种程度的“选择偏差”，有人感觉业绩糟糕的国有企业更易于拿来讨论。尽管人们对有问题的国有企业给予更多的讨论是很自然的事情，但这会给人留下国有企业业绩糟糕的错觉。

（一）支持国有企业的例子

尽管有很多流行的观点被商业媒体和世俗的见解所鼓吹，但国有企业仍旧是有效率且运行很好的。这听起来好像是平庸的陈词，但是，考虑到那些对国有企业很深的偏见，以此来开始我们的讨论是非常重要的。

新加坡航空经常被评选为世界上最好的航空公司，它就是一家国有企业。新加坡航空 57% 的股份，被新加坡政府的控股公司——淡马锡控股——持有。淡马锡控股，是新加坡财政部 100% 控股的公司。备受尊重的印度交通运输管理局，也是一家国有企业。一些世界级企业，诸如巴西的区域喷气式飞机制造商巴西航空工业公司、法国汽车制造商雷诺、韩国钢铁生产企业浦项钢铁，最初都是以国有企业而取得成功的。巴西政府和法国政府至今仍对巴西航空工业公司和法国雷诺汽车公司施加着重要的影响。

事实上，为数众多的国家凭借庞大的国有经济部门取得了经济成功。除了新加坡航空，新加坡政府在电话通信、电力、交通和港口等“常规”部门拥有国有企业，而且在半导体、造船、工程、船运和银行等部门也拥有国有企业。新加坡是世界上拥有国有经济部门最多的政府之一。中国台湾省凭借其庞大的公有经济部门[①]取得了经济“奇迹”。20 世纪下半叶的大多数时期，奥地利、法国、挪威和西德（联邦德国）也拥有庞大的国有经济部门，且运行很好。特别是，法国的国有企业经常被置于产业现代化的最前沿。

相反，许多不成功的经济体的国有经济部门却非常小。根据世界银行的一个报告，20 世纪 90 年代大规模私有化之前，阿根廷的国有经济部门比重还不到 40 个发展中国家平均水平的一半。在 1978 到 1991 年，相比 40 个发展中国家的国有经济部门仅占国内生产总

① 近来这些公有经济部门也出现了私有化。——译者注

值 10.7% 的平均水平，阿根廷的国有经济部门仅占国内生产总值的 4.7%，韩国的占比 9.9%。菲律宾是另一个被当作“发展失败”的例子，其拥有的国有经济部门甚至更小。在同一时期，菲律宾国有经济部门占国内生产总值的比例是 1.9%，仅仅是韩国占比（9.9%）的 1/5 多，不足 40 个发展中国家平均水平（约 10.7% ）的 1/5。然而，阿根廷和菲律宾却常常被当作因拥有大规模的公共部门而失败的典型。

除此而外，现实生活的实例，也经常与“私有好、公共坏”的流行说法相悖。关于国有企业的存在，还有一些值得信赖的理论。经常被提及的解释是自然垄断的案例。这种情况存在于对产业的技术要求只有一个供给者能存在的情形。当自然垄断存在的时候，供给方能凭借高价勒索榨取高额利润。如果遭遇买方垄断市场（单一买方），一个自然垄断者也能通过砍价来剥削为其供货的供应商。当垄断企业不能生产（或买）社会所期望的产出时，不仅会导致经济剩余的不平等分配，而且会导致经济的无效率。在这种情况下，应该对国有企业采取严格监管，以阻止自然垄断的滥用。另一个国有企业的解释是资本市场失灵，私有部门的投资拒绝为短期内有风险、长期有高回报的项目提供融资。例如，私有部门认为钢铁项目的风险太高，韩国政府因此建立了钢铁制造商浦项钢铁。浦项钢铁这个风险投资，被证明是如此成功，为何私有部门当时不去投资呢？这是因为资本市场对短期收益存在内在偏好，不喜欢风险，而大规模项目需要很长的“孕期”。资本市场失灵的一个明确做法就是通过政府建立开发银行来消化风险、开展风险投资，而不是建立和运营生产性的国有企业。然而，在大多数发展中国家，私有部门的企业家才能是非常缺乏的。即使存在开发银行这样的机构，必要的风险投资项目也没有被建立。在这种情况下，就对付资本市场的失灵而言，建立国有企业会比建立开发银行更为有效。

浦项钢铁的例子能解释关于国有企业的另一种典型看法，即关于外部性问题的看法。浦项钢铁，在政府的干预下，并没有滥用它的垄断地位去榨取利润。反而，浦项钢铁把生产获得的利益转移给了产品的买方，整个经济都能受益。韩国政府投资浦项钢铁的“社会”回报（或者说对整个经济的回报），远远高于“私人”回报（或者说只给公司的回报）。这种私人回报和社会回报之间的差异，经济学行话称为“外部性”，是建立国有企业的另一个理由。

广义地说，国有企业可能建立起对公平的关切。例如，如果任由利润最大化之类的企业经营理念指导企业，那么，生活在偏远地区的人也许不能享有邮政、用水和交通的基本服务。在这种情况下，国有企业可能是确保全体公民普遍享有基本服务的捷径。另一个例子是私有的养老金和健康保险体系拒绝接受“高风险”的群体，而这些人通常是穷人。由国有企业来运营这样的体系，将会确保最容易受到伤害的群体得到重要的社会保障。理论上，如上关于国有企业的种种讨论，除了道德关切，在一个能平等分配私人利益和社会利益，且有适当管治和税收 / 补贴的制度下，也能惠及私人企业。例如，政府可以补贴从事很高外部性活动（诸如研究和开发）的私有企业。又例如，政府可以根据私有部门大量提供“平等”关切为条件，对私人从事“基本服务”（例如邮政、水、路等）进行审批。因此，这似乎显示国有企业不是发展所必需的。但是，这忽略了一个要点。管治和税收补贴机制都会涉及合同协议（明的直接管治或者灵活的税收、补贴机制）。这些合同协议的管理，都是需要成本的。

在经济学教科书的理想世界之外，明确合同内容的所有条款是不可能的。例如，管治的价格上限或者补贴的总额可能需要被修改。这些合同的修改，通常会涉及很多次协商甚至法律调解。所有这些能导致产生实质成本的东西，经济学行话称为“交易成本”。这是1991年诺贝尔经济学奖得主罗纳德·科斯对于“交易成本”的经典解释，即市场和企业为何不能完成所有的事情。

当然，由国有企业（而不是在政府管治和税收、补贴机制下的私有企业）带来的交易成本的减少，必须抵消国有企业运行带来的“组织成本”。更重要地，相比更多的合同安排，企业较低程度的透明性，使得企业更易受政治和更严重的腐败的影响。然而，即使考虑“组织成本”，交易成本的存在也意味着建立一个国有企业，通过内部的政府指示处理无法预期的事情，比起通过建立一些基于合同的机制（管治和税收补贴）来实现目标，通常成本更低。这种事情尤其发生在国有企业通常从事的活动中，比如，那些市场价格信号不存在（比如自然垄断）或不可靠（比如外部性）的活动。对那些缺乏法治能力大过缺乏行政管理能力的发展中国家，这尤为适用。

（二）反对国有企业的例子及其局限

除了支持国有企业的理论解释和众多国有企业运作良好的例子，还有很多国有企业是运作不良的。这是为什么呢？最重要的解释包括两个方面，即委托代理问题和搭便车问题，这两个问题都是基于个人自我追逐利润的假设。

根据定义，国有企业是由不拥有国有企业的经理人来运营的。这种论调认为，在追逐自我利润的条件下，国有企业经理人不会像作为企业所有者的经理人那样有效率地经营企业。这种论调假定，个人是国有企业的所有者（委托人），就能很好地监督企业的经理人（企业的代理人），上述问题将不再存在。然而，由于很难证明企业的糟糕业绩是由经理人的卸责或者是由超出他们的控制所致，委托人的监管总是不完美的，最终就会导致没有效率的管理。这被称作委托代理问题。

此外，公民个人也没有被激励的动力和手段去监管国有企业经理人。公民个人去监管国有企业经理人的行为是个人的单独行动，而改进管理带来的收益却是所有人的。因此，公民个人没有被激励去监管国有企业经理人。这意味着，最后，国有企业经理人没有被监管。这就是所谓的搭便车问题。

委托代理问题和搭便车问题是真实存在的，并且对解释国有企业糟糕业绩也是非常重要的。这些理论也适用于所有权和经营权相分离的大型私有企业。如果私有企业雇用经理人来经营数量众多的小股东，雇用的经理人将有被激励的动力将自己的努力置于次优的水平（从股东的角度看），个人股东却没有足够的激励去监管雇用的经理人。换句话说，对经理人的监管是“公共品”，而对“公共品”的提供，既是国有企业也是私有企业面临的问题。

事实上，在某些情况下，对国有企业的监管比对所有权相分离的私有企业的监管更容易。一方面，如果国有企业运行低效，公众（包括纳税人）的贡献将会被浪费。公众可能像私有企业的股东一样有巨大的动力去约束国有企业的领导人。另一方面，在中央集权的管治架构下运作的国有企业，是比较容易被监管的。在国有企业部门，常有一个或几个明确的机构负责监管国有企业的业绩，例如相关的部委、公共控股公司、政府审计署、专门的国有企业监督机构。然而，除非一些足够大的股东提供监管的“公共品”，经营权和所有权分离的私有企业不能采取这样一致的行动。的确，我们可能会说政府就是为解决此类“公共品问题”而建立的；对被雇用的国企经理人的监管只是一个例子而已。

更重要的是，不管国有公司还是私有公司，事实上尽管经营权和所有权是相对分离的，但都运作得很好。这显示出对企业的好的管理比给予个人物质激励更重要。个人的自我利益，并不是人类的唯一追求。在企业工作的人，不仅是被“利己”的东西（诸如薪水和权力）所激励，还有对企业的忠诚、对同事的责任感、敬业精神、诚实、尊严、工作伦理和其他众多观念。就国有企业而言，有额外的激励需要考虑，比如爱国主义、对公共服务的献身精神、对社会正义的关心、为一个“顶尖”企业工作的自豪感等。这些激励问题都很重要，我们却熟视无睹。

如果国有企业和那些所有权、经营权分离的私有企业的内部运作有一些差别，那么依据是什么呢？一个明显的因素是，作为公共企业，国有企业通常会遇到所谓的“软预算约束”问题。这种观点通常认为，作为政府的一部分，如果亏损，国有企业能得到额外的资金；如果有破产的威胁，国有企业可以用公众的钱来拯救自己。这样看来，国有企业的预算范围似乎是可以延展的，或者说是“软的”。“软预算约束”这个词，源于著名的匈牙利经济学家科尔奈，以解释中央计划下的社会主义企业行为，但也被用来解释资本主义经济体制内的国有企业。例如，永远不破产的印度“有病企业”，就常常被当作国有企业软预算约束的例子而被提及。

诚然，政治因素导致的或政治维持所造成的软预算约束，鼓励了这种松散的管理。因此，预算的确应该被予以“强化”。然而，我们也应该注意到，软预算约束并不仅仅是国有企业所有权产生的后果。尽管有人理所当然地认为国有企业比私营企业在政治上容易得到更多的支持，但是，如果在政治上足够重要，涉及大量的就业或是军队、医院等政治上敏感的产业，私有企业也同样会有软预算约束问题。有趣的是，很多帮助大量私有企业摆脱困境的政府却被公认为是自由市场政府（Free-market Governments）。

虽然我们承认了软预算约束的存在，但有必要强调，软预算约束并不必然造成国有企业经理人的懒惰。因为就职业经理人而言，不管经营国有企业还是私有企业，他都清楚糟糕的管理会受到严厉的处罚。例如，职业经理人的薪水会被削减，甚至会失去工作。因此职业经理人不会有动力去胡乱经营政府管理的企业。确实，如果我们相信完全的追逐私利，对职业经理人来说，他关心的是他的个人福利，而不是他的公司能否在政府的帮助下存活。如果职业经理人知道糟糕的管理会招致制裁，政府帮助企业脱困的这种可能性就不会引发管理不善。因此，即使软预算约束对国有企业产生影响的可能性很大，但只要国有企业经理人对国有企业管理负责，软预算约束对国有企业效率的负面影响就会降低。这部分的讨论显示，就公有制本身而言，不管是出于所有权相分离还是政治的影响，对国有企业的管理不善都是可以避免的。所有这些针对国有企业的重要讨论，诸如委托代理问题、搭便车问题、软预算约束问题，都可以适用于所有权、经营权相分离的大型私有企业。

（三）私有化是解决国有企业问题的出路吗？

尽管没有妨碍国有企业出色业绩的特殊壁垒，在许多发展中国家，国有企业的整体业绩要逊色于私有企业。出于这个现实的原因，作为一种改善国有企业业绩的手段，私有化一直以来备受吹捧。不幸的是，这种思路是一种悖论。本质上，它表明如果政府有能力实施好的私有化，政府也有能力运作好国有企业；反之，如果政府没有能力运作好国有企业，也不可能有能力去实施好的私有化。

从20世纪80年代至今，私有化被普遍认为是改善国有企业业绩的主要甚至唯一的方式。援助国政府的经济力量、世界银行和国际货币基金组织，确保将这种观点在发展中国家和转型经济体得到实施。尽管近年来已有的证据表明推行私有化的信念在减弱（这不仅是因为已有证据表明私有化经常不能兑现承诺），但私有化仍旧被认为是解决国有企业相关问题的当然出路。私有化成了决策者用于改善国有企业业绩的一个明确选项。然而，如下所讨论的，有很多私有化之外的方式能改善国有企业的业绩。此外，有人总是想当然地认为要么完全私有化、要么完全国有化。其实，“第三条道路”是存在的。政府可以卖出国有企业的一部分股份，保留绝对控股或者控股的股份（类似法国的雷诺汽车或者中国台湾省的公有企业）。此类“局部”私有化，可能是为了筹措资金，也可能是为了获得关键的技术或者市场，而与一个大型外国公司开展合作。还有一些国家的政府，卖掉几乎所有的股份，利用所谓的“黄金股”去获得对关键问题（诸如控制关键的技术、企业并购）的控制（例如巴西航空工业公司）。政府也可能将国有企业出售给私有的“合作社”，诸如将机场出售给航空公司合作社（Cooperative of Airlines）。即使我们对上文提到的以中性的组织形式为特征的“第三条道路”不感兴趣，私有化也会涉及一系列限制其发挥作用的严重现实问题，私有化仅仅在条件适当的时候才能实施。

第一，根据经验，将赢利的国有企业予以私有化，对国有企业的业绩没有影响。因此，政府应该集中精力把那些不能赢利的国有企业予以私有化。不幸的是，私有企业并不总是购买不能赢利的国有企业。因此，为了使私营部门对业绩糟糕的国有企业有兴趣，政府必须经常对国有企业进行投资或者重组。这会引发一个困境——如果政府所有的国有企业业绩能被改善，为什么要将其私有化呢？的确，通过私有化之前的预先重组，被私有化的企业的生产率提高了。这显示出，重组比私有化更加重要。因此，除非重组企业在政治方面有困难，很多国有企业的问题，可以通过企业重组，而不是私有化来解决。

第二，私有化的特别进程涉及财政支出，这将给手头紧缺的发展中国家的政府带来严重的问题。国有企业的估值和股票市场上股价的涨跌，都是要花钱才能运作的，尤其是，如果这些事情由昂贵的国际会计公司和投资银行来运作。这是发展中国家常常不可避免的事情，发展中国家没有这样的国际会计公司和投资银行。

第三，许多国家的私有化过程充满腐败，大量潜在的收益被中饱私囊，而不是流入政府的金库。这种腐败的转移有时候是非法的，比如通过贿赂；但这经常也是合法的，比如，政府的“内部人”（Insiders）在过程中充当顾问。这简直有点儿讽刺，一个经常提及的反对国有企业存在的论据就是国有企业的严重腐败。然而，一个悲哀的事实是：一个在国有企业中未能控制或者消除腐败的政府，是不可能在国有企业私有化的时候突然有能力阻止腐败的。的确，这种腐败激励他们加入私有化的进程，不惜一切代价地推动私有化。这意味着他们将不必与他们的继任者一道分享腐败带来的利益，可以将未来的所有腐败梦想“变现”。应该补充，私有化并不必然减少腐败，私有企业也可以腐败。在“喧嚣的 20 世纪 90 年代”，即使在管治良好的美国，错误的会计和内部人交易也演变成了巨大的问题。

第四，私有化将给政府的监管能力造成巨大的负担，特别是在进行了大规模的私有化的情况下。当国有企业处于自然垄断的行业时，没有相应监管能力的私有化将使事情变得很糟。这样，无效率且不受约束的私人垄断，将取代无效率但受约束的公共垄断。有些地方政府的监管能力是非常糟糕的。在政治分权化和“让服务提供商更贴近人民”的名义下，世界银行和援助国政府近来强迫将国有企业基于地域原则分成若干小单位，并将监管功能甩给了地方政府。这事纸面上看起来似乎不错，但是考虑到地方政府监管能力严重不足的现实，从效果来看，这经常会导致监管的真空。

第五，私有化的时机和规模问题也很重要。例如，在一个相对短的时期内尽量出售众多的国有企业（所谓的“大拍卖”办法）弱化了政府讨价还价的能力，因此降低了私有化可能的收益。另一个例子，当其他条件不变而股票市场下跌时，私有化的尝试将减少私有化的收益。这个意义上，设置私有化的最后期限——这是国际货币基金组织和一些国家的政府愿意采取的行动——是一个坏主意，因为这将迫使政府不顾市场情况而将国有企业私有化。如果政府搞错了私有化的时机和规模，买方用于支付给企业的价格不会比政府通过更实际的方法、更耐心的等待获得的最好的交易的价格高。

第六，私有化应该有“正当”的理由。私有化的目的应该是改善企业的业绩，而不是集资渠道（崽卖爷田）。例如，20 世纪 90 年代拉丁美洲的许多国家，大规模的私有化是为了在短期之内筹措大量外汇。私有化的收益用于支付对外负债、财政支出的狂涨（主要进口商品）以及支撑起一个不可持续的外汇汇率。此类私有化收益的“滥用”，应该被避免。

第七，发展中国家的国有企业，特别是在拉丁美洲，经常被卖给来自外国的国有企业。例如，国有的西班牙航空公司伊比利亚，买走了大量的拉丁美洲航空公司股票，而国有的西班牙电话公司（Telefonica）买走了大量的拉丁美洲电话公司。如果公有制和管理是问题，一个国有企业被卖给另一个国有企业是相当奇怪的，尽管这个国有企业是外国的。对这种现象的解释是，私有化以后，本国政府就不会向这些已归外国所有的企业提供“软预算约束”了。然而，非常普遍的是，基于自身庞大的规模以及这些外国国有企业的母国政府掌控的庞大国际政治影响力，外国的国有企业比所在国的国有企业拥有更大的政治能量。

第八，要注意把私有化的合同搞好。有大量的问题出在合同里。这类问题包括，被私有化的国有企业的买主常常违反合同。企业（买主）榨取了原国有企业的利润，然后一走了之；当利润变负的时候，企业就把问题留给政府来处理。有些时候，这种事不会成为问题，诸如无线电频谱，其基本资产不会被终端服务所损坏。但是，如果相关的资产需要维修（诸如供水系统和道路），可能就会导致相关资产的恶化或破坏。因此，私有化的合同应该包括合同违约时对资产重新收回的完备手续条款。一个相关问题是企业的业绩规定。这方面的重要挑战在于使用正确的业绩指标。例如，在诸如供水之类的基本服务的合同里，利润率可能并不是最好的业绩指标。另一个挑战是阻止企业（应该是跨国公司）利用转移定价之类的手段破坏业绩条款（诸如投资条款等）。可见，私有化成功的必需条件是非常多的。现实中，许多条件是不能被满足的，特别是在一些发展中国家。许多私有化的尝试已经失败就毫不奇怪了。

（四）对私有化的替代方案

如果公有制自身不是国有企业表现不佳的唯一或者最重要的原因，私有化也不可能是国有企业问题的有效解决之道。此外，如上所见，私有化涉及很多现实的问题。因此，公正地说，私有化应被当作整治国有企业糟糕表现的最后方法，而不是首选方法。下面，我们将讨论三类对私有化的政策替代方案——组织改革、增加竞争以及政治和行政管理改革。

组织改革

第一，对国有企业的目标应该被严肃地审视。常常，国有企业被赋予了太多的目标，诸如满足社会（如对女性和少数族裔的支持）、就业、产业化以及基本服务的提供等。国有企业满足多个目标没什么错误。但是，如果国有企业的目标和相对优先选项不够明确，这可能会对企业的表现产生负面的影响。因此，每家国有企业都应该有清晰的目标，对每个目标赋予明确的权重。这将有助于国有企业目标数目的最小化，并为调节那些相互矛盾的目标提供指导。

组织改革的第二个重要部分，是改进关于国有企业业绩信息的质量，并提高国有企业的监管机构对这些信息加工处理和反应的能力。在一些国家，监管国有企业的机构甚至不掌握企业最基本的信息（诸如国有企业的资产负债表）。因此，收集、确定这些信息并严格遵守报告的程序和时间安排，以及对其加以应用是非常重要的。即使政府没有介入外部的微观管理，这些信息也可以共同用于监管和改善国有企业的表现。与此同时，监管机构获取信息、加工和有效使用信息的能力，也应该予以改进。获得更多的信息，却没有将之加工利用，这种信息也是无效的。

第三，国有企业的激励体系，也应该改进。一个明确有效的激励制度，应当被设计去奖励那些对效率、产出和消费者满意做出改进的经理人和员工。但是，“激励”并不必然要被狭隘地解释为个人物质激励。激励应该包括各种非物质和非个人的激励。

第四，建立一个单一的、精干的、致力于国有企业监管的机构，应该有助于对国有企业的监管。在一些国家，国有企业被多个机构监控着。实践中，这经常意味着国有企业不被任何机构监管。另外，接受来自机构的各种经常性的检查，这也将导致对国有企业经理人不合理的要求。在单一机构里，加强监管责任能提高监管的效率，这个机构不会“推诿责任”，国企经理人也会从过多的检查中解放出来。但是，为了加强监管责任，确保对这个权力很大的监管机构的充分检查和平衡，也是必要的。

第五，如果政府监管和改革国有企业的能力实在有限，削减国有企业的数目可能有助于改善对国有企业的监管。破产、合并甚至私有化一些不必要保持国有的企业（比如旅店），可能释放政府的监管或改革资源，有助于改善其他更重要的国有企业（比如供水和供气公司）的表现。

增加竞争

除了组织改革，增加竞争对改善国有企业表现也是重要的。从事自然垄断的国有企业，增加竞争既是不可能，对社会而言也是徒劳无功的。但是，有时候，竞争压力能产生正面的结果。

的确，在许多国家，国有企业与私有企业在非自然垄断领域激烈地竞争着。例如，在法国，雷诺汽车直到 1996 年都是由政府所有的，面临来自私有企业标志汽车和其他外国生产商的直接竞争。

由于贸易保护和补贴，它们对国内市场处于事实上的垄断状态。巴西航空工业公司、浦项钢铁这样的国有企业则被要求出口，因此它们必须参与国际竞争。

由于任何一种生产和服务至少是可以部分被替代的，因此，即使作为自然垄断的国有企业也能被给予一些竞争的刺激。例如，在20世纪80年代，在一些市场环节，英国的国有铁路曾面临来自私有公共汽车公司相当激烈的竞争。而且，竞争并不总是来自私有部门。增加竞争也可以通过设立另一个国有企业的方式来实现。在1991年，韩国就建立了一个新的国有企业大康公司（Dacom），专门从事国际电话业务。在整个20世纪90年代，大康公司与另一家已经占统治地位的国有电话业务商韩国电信（Korea Telecom）的竞争，极大地改善了效率和服务质量。

理论上，人为地将自然垄断产业拆分为几个区域单位，按照它们的相应业绩来奖励或惩罚，这样来“刺激”竞争也是可行的。以英国铁路系统为例，这可能导致私有化，但在国有制之下也能做这样的产业拆分。这种对产业的拆分方法，称为“标杆竞争”。不幸的是，这种方法运作不良，特别是在那些监管者没有全面的能力来管理复杂的业绩考核的发展中国家。此外，就网状产业（例如铁路）而言，在几个区域单位之间刺激竞争的潜在收益，应该抵销由网际碎片而增加的协调失灵带来的成本。以英国铁路私有化项目的灾难性失败为例，铁路私有化造就了几十个区域运营商，而事实上的竞争却非常少。

政治和行政管理改革

在一些国家，国有企业被作为次优的解决问题机制，因为“最好”的方案在政治上是很难实施的。在某些情况下，通过政治和相应的制度改革，向“最好”的政策前进是可行的，当然这一定不容易。

例如，由于政府没有失业保险项目，也不能通过公共工程项目创造更多“生产性”岗位，国有企业被要求保留不必要的工人，尽管这样做会造成企业损失。在这种情况下，更好的方案是提供失业保险计划和创造公共工程项目，使政府不必创造这种“虚假”就业。但是，建立这些公共工程项目，可能需要相应的政治改革，因为他们建立这样的公共工程项目，需要关于高税收和赤字开支的政治共识（如果有必要）。

为了有效果，行政改革需要和政治改革同时进行。除非官员监管国有企业的工作是称职的，否则为他们创造政治空间不会有结果。行政改革需要很多不同的方面。改进公务员的相对薪酬，政府可以招募新人并削减腐败。公务员的培训，也需要予以改进，需要教授更多通识知识，而不仅仅是经济学技巧。给公务员反复灌输公共服务道德可能是有用的，如果再加上一个适当的工资级差表，不必像私人企业支付那么高的工资，许多公务员仍将愿意为这个国家的美好未来工作，但这也有一个他们能忍受或负担的限度。

所有这些都需要时间。我们不需要相信现在流行的观念，即治理能力糟糕的发展中国家的政府将不能尝试任何“困难”的事情。一个穷国不需要，也确实不可能，用一个完全成型的经济官员体系来开始其经济发展。更重要地，在一个相对短的时间之内，官员能力是能够提升的。

三、管理自然资源租金

多数人同意，矿产、自然为主的不可再生资源应该与其他财富资源加以区别对待。这些资源，不是由生产资源的土地所有者的努力创造的。此外，他们对资源的开采将使别人得不到这些资源，包括子孙后代。这是多数国家将矿产资源公共所有的原因。这也意味着拥有大量矿产资源的国家也会拥有比较大的国有企业部门。

对可再生的自然资源，很少人对此持一致观点。但是，在多数国家，某种可再生资源的开发，诸如森林和渔业，出于可持续的原因也被公共管制。而在另一些国家，至少部分此类资源是公共所有的。因此，自然资源的管理，享有与国有企业管理的某些重要特征。

（一）分配自然资源租金

管理可再生资源的挑战甚至比管理不可再生资源的挑战更大。就不可再生资源而言，好的管理能对资源消耗和可持续性做出区分。然而，最好的管理也不能使不可再生资源永远持续。但是，就不可再生资源而言，对资源租金使用模式、价格变动以及所谓“荷兰病”的管理中采用的政策不同，结果也是非常不同的。

关于自然资源租金的使用，如下方案经常被推荐给发展中国家的政府，即贱价出售资源开采权、靠资源出售产生的收益为生。那些主张这种观点的人强调，发展中国家缺乏有效的开采和精明管理所得收入的能力。这种方案在理论上可能是有道理的。但是，在实践中，尤其是在短期，如果想获得潜在的收益，这种方案需要两个严格的条件。第一个条件，发展中国家的政府应该以恰当的方式设计或者出售自然资源开采合同。第二个条件，在资源开采和租金使用的过程中，应该没有腐败。但在发展中国家，这些条件经常是缺乏的。

更重要的是，如上方案不是一个好的长期方案。与“资源诅咒”

的流行说法相反，可再生和不可再生的自然资源能够创造无数上游产业和下游产业，使之变成经济增长的引擎。例如，森林资源能延伸到上游产业（如纸和家具业）和下游产业（如伐木机械和土方机械）。接下来，家具产业可以创造下游产业，比如金属加工（钉子、铰链等）以及化工业（油漆等）。

如下几个发达国家的例子所示，自然资源不必然导致“资源诅咒”。这几个发达国家已经将它们的资源禀赋转化成资源优势。这些例子包括美国（无数的矿产、森林和采渔业）、加拿大（无数的矿产、森林和采渔业）、澳大利亚（无数矿产）、瑞典（铁矿、森林）、芬兰（森林）和挪威（石油和天然气）。即使在发展中国家，有些国家如马来西亚（森林、锡、石油和天然气）和博茨瓦纳（钻石），将它们的自然资源管理得相当好，不允许其成为“诅咒”。

考虑到自然资源可能创造和贡献于经济增长的上下游潜在产业，长期来看，发展中国家的政府应该寻求建设国家能力，以大力开采自然资源。例如，由于外国石油公司不愿意将钻井和提炼的关键技术转移给东道国，巴西政府大力投资国有企业巴西国家石油公司，成功发展了这样的能力。

即使决定出售开采权，也应该用心拟定恰当的合同，包括准入许可、合资、生产分享的安排。此外，在一个短时期（10 年或 20 年）之后，权利应当被更新，因此在国家能力发展的名义下，这种情况需要被重新予以评估。发展轨迹是很难被准确预期的。还有，如果涉及出售开采权给外国公司的事情，出售程序和相应的合同，应该对外国公司的技术转移、管理和生产能力给予明确的规定。这可能通过本国企业（通常是公有企业）的合资协议，或通过对转移能力的明确规定（诸如技术转移、管理培训和工人培训）来实现。

因此，将来国家可以凭借自己的能力更好地开采资源，如果它这样选择的话。

（二）将资源租金用于投资

比租金收入分配方式更重要的是租金收入的投资方式，长期来看尤其如此。关于这一点，如下对斯蒂格利茨的引用是非常有启发的：“我们可以将自然资源和石油当作资本品。它们是资本品，是藏在地下的资本品。当你出售石油的时候，你正在将国家的财富从地下转移到地上。现在，当你将它从地下转移到地上的时候，从结果上来看，这会使这个国家变得更富还是更穷呢？这取决于你怎么使用这个钱。如果你仅仅将之用于消费，那你可能变得更穷。你过去拥有财富，但你将不再拥有财富——财富已经消失了。如果你将它从地下转移到地上，将石油转化为道路或资本品，如果这些被石油替代的资本品是高产出的，那你就能变富。这像一个例行公事的分配问题：你将之从资本的一种形式转化为另一种形式，如果在这个过程中，你使之成为一种更高产的资本形式，你将变得更富。”

将资源租金投资金融资产

对自然资源租金投资的最简单方案可能是，通过一个专门基金，对金融资产进行投资，并用金融资产的收益运转。挪威的石油基金（现在称政府养老基金）是这种投资最著名的例子。考虑到自然资源价格的易波动特征，这些基金可被国家用作“稳定化基金”，用以缓解其收入和开支。

尤其是，当资源租金突然增加的时候，短期内，对外国金融资产的投资是一个有吸引力的方案。这基于如下两个原因：其一，经济的吸纳能力可能不会快速增加，因此租金可能被投资于低回报的项目；其二，将资金保留在国家之外将减少本国货币的升值压力，以减轻“荷兰病”。

可是，安全的金融资产（比如美国财政部债券）不可能带来高回报；而投资高风险的金融资产，尤其是在外国金融市场的投资，考虑到金融专业知识的缺乏，应作为发展中国家的最后选项。更重要的是，金融投资不可能提高国民经济的生产能力的。金融投资对诸如挪威这样的发达经济体可能不会是个大问题，但它对发展中国家可能就会是个严重的问题。发展中国家仍然需要对其能力建设进行投资。

总之，就自然资源租金收入的管理而言，对金融资产的投资通常是最“安全”的选项。但是，长期来看，发展中国家需要对生产能力建设进行投资。这样一来，当面临大量的自然资源租金突然增加时，对金融资产的投资方案应该主要作为一个短期措施来使用。

将资源租金投资于基本能力建设

自然资源租金能被用于经济领域“基本”能力的建设。例如，它们可以用来改善医疗保健、基础教育或常见的基础设施，以此提高经济的整体能力，而不仅局限于某些特定产业。

对“基本”能力的投资可能是政治上安全的选项，至少在理论上很少有人会反对这样的投资。对最穷的发展中国家而言，它们需要对基本能力进行更多的投资，这也可能是经济上的必需选项。但是，对多数已建立了基本能力的发展中国家而言，这个策略存在局限。处于这些国家的发展阶段，它们需要更多对具体能力的定项投资。一旦跨越了基础教育或者最基本的基础设施，对“基本”能力的投资就没有必要了。我们不要抽象地谈论培训工程师，就好比不要抽象地谈论修建道路。我们必须决定是要培养化工工程师还是电子工程师，我们也需要决定是修建纺织城和港口之间还是森林和港口之间的高速公路。

因此，除了最穷的发展中国家，仅有一小部分自然资源租金被专门用于基本能力的投资，其余部分应该转移到开发对未来经济升级所必需的专门能力。

资源相关产业的多元化投资

另一个对自然资源租金进行投资的方案是对自然资源相关产业进行多元化投资。例如，瑞典成功地就森林资源实行了多元化：从造纸和家具，再到造纸、家具制造机械，最终进入高品质的家具设计和生活方式服务（如著名的组合家具公司宜家）。瑞典的多元化，也成功地从铁矿业进入了钢铁业，最后进入各种与钢相关的产品业（包括轮船、汽车和军备）。此外，马来西亚在多元化方面做得特别成功，例如，从棕榈油到对棕榈油的提炼，从橡胶到轮胎业，都相当成功。

相关的多元化是个必需的、有眼光的“自然”选择过程。一些活动“自然地”导致一些其他的活动，这些活动或对原来的活动给予投入，或从他们那里购买。经典的郝希曼关联分析法、里昂惕夫的投入—产出模型，都是基于这样的特殊视角。

但是，就大多数自然资源而言，资源相关多元化的范围是非常有限的，能从咖啡或渔业实行多元化的产业少之又少。一些资源有更大的潜力去实行相关的多元化，诸如铁矿、森林和石油。但是，即使是对这样的资源产业，如果相关的多样化要进入价值链的顶部，至少一定程度的不相关的多样化也是需要的。例如，铁矿和汽车业有“关联”，汽车需要很多钢板，但是汽车业的发展需要很多其他与铁矿“不相关”的产业（诸如电子、玻璃、橡胶和油漆，这里仅列举出一小部分）。因此，如果仅仅就那些有很高潜力的自然资源实行相关的多样化，可能会停顿于低附加值的活动，除非那些不相关的多元化也能被开发。

因此，尽管我们需要全面开发相关多样化的潜力，但在更长时期内，应该转移到不相关的多元化上来，尤其是那些技术转移活跃的领域。此外，不相关的多元化，对扩大相关多元化的范围是必要的。

资源不相关产业的多元化投资

自然资源租金也需要投资于“不相关的多元化”。如我们上文所指出的，即使对于使用非常广泛的资源（例如木材和铁矿石），可行的相关多元化和升级也不太多。因此，为了取得可持续的长期发展，国家应该将自然资源租金用于对技术上最具活力的不相关产业的多样化。

诺基亚作为因移动电话而著名的芬兰公司，提供了一个成功的、对自然资源加以不相关多元化的最好例子。诺基亚从一个伐木公司起家，后来开始做橡胶、电缆和电话交换，最近进入了电子和移动通信产业。有趣的是，诺基亚公司经营了 17 年，电子公司才赢利。这显示不相关的多元化经常需要一个漫长的成长期。

由于这个漫长的成长期，不相关的多元化当然是最困难的选项。这也需要一个长时期的产业规划。即便这样的能力能被相对较快地建立，那些缺乏行政能力的最贫穷国家很难去管理这样的产业计划。

如我们在诺基亚的例子中看到的，尽管有一个漫长的成长期，但是不相关产业的技术推动的产业多元化将带来很高的回报。因此，长期来看，应该努力从自然资源为基础的产业转移到与之不相关的多元化产业。然而，考虑到漫长的成长期，在中短期内能快速得到回报的其他方案，对不相关的产业多元化方案进行补充也是必要的。

选择正确的政策组合

自然资源租金在资源相关或不相关产业的多样化投资，应该建立在一个相互衔接的发展战略之上。发展战略的实施可能通过国有企业，或者用资源租金对设立新产业的私有企业提供补贴（直接或间接地通过关税和其他形式的贸易保护）。

用自然资源租金对金融投资、基本能力构建的投资、相关多元化的投资、不相关的多元化的投资等不同策略混合成的相应政策，国与国是不同的。它们的相对重要性对各国而言各不相同，甚至在同一国家也各不相同。

例如，在发展的初期，金融投资、对基本能力的投资是非常重要的，而其他两个投资途径将随着经济发展变得日益重要。类似地，相关产业多元化和不相关产业的多元化的相对重要性，也可能轮流交替。由于国家首先需要从不相关的多样化飞跃到一个新阶段，而在进入一个新产业之后，相关产业的多样化的新产业是需要一段时间来巩固的。

（三）自然资源租金管理的政治经济学

对自然资源管理的一个主要关切是日益增大的自然资源对腐败的影响。一些人声称矿产资源通常集中在其自然位置（所谓点资源），因此容易去“偷”或“掠夺”（例如有高的掠夺性）。他们声称，资源的高掠夺性使得阻止腐败和租金俘获（通过政治和暴力）的个人努力更加困难。相反，他们指出农业资源（比如咖啡和可可）是更易于分离的（所谓分散的资源），需要持续不断地工作才能产生收入，掠夺更加困难。

如果这种说法有点道理的话，我们就不必假定资源的自然属性了。凭借国家的政治和行政能力，农业资源也能以非常高的程度集中，而一个由老实人组成的、由公民社会监督良好的政府掠夺地理上非常集中的资源，也是困难的。命运并非自然注定。

非洲营销委员会（African Marketing Boards）可能是最知名的控制农业资源的机构。事实上，不太有名但同样重要的是中国台湾省和韩国，它们几乎完全控制了大米产出资源。这是通过农业合作社实现对大米的强制销售来取得的，而合作社对化肥供应和耕作系统的控制使得农民退出变得不可能。相反，通过石油基金和拥有“廉洁”政治系统的福利国家，挪威已经能公平合理地分配其石油收入。

因此，掠夺性更可能是政治和制度的结果，而不是有关自然资源的永恒自然属性。关于所谓的“资源诅咒”，不是不可以避免的。关于特定的资源的掠夺性和围绕它们腐败的可能性，并不是天生注定的。思考对不腐败的、能带来公平合理、可持续的结果的自然资源租金管理体系的设计，是可能的。

首要的事情是设计一个不容易发生腐败的、分配自然资源开采权利的制度。这需要这个制度是透明而干净的，以致外部人能容易监控它。如果这个制度能够经常接受评议，那就更好了。这样的错误，就能被较快地纠正。

同时，建立一个透明的、单一的资源租金基金，而不是将之分散在不同的小碗里，会是一个好主意。这将使得对资源租金基金使用的监管更容易，因此要确保其茁壮、公平合理地发展，并防止滥用。

基于合理的透明的制度、正规的审计和责任追究制度，一个单一的基金将更容易被监控。正如如上关于国有企业管理的讨论，这可以通过加强在单一监管机构的监控责任来改进。阻止权力滥用、腐败和诈骗，是不容易的。斯蒂格利茨也认为，对资源租金的欺骗广泛存在而且不容易被侦查，即便在美国这样的国家。但是，积极的努力是必需的，以确保财富属于这个国家的每一个人，包括子孙后代。

参考文献

▶ 后发国家的经济赶超：从产业政策到国有企业的比较

胡鞍钢,《中国政治经济史论（1949—1976）》，北京：清华大学出版社，2011 年。

经济合作与发展组织编著,《国家发展进程中的国企角色》，贾涛译，北京：中信出版社，2017 年。

世界银行增长与发展委员会,《增长报告：可持续增长和包容性发展的战略》，北京：中国金融出版社，2008 年。

王绍光,《国有企业与工业化》，清华大学国情研究院就国有企业和工业化的演讲，3 月 27 日，2019 年。

中国驻美大使馆经商参处，美国的“中央国有企业”情况介绍，http://us.mofcom.gov.cn，2015 年 8 月 1 日。

［美］威廉·谢泼德等,《产业组织经济学》（第五版），张志奇等译，北京：中国人民大学出版社，2009 年。

Chang Ha-Joon, “*Kicking Away the Ladder: Development Strategy in Historical Perspective*,” London: Anthem Press, 2003.

Cherif Reda & Hasanov Fuad, “The Return of the Policy That Shall Not Be Named: Principles of Industrial Policy,” *IMF Working Paper,* International Monetary Fund, 2019.

Christiansen Hans & Kim Yunhee, “State-Invested Enterprises in the Global Marketplace: Implications for a Level Playing Field,” *OECD Corporate*

Governance Working Papers, No. 14, 2014, OECD Publishing, Paris.

Lawrence Martha, Bullock Richard, and Liu Ziming, *China's High-Speed Rail Development*, International Bank for Reconstruction and Development/ The World Bank, 2019.

Mazzucato Mariana, *The Entrepreneurial State: Debunking Public vs. Private Sector Myths*, London: Anthem Press, 2013.

National Science Board, *Science and Engineering Indicators Report*, 2016.

National Science Board, *Science and Engineering Indicators Report*, 2018.

Vogel David, "The Hare and the Tortoise Revisited," *British Journal of Political Science*, 33, 2003.

Warwick Ken, "Beyond Industrial Policy: Emerging Issues and New Trends," *OECD Science, Technology and Industry Policy Papers, No.2*, 2013.

Wen Yi & Fortier George, "The Visible Hand: The Role of Government in China's Long-Awaited Industrial Revolution," *Review Federal Reserve Bank of St. Louis,* Vol. 98(3), 2016.

▸ 经济增长作为不稳定力量：基于韩国财阀模式的考察

Akerlof George & Romer Paul, "Looting: The Economic Underworld of Bankruptcy for Profit," *Brookings Papers on Economic Activity*, Vol.1993 No. 2.（中译本：[美]乔治·阿克洛夫、保罗·罗默，《所有者掠夺：以破产牟利的经济黑幕活动》，《比较》第15辑，北京：中信出版社，2004年。）

Amsden Alice, *Asia's Next Giant: South Korea and Late Industrialization*, London: Oxford University Press, 1989.

Birdsall Nancy & Londono Juan, "Asset Inequality Matters: An Assessment of the World Bank's Approach to Poverty Reduction," *American Economic Review Papers and Proceeding*, 87(2), 1997.

Block Fred, "Swimming Against the Current: The Rise of a Hidden Developmental State in the United States," *Politics & Society*, Vol.36. No.2, 2008.

Chalmers Johnson, *MITI and the Japanese Miracle: The Growth of Industrial Policy, 1925-1975*, Stanford: Stanford University Press, 1982.

Chang Ha-Joon, *The Political Economy of Industrial Policy*, New York: St. Martin's Press, 1994.

Chang Ha-Joon, "Evaluating The Post-Crisis Corporate Restructuring In Korea," *The East Asian Development Experience: The Miracle, The Crisis and The Future,* London: Third World Network & Zed Books, 2006.

Chang Ha-Joon, State-Owned Enterprise Reform, UNDESA, *National Development Strategy Policy Note,* 2007.

Chaudry Kiren Aziz, "The Myths of Markets and the Common History of Late Developers, *Politics & Society*, Vol.21, No.3 (September), 1993.

Chang Sea-Jin, *Financial Crisis and Transformation in Korea: the Rise and Fall of Chaebol Business Groups*, New York: Cambridge University Press, 2003.

Claessens Stijin, Djankov Simeon, and Lang Larry, "The Separation of Ownership and Control in East Asian Corporations," *Journal of Financial Economics,* Vol.58, 2000.

Claessens Stijin, Fan Joseph, Djankov Simeon, and Lang Larry, "On Expropriation of Minority Shareholders: Evidence from East Asia," *CEI Working Paper Series,* 2000.

"Commission on Growth and Development," *Growth Report: Strategies for Sustained Growth and Inclusive Development*, The World Bank, 2008.

Cui Zhiyuan, "Liberal Socialism and the Future of China: A Petty Bourgeoisie Manifesto," in *The Chinese Model of Modern Development*, edited by Tianyu Cao, New York: Routledge, 2005.

Deininger Klaus & Squire Lyn, "A New Data Set Measuring Income Inequality," *World Bank Economic Review,* 10, 1996.

Evans Peter, *Embedded Autonomy: States and Industrial Transformation,* Princeton: Princeton University Press, 1995.

Gao Bai, *Economic Ideology and Japanese Industrial Policy: Developmentalism from 1931 to 1965*, Cambridge: Cambridge University Press, 2002.

Gereffi Gary & Wyman N L, *Manufacturing Miracles*, Princeton: Princeton University Press, 1990.

Gordon White, *Developmental States in East Asia*, Houndmills Basingstoke: Hampshire MacMillan Press, 1988.

Haggard Stephan, Lim Wonhyuk, and Kim Euysung.eds., *Economic Crisis and Corporate Restructuring in Korea: Reforming the Chaebol*, Cambridge:

Cambridge University Press, 2003.
Jang Ha-Sung & Kim Joongi, "Nasent Stages of Corporate Governance in an Emerging Market: Regulatory Change, Shareholder Activism and Samsung Electronics," *Corporate Governance*, Vol.10, No.2, 2002.
Jwa Sung-Hee & Lee In Kwon, *Competition and Corporate Governance in Korea: Reforming and Restructuring the Chaebol*, Cheltenham: Edward Elgar, 2004.
Kim Eun-Mee, *Big Business, Strong State: Collusion and Conflict in South Korean Development, 1961-1990*, Albany: SUNY Press, 1999.
Koo Hagen, *Korean Workers: The Culture and Politics of Class Formation*, Ithaca & London: Cornell University Press, 2001.
Kornai Janos, *The Soft Budget Constraint*, 1986.
Krugman Paul, "For Richer: How the Permissive Capitalism of the Boom Destroyed American Equality," *New York Times Magazine*, Nov.20, 2005.
Lane Robert, *The Loss of Happiness in Market Democracies*, New Haven: Yale University Press, 2001, 2001.
Lee Sook-Jong, "The Politics of Chaebol Reform in Korea: Social Cleavage and New Financial Rules," *Journal of Contemporary Asia*,Vol.38(3), August, 2008.
Olson Mancur, "Rapid Growth as a Destabilizing Force," *The Journal of Economic History*, Vol.23, No.4, 1963.
Polanyi Karl, *The Great Transformation: The Political and Economic Origins of Our Time,* Boston: Beacon Press, 2001.
Roubini Nouriel, "The Transformation of the USA into the USSRA Continues at Full Speed with the Nationalization of AIG," http: //www.rgemonitor.com, 2008.
Sen Amartya Kumar, *Development as Freedom,* Oxford: Oxford University Press, 2001.
Stiglitz Joseph & Yusuf Shahid, *Rethinking the East Asian Miracle*, New York: Co-publication of the World Bank and Oxford University Press, 2001.
Timothy Noah, 2009, "Shrugs at The Too Big to Fail Problem," *Slate*. http://www.slate.com/id/2219841/.
So Alvin, "The Communist Path of Developmental State: The Chinese Experience," *Paper presented at the annual meeting of the American Sociological Association,* Atlanta Hilton Hotel, Atlanta, GA, 2003-08-16.

Vivek Chiber, "Building a Developmental State:The Korean Case Reconsidered," *Politics & Society,* Vol.27 No.3, 1999.

拯救资本主义：财阀改革在韩国

英文文献

Acemoglu Daron, "The Crisis of 2008: Structural Lessons for and from Economics," *CEPR Policy Insight,* No.28, 2009.

Akerlof George & Romer Paul, "Looting: The Economic Underworld of Bankruptcy for Profit," *Brookings Papers on Economic Activity*, Vol.1993, No. 2, 1993.

Brenner Robert, "Overproduction not Financial Collapse is the Heart of the Crisis: the US, East Asia, and the World," *The Asia-Pacific Journal,* (February 7), 2009.

Chang Ha-Joon, "Evaluating The Post-Crisis Corporate Restructuring In Korea," *The East Asian Development Experience: The Miracle, The Crisis and The Future,* London: Third World Network & Zed Books, 2006.

Chang Sea-Jin, *Financial Crisis and Transformation in Korea: the Rise and Fall of Chaebol Business Groups*, New York: Cambridge University Press 2003.

Cho Hee-Yeon & Park Won-Soon, "The Democratic Reform and Civic Movement in South Korea-Focused on PSPD," *Joint U.S.-Korea Academic Studies*, Vol.12, 2003.

Choi Jang-Jip, *Democracy after Democratization: The Korean Experience*, Seoul: Humanitas Press, 2005.

Claessens Stijin, Djankov Simeon, and Lang Larry, "The Separation of Ownership and Control in East Asian Corporations," *Journal of Financial Economics,*Vol.58, 2000.

Claessens Stijin, Fan Joseph, Djankov Simeon, and Lang Larry, "On Expropriation of Minority Shareholders: Evidence from East Asia," *CEI Working Paper Series* (2000-4), 2000.

Cui Zhiyuan, "Liberal Socialism and the Future of China: A Petty Bourgeoisie Manifesto," in Tianyu Cao, eds., *The Chinese Model of Modern Development,* New York: Routledge, 2005.

Dixit Avinash & Olson Mancur, "Does Voluntary Participation Undermine the

Coase Theorem?" *Journal of Public Economics*, Vol.76(3), 2000.
Fogel Robert William, *Without Consent or Contract: The Rise and Fall of American Slavery,* New York: W.W. Norton & Company, 1994.
Fogel Robert William & Engerman Stanley, "Explaining the Relative Efficiency of Slave Agriculture in the Antebellum South: Reply," *American Economic Review*, American Economic Association, Vol.70(4), 1980.
Fukuyama Francis, *The End of History and the Last Man,* New York: Free Press, 1992.
Gao Bai, *Economic Ideology and Japanese Industrial Policy: Developmentalism from 1931 to 1965*, Cambridge: Cambridge University Press, 2002.
Gereffi Gary & Wyman N L, *Manufacturing Miracles*, Princeton: Princeton University Press, 1990.
Haggard Stephan, Lim Wonhyuk, and Kim Euysung, eds., *Economic Crisis and Corporate Restructuring in Korea: Reforming the Chaebol*, Cambridge: Cambridge University Press, 2003.
Jang Ha-Sung & Kim Joongi, "Nascent Stages of Corporate Governance in an Emerging Market: Regulatory Change, Shareholder Activism and Samsung Electronics," *Corporate Governance*, Vol.10, Number 2, 2002.
Jang Ha-Sung & Kim Joongi Shareholder Initiated Enforcement: Derivative Suit and Class-Action Lawsuits, 2004.
Jang Ha-Sung, "Corporate Governance: A Long Way to Go," *The Financial Times*, November 30, 2006.
Jeong Seung-Il, *Crisis and Restructuring in East Asia: the Case of the Korean Chaebol and the Automotive Industry*, New York: Palgrave Macmillan, 2004.
Jeong Seung-Il, "The Implications of Maximizing Shareholdre Value," in Lee Chan-Geun, Jwa Sung-Hee, and Lee In Kwon, eds., Competition and Corporate Governance in Korea: Reforming and Restructuring the Chaebol, UK, Cheltenham: Edward Elgar, 2004.
Kalinowski Thomas, "State-Civil Society Synergy and Cooperation: The Case of the Minority Shareholder Movement in Korea," *Korea Observer*, Vol.39, No.3 (Autumn), 2008.
Kang David, "Bad Loans to Good Friends: Money Politics and the Developmental

State in South Korea," *International Organization,* 56(1), 2002.

Kim Eun-Mee, *Big Business, Strong State: Collusion and Conflict in South Korean Development, 1961-1990*, Albany: SUNY Press, 1999.

Kim Jooyoung & Kim Joongi, "A Review of How PSPD Has Used Legal Measures to Strengthen Korean Corporate Governance," *PSPD Homepage*, 2001.

Kim Yeong-Bae, "Looking at Both Sides of the Jang Ha-Sung Fund," *The Hankyoreh*, 2006. http://english.hani.co.kr/arti/english_edition/e_business/158358.html, 2009-06-01.

Koo Hagen, *Korean Workers: The Culture and Politics of Class Formation*, Ithaca & London: Cornell University Press, 2001.

Larsson Thomas, "Korea's Crony Capitalism," http://www.theglobalist.com/StoryId.aspx? StoryId=2292, Accessed on 2009-06-01, 2002.

Lee Sook-Jong, "The Politics of chaebol Reform in Korea: Social Cleavage and New Financial Rules," *Journal of Contemporary Asia*,Vol.38(3), August, 2008.

Lipset Seymour Martin, "Some Social Requisites of Democracy: Economic Development and Political Legitimacy," *American Political Science Review,* 53(1), 1959.

Mill John Stuart, *Principles of Political Economy,*http://www.econlib.org/, 1848.

Mah In-Sub, *Capitalist Development and Democratization in South Korea*, Northwestern University, 1992.

Olson Mancur, "Rapid Growth as a Destabilizing Force," *The Journal of Economic History*, Vol.23, No.4, 1963.

Olson Mancur, *The Logic of Collective Action: Public Goods and the Theory of Groups,* Harvard Economic Studies 124, Cambridge: Harvard University Press, 1965.

Olson Mancur, *The Rrise and Decline of Nations: Economic Growth, Stagflation, and Social Rigidities*, New Haven: Yale University Press, 1982.

Park Gil-Sung & Kim Kyung-Pil, "Financial Crisis and Minority Shareholders' Movement in Korea: The Unfolding and Social Consequences of the Movement," *Korean Journal of Sociology*,Vol.42, No.8, 2008.

Polanyi Karl, *The Great Transformation: The Political and Economic Origins of Our Time,* Boston: Beacon Press, 2001.

Rajan Raghuram & Zingales Luigi, *Saving Capitalism from the Capitalists:*

Unleashing the Power of Financial Markets to Create Wealth and Spread Opportunity, New York: Crown Business, 2003.

Rho Han-Kyun, "From Civil Society Organization to Shareholder Activist: The Case of the Korean PSPD," *BRESE Working Paper*, No.15, London: Brunel University, 2004.

——., *Shareholder Activism: Corporate Governance Reform in Korea*, New York: Palgrave Macmillan, 2007.

Roubini Nouriel, "The Transformation of the USA into the USSRA (United Socialist State Republic of America) Continues at Full Speed with the Nationalization of AIG," http: //www.rgemonitor.com, 2009-06-01, 2008.

Sen Amartya Kumar, *Development as Freedom,* Oxford: Oxford University Press, 2001.

Siebert Horst, *The German Economy: Beyond the Social Market*. Princeton, NJ: Princeton University Press, 2005.

Stiglitz Joseph, Shahid Yusuf, eds., *Rethinking the East Asian Miracle*, New York: Co-publication of the World Bank and Oxford University Press, 2001.

Thurow Lester, *Head to Head: The Economic Battle Among Japan, Europe, and America*, New York: William Morrow, 1992.

You Jong-Sung, *The Role of Civil Society in Combating Corruption in Korea*, Presented at the International Anti-Corruption Conference, Seoul, Korea, 2003.

Young Whan Kihl, *Transforming Korean Politics: Democracy, Reform and Culture,* New York: M.E. Sharpe, 2000.

韩文文献

Cho Wonhee, "Soeakjujuwundong, Tadanghan Jaebeolkaehyeok Jeonlyakinka" (Minority Shareholders' Campaign, Great Strategy of *Chaebol* Reform), *Kyeongjaewasahoi*, No.42, 1999.

Kim Sang-Jo, "SoaekJuJuwundongui Seongkwawa Kwaje" (The Effect and Subject of Minority Shareholders' Campaign), *Jeabeoloe Nosakwankyewa Sahoijeok Jaengjeom*, Nanamchulpan, 2005.

——., Jaebeolkaehyeok (*Chaebol* Reform), *Siminkwasekye*, No.5, 2004.

Kim Yong-Won, *Chamyeoyeondaeui Soaekjujuwundongye Daehan Jeongchik yeongjejeok Kochal,(The Political Economy Examination of Minority Shareholders' Campaign of PSPD)* Seouldaehakkyo Daehakwon, Hakweenonmun, 2008.

Lee Sang-Min, "Kieopui Sahoijeok Chaekimkwa Jujuhaengdongjuui Mikukkwa Hankukui Soaekjujuwundong Bikyo" (The Comparative Studies about Social Responsibility of the Enterprises & Shareholder Activism in the USA and Minority Shareholders' Campaign in Korea), *Hankuksahoihak,* No.40(5), 2006.

Seo Hynkjin, "Soaekjujuwundongeuro Jaebeolkaehyeok Haketta" (Reform *Chaebol through* Minority Shareholders' Campaign) , *Wolkanmal,* No.141, 1998.

新加坡“淡马锡模式”的借鉴与局限

卞历南,《制度变迁的逻辑：中国现代国营企业制度之形成》，杭州：浙江大学出版社，2011 年。

楚序平,《实现治理体系和能力现代化》,《经济日报》，2014 年 12 月 17 日。

淡马锡控股,《淡马锡年度报告 2014》，淡马锡控股官方网站，2014 年 7 月。

胡渊文,《我国主权财富基金投资额 今年增三倍多达 488 亿元》，联合早报网，2014 年 12 月 29 日。

莫少昆、余继业,《解读淡马锡》，厦门：鹭江出版社，2008 年。

周建军等编译，周小庄校,《社会分红制度的历史考察：阿拉斯加的经验》,《经济社会体制比较》，第 3 期，2006 年。

[美] 玛格丽特 · 布莱尔,《所有权与控制 : 面向 21 世纪的公司治理探索》，张荣刚译，北京：中国社会科学出版社，1999 年。

Sim Isabel, Thomsen Steen, and Yeong Gerard, *The State as Shareholder: The Case of Singapore*, July, 2014.

员工持股制度的国际借鉴与启示

崔之元,《看不见的手的范式的悖论》，北京：经济科学出版社，1999 年。

黄卫伟，第四届华夏基石十月管理高峰论坛上的演讲实录，http://mt.sohu.com/20161105/n472355126.shtml，2016 年 11 月 5 日。

[美] 加里 · 皮萨诺、威利 · 史,《制造繁荣：美国为什么需要制造业 ?》，机械工业信息研究院战略与规划研究所，北京：机械工业出版社，2014 年。

[美] 玛格丽特 · 布莱尔,《所有权与控制 : 面向 21 世纪的公司治理探索》，张荣刚译，北京：中国社会科学出版社，1999 年。

Blair Margaret, *Ownership and Control*, Brookings Institution Press, 1995.

Conte Michael & Svejnar Jan, "The Effects of Worker Participation in Management, Profits and Ownership of Assets on Enterprise Performance," K. Abraham and R. McKersie eds., *New Developments in the Labor Market,* MIT Press, 1990.

Gao Bai, *Economic Ideology and Japanese Industrial Policy*：*Developmentalism from 1931 to 1965*, Cambridge：Cambridge University Press, 2002.

Gates Jeffrey & Saghir Jamal, *Employee Stock Ownership Plans (ESOPs) Objectives, Design Options and International Experience*, The World Bank, 1995.

Haldane Andrew, "The Costs of Short-termism," in Mariana Mazzucato and Michael Jacobs, eds, *Rethinking Capitalism: Economics and Policy for Sustainable and Inclusive Growth*", Hoboken, New Jersey: Wiley-Blackwell, 2016.

Stiglitz Joseph, "Inequality and Economic Growth," in Mariana Mazzucato and Michael Jacobs, eds, *Rethinking Capitalism: Economics and Policy for Sustainable and Inclusive Growth*, Hoboken, New Jersey: Wiley-Blackwell, 2016.

Weitzman Martin & Douglas Kruse, "Profit sharing and productivity," in Alan Blinder, eds., *Paying for Productivity: A Look at the Evidence*, Washington: Brookings Institution, 1990.

▶ 比较视野的"大国资"监管：国家能力、监管机制与实践借鉴

《商务周刊》记者,《国家必须把存在于行政性垄断企业中的公共权力收回来——专访北京大学政府管理学院教授路风》,《商务周刊》第5期, 2010年。

卞历南,《制度变迁的逻辑：中国现代国营企业制度之形成》，杭州：浙江大学出版社，2011 年。

曹英,《张奎：国资委究竟如何定位？》《中国经济时报》，2005 年 3 月 7 日。

樊鹏,《发达国家和地区大部门体制组织结构与运行机制比较》,《经济社会体制比较》，第 1 期，2011 年。

高洁、张奋勤,《政府公共管理中的"反公地悲剧"与"大部制"改革》,《经济社会体制比较》，第 6 期，2008 年。

国家统计局,《中国统计年鉴（2010）》，北京：中国统计出版社，2010 年。

国务院国有资产监督管理委员会研究局,《探索与研究——国有资产监管和国有企业改革研究报告（2010）》，北京：中国经济出版社，2011年。
国务院国资委“非经营性国有资产监督管理研究”课题组，非经营性国有资产监督管理研究,《经济研究参考》第3期，2005年。
国务院国资委研究中心调研组,《重庆国资发展模式调查》,《董事会》，第1期，2011年。
国务院人口普查办公室、国家统计局人口和就业统计司,《中国2010年人口普查资料》，北京：中国统计出版社，2012年。
何干强,《论国有资本的整体性监管》,《当代经济研究》第11期，2010年。
黄淑和、彭华岗等,《县级经营性国有资产监管问题研究》,《经济研究参考》第56期，2008年。
李寿生（作者单位：国务院国资委业绩考核局）、国务院国有资产监督管理委员会研究室，看西方市场经济国家如何监管国企,《经济日报》，2005年5月23日。
李兆熙,《国资管理变革的法国样板》,《国企》，第5期，2007年。
刘纪鹏,《国有资产监管体系面临问题及其战略构架》,《改革》，第9期，2010年。
刘纪鹏,《探索建立新型国有资产管理体制》,《经济日报》, 2012年4月13日。
路风、蔡莹莹,《中国经济转型和产业升级挑战政府能力——从产业政策的角度看中国TFT-LCD工业的发展》,《国际经济评论》，第5期，2015年。
欧树军,《“治理问题体制化”的思想误区》,《文化纵横》，第4期，2012年。
王绍光，2007年,《安邦之道：国家转型的目标与途径》，北京：三联书店。
王绍光、马骏,《走向“预算国家”——财政转型与国家建设》,《公共行政评论》第1期，2008年。
魏礼群,《积极稳妥推进大部门制改革》,《求是》，第3期，2011年。
吴栋、刘震,《国有资产管理模式的国际比较及思考》,《国有资产管理》，第2期，2006年。
张喆,《越总理为执政失误向民众道歉称国企监控存缺陷》,《东方早报》，2012年10月23日。
中国国有资产管理年鉴编委会,《中国国有资产监督管理年鉴（2010）》，北京：中国经济出版社，2012年。
[美] 拉塞尔·林登,《无缝隙政府：公共部门再造指南》，汪大海等译，北

京：中国人民大学出版社，2001 年。

Holz Carsten, "Long Live China's State-owned Enterprises: Deflating the Myth of Poor Financial Performance," *Journal of Asian Economics, 13*, No. 4, 2012.

OECD, "State-Owned Enterprise Governance Reform: An Inventory of Recent Change," www.oecd.org, 2011.

Patrick Hamm, King Lawrence, and Stucklerb David, "Mass Privatization, State Capacity, and Economic Growth in Post-Communist Countries," *American Sociological Review*,77(2), 2012.

Vogel David, "The Hare and the Tortoise Revisited," *British Journal of Political Science*., 33, 2003.

Wang Shaoguang, "Democracy and State Effectiveness," in *Political Institutions and Development: Failed Expectations and Renewed Hopes*, edited by Natalia Dinello and Vladimir Popov, eds., London: Edward Elgar Publishing, 2007.

▸ 国际比较视野的自然资源监管："资源诅咒"还是"资源祈福"

国务院发展研究中心资源与环境政策研究所，《中国石油资源的开发与利用政策研究》，北京：中国发展出版社，2010 年。

黄桂海，《阿拉斯加永久基金对澳门管理财政储备制度的启示》，中国澳门《行政》，第 87 期，No.1，2010 年。

林毅夫，《新结构经济学——重构发展经济学的框架》，《经济学（季刊）》，第 10 卷第 1 期，2010 年。

邵宁，《国企改革未来方向》，新华社《瞭望》周刊，2010 年 11 月 8 日。

周建军等编译，周小庄校，《社会分红制度的历史考察，阿拉斯加的经验》，《经济社会体制比较》，第 3 期，2006 年。

［英］张夏准，《"国家发展战略"视角的公共投资和国有企业改革》，周建军译，《中共中央党校学报》，第 3 期，2010 年。

Alexeev Michael & Conrad Robert, "The Exclusive Curse of Oil," *Review of Economics and Statistics,* Vol.93, No.3, 2009.

Auty Richard, *Sustaining Developing in Mineral Economies: the Resource Curse Thesis,* New York: Oxford Express, 1993.

Bannon Ian, Collier Paul, eds., *Natural Resources and Violent Conflict*, Washington: World Bank, 2003.

Benjamin Smith, "Oil Wealth and Regime Survival in the Developing World, " 1960-1999, *American Review of Political Science*, Vol.48, No.2, 2004.

Delacroix Jacques, "The Export of Raw Materials and Economic Growth: A Cross-Country Study," *American Sociological Review,* Vol.42, 1977.

Frankel Jeffrey, "The Natural Resource Curse: A Survey," *NBER Working Paper,* No.15836, 2010.

Graham Davis, "Leaning to Love the Dutch Disease: Evidence from the Mineral Economies," *World Development*, Vol.23, 1995.

Gylfason Thorvaldur, "Natural Resources, Education and Economic Development, " *European Economic Review,* Vol.45, No.4-6, 2001.

Herb Michael, "No Representation without Taxation? Rents Development and Democracy," *Comparative Politics*, Vol.32, No.3, 2005.

Kaldor Karl, Yahia Said, in M. Kaldor, T. L. Karl and Y. Said, eds., *Oil Wars*, Pluto Press, 2007.

Karl Terry Lynn, "Understanding the Resource Curse," in Open Society Institute eds., *Covering Oil*, NewYork: Open Society Institute, 2005.

Maloney William, "Innovation and Growth in Resource Rich Countries," *Working Papers,* Central Bank of Chile 148, Central Bank of Chile, 2002.

Roberts John, "A Primer on Oil," in Open Society Institute eds., *Covering Oil*, NewYork: Open Society Institute, 2005.

Ross Michael, "The Political Economy of the Resource Curse," *World Politics,* Vol.51, 1999.

Sachs Jeffrey & Warner Andrew, "The Curse of Natural Resource Curse," *European Economic Review* (Elsevier), Vol.45, No.4-6, 2001.

Sachs Jeffrey & Warner Andrew, "Natural Resource Abundance and Economic Growth," in G. Meier and J. Rauch, eds., *Leading Issues in Economic Development*, New York: Oxford University Express, 1995.

Salai Martin Xavier & Subramanian Arvind, "Addressing the Resource Curse: An Illustration from Nigeria," *IMF Working Paper*, 2003.

Stiglitz Joseph, "Making Natural Resources into a Blessing Rather Than a Curse," in Open Society Institute eds., *Covering Oil*, *Covering Oil, NewYork: Open Society Institute*, 2005.

Vogel David, “The Hare and the Tortoise Revisited,” *British Journal of Political Science*, No.33, 2003.

美国产业政策的政治经济学：从产业技术政策到产业组织政策

林毅夫，《新结构经济学》，苏剑译，北京：北京大学出版社，2012 年。
刘鹤、杨伟民，《中国的产业政策——理念与实践》，北京：中国经济出版社，1999 年。
[美] 阿伦·拉奥、皮埃罗·斯加鲁菲，《硅谷百年史——伟大的科技创新与创业历程》，闫景立、谈锋译，北京：人民邮电出版社，2014 年。
[美] 彼得·蒂尔，《从 0 到 1：开启商业与未来的秘密》，高玉芳译，北京：中信出版社，2015 年。
高柏，《经济意识形态与日本产业政策》，安佳译，上海：上海人民出版社，2008 年。
[美] A. D. 钱德勒主编，《大企业与国民财富》，柳卸林等译，北京：北京大学出版社，2004 年。
[美] 托马斯·麦格劳编，《现代资本主义——三次工业革命中的成功者》，赵文书、肖锁章译，南京：江苏人民出版社，2000 年。
[美] 威廉·谢泼德等，《产业组织经济学》(第五版)，张志奇等译，北京：中国人民大学出版社，2009 年。
[日] 小宫隆太郎、奥野正宽、铃村兴太郎编，黄晓勇译，北京：国际文化出版公司，1988 年。
[英] 张夏准，《富国陷阱：发达国家为何踢开梯子》，肖炼等译，北京：社科文献出版社，2007 年。
Adams Walter & Horace M. Gray, *Monopoly in America: The Government as Promoter*, New York: The Macmillan Company, 1955.
Angel David, *Restructuring for Innovation: the Remaking of the U.S. Semiconductor Industry*, New York: The Guilford Press, 1994.
Bennet James, "'We need an energy miracle': Bill Gates has committed his intellect, his influence, and his personal fortune to propelling the world beyond fossil fuels fast enough to outrace potentially cataclysmic climate change," *The Atlantic,* November, 2015.
Bingham Richard, *Industrial Policy American Style*, New York: M.E. Sharp, Inc,

1998.

Block Fred, "Swimming Against the Current：The Rise of a Hidden Developmental State in the United States," *Politics & Society*, 36(2), 2008.

Block Fred & Keller Mattew, "Where do Innovations Come From? Transformations in the U. S. Economy, 1970-2006," *Working Papers in Technology Governance and Economic Dynamics,* No. *35*, May, 2011.

Callender Guy, *Selections from the Economic History of the United States 1765-1860: With Introductory Essays*, New York: Augustus M Kelley Publishing.

Engerman Stanley & Gallman Robert, eds., 2000, *The Cambridge Economic History of the United States, Volume 3: The Twentieth Century,* Cambridge: Cambridge University Press, 1965.

"Executive Office of the President and President's Council of Advisors on Science and Technology," *REPORT TO THE PRESIDENT Ensuring Long-Term U.S. Leadership in Semiconductors*, 2017.

Fligstein Neil, *The Transformation of Corporate Control,* Cambridge: Harvard University Press, 1990.

Hamilton Alexander, "Report on the Subject of Manufactures," in Harold C. Syett eds., 1966, *The Papers of Alexander Hamilton, Vol.10: December 1791-January 1792*, New York: Columbia University Press,1791.

Irwin Douglas, "Did Late-Nineteenth-Century U.S. Tariffs Promote Infant Industries? Evidence from the Tinplate Industry," *The Journal of Economic History*, 60(02), 2000.

Jorde Thomas & Teece David, "Innovation and Cooperation: Implica-tions for Competition and Antitrust," *28 J. Reprints Antitrust L. & Econ,* 735, 1998.

Ketels Christian, "Industrial Policy in the United States, Special Issue on The Future of Industrial Policy," *Journal of Industry, Competition and Trade*, 7, Nos. 3-4, 2007.

Khwaja Ameen, "Taking Advantage of Government Venture Capital," http://www.entrepreneur.com/article/52740, 2016-06-01, 2016.

Lind Michael, *Land of Promise: An Economic History of the United States*, New York: Harper Paperbacks, 2013.

Mazzucato Mariana, *The Entrepreneurial State: Debunking Public vs. Private*

Sector Myths, New York: Public Affairs, 2015.

Nester William, *A Short History of American Industrial Policies*, New York: Palgrave Macmillan, 1998.

Peritz Rudolph, *Competition Policy in America: History, Rhetoric, Law,* New York: Oxford University Press, 2000.

Porter Michael, "Competition and Antitrust: A Productivity-Based Approach to Evaluating Mergers and Joint Ventures," *Antitrust Bulletin* 46, No.4 (Winter 2001), (Revised May 30, 2002.), 2002。

Ravenscraft D J & Scherer F M, *Mergers, Sell-offs, and Economic Efficiency*, Washington, DC: The Brookings Institution, 1987.

Rodrik Dani, "Normalizing Industrial Policy," *Commission on Growth and Development Working Paper*, No.3, 2008.

Scherer F M, *Competition Policies for an Integrated World Economy.* Washington, DC: Brookings Institution Press, 1994.

Stiglitz Joseph, "Some Lessons from the East Asian Miracle," *World Bank Research Observer*, 11(2), 1996.

Stiglitz Joseph & Greenwald Bruce, *Creating a Learning Society: A New Approach to Growth, Development and Social Progress*, New York: Columbia University Press, 2014.

Stiglitz Joseph, Lin Justin and Monga Celestin, "The Rejuvenation of Industrial Policy," *World Bank Policy Research Working Paper,* No.6628, 2013.

Wade Robert, "The Paradox of US industrial policy: The Developmental State in Disguise," in José M. Salazar-Xirinachs, Irmgard Nübler and Richard Kozul-Wright eds. *TRANSFORMING ECONOMIES Making Industrial Policy Work for Growth, Jobs and Development*,International Labour Office,Geneva, 2014.

Warwick Ken, "Beyond Industrial Policy: Emerging Issues and New Trends," *OECD Science, Technology and Industry Policy Papers,* No.2, 2013.

▶ 构建“发展”导向的知识产权制度

国务院新闻办，《关于中美经贸摩擦的事实与中方立场》白皮书，2018 年。

何隽，《创新驱动的知识产权政策》，北京：知识产权出版社，2018 年。

联合国经社理事会、联合国经济、社会、文化权利委员会，2006 年第 17 号《一般性意见》，文号 UN Doc.E/C.12/GC/17。

罗莉，《我国〈专利法〉修改草案中开放许可制度设计之完善》，《政治与法律》，第 5 期，2019 年。

倪光南，《嚼不烂的专利问题》，《中国经济与信息化》，2011 年第 18 期。

沈健，《中美贸易战背景下，<拜杜法案>对科技成果权属改革问题的启示》，《知识分子》微信公众号，2019 年 6 月 8 日。

世界卫生组织、世界知识产权组织、世界贸易组织，《促进医药技术和创新的应用：公共卫生、知识产权和贸易之间的融合》，卢森堡印刷，2013 年。

世界知识产权组织，《2015 年度世界知识产权报告（中译版）》，www.wipo.int，2015 年。

王东宾、崔之元，《开放协作与自主创新：特斯拉开源与中国电动汽车产业的战略机遇》，《经济社会体制比较》，2015 年第 3 期。

张志成，《中国创新经济与知识产权严格保护》，《文化纵横》，2018 年第 6 期。

周建军，《美国产业政策的政治经济学：从产业技术政策到产业组织政策》，《经济社会体制比较》，2017 年第 1 期。

周建军，《寡头竞合与并购重组：全球半导体产业的赶超逻辑》，《国际经济评论》，2018 年第 5 期。

[美] 迪恩·贝克、阿尔琼·贾亚德福、约瑟夫·斯蒂格利茨，《创新、知识产权与发展：面向 21 世纪的改良战略》，周建军、施蒙译，北京：社科文献出版社，《政治经济学季刊》，2019 年第 1 期。

Chang Ha-Joon, *Kicking Away the Ladder: Development Strategy in Historical Perspective*, London: Anthem Press, 2003.

Daughtrey Natasha & Naik Khurram, *Medicare Negotiation And Competitive Licensing Act: An Ambitious Challenge To Biologic Patents, Life Science Leader*, https: //www.lifescienceleader.com, 2019-09-16.

Gertner Jon, *The Idea Factory: The Bell Labs and The Great Age of American Innovation,* New York: Penguin Press, 2013.

Heller Michael, *The Gridlock Economy: How Too Much Ownership Wrecks Markets, Stops Innovation, and Costs Lives*, Basic Books, 2008.

Stiglitz Joseph, *Leaders and Followers: Perspectives on the Nordic Model and the Economics of Innovation*, *NBER Working Paper*, 20493, 2014.

▶ 寡头竞合与并购重组：全球半导体产业的赶超逻辑

陈德智、陈香堂、杨国珩，《亚洲半导体产业技术发展：韩国和台湾地区实证研究》，《中国管理科学》，2015 年第 10 期。

傅如荣，《工研院电子所模式和台湾半导体工业的发展》，《亚太经济》，2009 年第 1 期。

高柏，《经济意识形态与日本产业政策》，安佳译，上海：上海人民出版社，2008 年。

深圳市科技创新委员会，《深圳集成电路产业发展分析研究报告》，2015 年。

吴军，《浪潮之巅》，北京：人民邮电出版社，2011 年。

尹志尧，《"半导体设备企业要有全球战略"》，《集成电路应用》，2016 年第 11 期。

尹志尧，《"认清差距，调整方向，立志赶超！"》《集成电路应用》，2014 年第 12 期。

中国工信部赛迪研究院，《集成电路产业发展白皮书 2015》，2015 年。

周建军，《经济增长作为不稳定力量：基于韩国财阀模式的考察》，《经济社会体制比较》，2011 年第 2 期。

朱贻玮编著，《中国集成电路产业发展论述文集》，北京：新时代出版社，2006 年。

［美］金麟洙，《从模仿到创新：韩国技术学习的动力》，刘小梅、刘鸿基译，北京：新华出版社，1988 年。

［韩］李娟姝，《韩国半导体产业技术赶超的模式（三星公司案例分析）》，清华大学管理学硕士学位论文，2009 年。

［美］F. M. 谢勒，《产业结构、战略与公共政策》，张东辉等译，北京：经济科学出版社，2010 年。

［美］保罗·克鲁格曼主编，《战略性国际贸易与国际经济》，海闻等译，北京：中信出版社，2016 年。

［美］彼得·蒂尔，《从 0 到 1：开启商业与未来的秘密》，高玉芳译，北京：中信出版社，2015 年。

［美］查尔斯·约翰逊，《通产省与日本奇迹》，戴汉笠等译，北京：中共中央党校出版社，1992 年。

［美］查尔斯·希尔，《国际商务（第 5 版）》，周健临等译，北京：中国人民大学出版社，2005 年。

［美］迈克尔·波特,《日本还有竞争力吗？》，陈小悦等译，北京：中信出版社，2002 年。

［美］小艾尔弗雷德·钱德勒,《规模与范围：工业资本主义的原动力》，张逸人等译，北京：华夏出版社，2006 年。

［美］A. D. 钱德勒主编,《大企业与国民财富》，北京：北京大学出版社，2004 年。

［美］斯宾塞、林重庚编,《中国经济中长期发展和转型》，余江等译，北京：中信出版社，2011 年。

［美］托马斯·麦格劳编,《现代资本主义——三次工业革命中的成功者》，赵文书、肖锁章译，南京：江苏人民出版社，2000 年。

［日］日本通商产业政策史编纂委员会,《日本通商产业政策史》，中国日本通商产业政策史编译委员会译，北京：中国青年出版社，1996 年第 14 卷。

［日］村上泰亮,《反古典的政治经济学》，张季风、丁红卫译，北京：北京大学出版社，2013 年。

Amsden Alice, *Asia's Next Giant: South Korea and Late Industrialization*, London: Oxford University Press, 1989.

Angel David, *Restructuring for Innovation: the Remaking of the U.S. Semiconductor Industry*, New York: The Guilford Press, 1994.

Gertner Jon, *The Idea Factory: The Bell Labs and The Great Age of American Innovation,* New York: Penguin Press, 2013.

Gugler Klaus & Siebert Ralph, "Market Power versus Efficiency Effects of Mergers and Research Joint Ventures: Evidence from the Semiconductor Industry," *The Review of Economics and Statistics*, MIT Press, Vol.89(4), 2007.

Florida R L & Kenney M *The Breakthrough Illusion: Corporate America's Failure To Move From Innovation To Mass Production*, New York:Basic Books, 1990.

Mattews John & Cho Dong-Sung, "Combinative Capabilities and Organizational Learning in Latecomer Firms: The Case of the Korean Semi-conductor Industry, " *Journal of World Business*, 34(2), 1999.

Stiglitz Joseph, "Leaders and Followers: Perspectives on the Nordic Model and the Economics of Innovation," *NBER Working Paper,* 20493, 2014.

The Semiconductor Industry Association, *2016 SIA Factbook*, https: //www.

semiconductors.org/main/resources, 2017.

积极应对全球范围的产业集中和资本垄断

财富中文网，《2015 年世界 500 强各行业子榜单》，http://www.fortune china.com/fortune500/c/2015-07/22/content_244442.htm，7 月 22 日，2015 年。

中国企业联合会，《2013 中国 500 强企业发展报告》，北京：企业管理出版社，2016 年。

［美］斯科特·谢恩，《为什么鼓励更多人创业是一项拙劣的公共政策？》舒萍译，《开放时代》，2010 年第 10 期。

［美］威廉·谢泼德等，《产业组织经济学》（第五版），张志奇等译，北京：中国人民大学出版社，2009 年。

［美］约翰·贝拉米·福斯特等，《21 世纪资本主义的垄断和竞争》，金建译，《国外理论动态》，2011 年第 9–10 期。

［英］彼得·诺兰等，《全球商业革命、瀑布效应以及中国企业面临的挑战》，《北京大学学报（哲学社会科学版）》2006 年第 2 期。

Fernandez Jose, "Bridge to Somewhere: Helping U.S. Companies Tap the Global Infrastructure Market," *Foreign Affairs*, November/December, 2013.

Lardy Nicholas, *Markets Over Mao: The Rise of Private Business in China*, DC: Peterson Institute for International Economics, 2014.

去产能中去杠杆：微观机制与宏观政策

董敏杰、梁泳梅、张其仔，《中国工业产能利用率：行业比较、地区差距及影响因素》，《经济研究》，2015 年第 1 期。

高柏，《日本经济的悖论》，刘耳译，北京：商务印书馆，2014 年。

纪志宏，《我国产能过剩风险及治理》，《新金融评论》，2015 年第 1 期。

李扬、张晓晶、常欣等，《中国国家资产负债表 2015》，北京：中国社会科学出版社，2016 年。

杨凯生，《金融笔记》，北京：人民出版社，2016 年。

杨凯生，《银行改革攻坚：热点·难点·重点》，北京：中信出版社，2015 年。

余永定，《"供给侧结构性改革"不是大杂烩》，《财经》，6 月 6 日，2016 年。

周建军，《2016 年美国总统经济报告分析及启示》，国家社科基金《成果要报》，第 31 期，2016 年。

周建军,《积极应对全球产业集中和资本垄断》,《学习与探索》, 第 1 期, 2017 年。

[英] 阿代尔 · 特纳,《债务和魔鬼》, 王胜邦、徐惊蛰、朱元倩译, 北京: 中信出版社, 2016 年。

[美] 约瑟夫 · 斯蒂格利茨,《谈供给侧改革不应忘记总需求》, 中国发展高层论坛, 2016 年 3 月 19 日。

Cecchetti Stephen & Kharroubi Enisse, "Why growth in finance is a drag on the real economy?" http: //voxeu.org, 2017-05-01.(中译本: 斯蒂芬 · 塞切蒂、埃尼斯 · 哈鲁比,2017 年,《财经》, 周建军等译, 总第 504 期, 7 月 24 日。)

后　记

准确地说，这是一本基于我过去十年的部分研究论文累积而成的书稿，构成了我在不同时段对产业发展战略和政策问题的或深或浅的研究思考。其中，正文部分的十余篇论文都是我过去一段时间公开发表过的文章，有些偏学术，有些偏政策。这些论文大多发表在《经济社会体制比较》、《国际经济评论》等学术刊物上，被《中国社会科学文摘》和人大复印报刊资料等多次转载。有些研究成果，受到了中央领导和学界前辈的肯定和鼓励。有些研究论文，还在联合国贸发会议、亚洲开发银行的国际学术会议上报告过。

回顾过往，能有目前这些知识和经验的积累，得益于学界前辈、老师、领导、同事和亲友们给予我的无限支持、鼓励和包容。就知识和经验而言，我学过四年化学制药这样的工程科学，也学过多年经济学这样的社会科学学科，曾留学韩国和美国，近距离比较不同国家的政治经济制度；先后在发改和国资系统工作，则时时需要学习新知识、面对新问题。就家庭影响而言，我的爷爷、姥爷和父亲都是国有企业的产业工人，我父亲甚至因公牺牲了自己的生命。长辈们为国家和国企的贡献和付出，一直伴随着这个国家发展进步的七十年，也影响着我个人的成长。我要感谢我的家人，尤其是我的父母对我的抚养和教育。

我要感谢所有教导过我的老师和前辈们，感谢所有给我提供奖助学金的政府、学校和老师们。尤其是，我要感谢山西省寿阳县助学工程委员会、清华大学吴栋教授研究团队和崔之元教授研究团队、韩国教育部 BK21 奖学金项目、国家留学基金委等对我从中专到博士的各个教育阶段的奖助学金资助，感谢吴栋和崔之元教授、成均馆大学马仁燮教授、中国人民大学胡钧教授、哥伦比亚大学斯蒂格利茨教授等先后对我的教导和影响。没有师长们的帮助和教导，我可能不会认识原本未知的世界，也不会从事现在的政策研究工作。

感谢国务院国资委和北京市发改委的有关领导和同事们的鼓励、支持和严格要求。在北京市发改委和国务院国资委研究中心的工作经历，让我有机会参与起草具体的境外投资相关的产业政策文件，参与中央部署的国有企业改革专项调研、国企改革文件研提建议等，主持或参与中央有关部门或单位的产业政策、“制造强国”、“五年规划”、去杠杆等重要决策课题研究，参与和了解国企改革和产业升级过程。没有这两段在中央部委和省级政府不同层级机构，围绕产业政策和国有企业的工作经历，我可能写不出服务决策的研究报告。

感谢《人民日报》、《光明日报》、《开放时代》、《学习与探索》、《国际经济评论》、《马克思主义研究》、《经济社会体制比较》、《中共中央党校学报》、《中国社会科学内部文稿》、《上海对外经贸大学学报》等学术刊物和《瞭望》、《财经》等有影响力的媒体的发表，感谢《中国社会科学文摘》、人大复印报刊资料《产业经济》、《世界经济导刊》、《经济学文摘》、《国际经济文摘》等再次转载。感谢国家社科基金《成果要报》、国家发改委《“十三五”规划工作简报》、工业和信息化部《工业和信息化部简报》、清华大学国情研究院《国情报告》等专刊刊发。

就本书而言，我要最衷心地感谢清华大学中国现代国有企业研究院、清华大学社会科学学院 / 经济学研究所等院系机构的领导和老师们，将这本书列入“清华 · 国有企业研究丛书”，尽管这本书的研究还有不少不足。感谢清华大学，授予我学位，关心我成长；感谢老师和同学们，教给我知识，引导我进步。母校的领导和老师们的厚爱和关怀，是我不忘初心、砥砺前行的不竭动力。

除了如上提到的前辈和老师们，我要特别感谢为本书推荐和作序的刘国光、陆燕荪、孔丹、林毅夫、文一等学界和业界前辈们。感谢就本书相关内容给予具体建议和帮助的倪光南、丁宁宁、余永定、高梁、杨凯生、高柏、刘纪鹏和乔莫、张夏准等国内外学界和业界前辈们（以出生先后为序），感谢对本书相关内容给予建议和鼓励的学界同人和朋友们。从“20 后”到“80 后”的师长朋友们的高尚情操和学术成就，永远是我学习的榜样。

最后，我要感谢中信集团和中信出版集团的有关领导和编辑老师们。你们的关心帮助、严谨高效的编辑、耐心细致的沟通，使得本书可以顺利出版。编辑老师们的严谨和认真，也让我更加理解了出版工作的内容及意义。

需要强调的是，这本书的研究纯属我个人的学术观点，不代表任何机构和个人。决定出版本书是近来的事情，时间紧迫加上内容庞杂，遗漏失误在所难免，恳请各位读者朋友不吝指正（ganchaojieti@163.com）。

周建军

2019 年国庆节于北京